놀이, 창의, 융합 중심

# 유아과학교육

김래은 · 송민서 · 박혜경 · 현혜정

창지사

# 머리말

유아는 본성적으로 과학자의 성향을 가지고 있다. 유아는 주변 사물이나 현상에 대해 끊임없는 호기심과 의문을 가지고 눈앞에서 일어나는 여러 가지 현상들을 해결하기 위해 적극적으로 과학 활동을 하는 것이다. 유아과학교육은 유아의 이러한 과학적 민감성이 발달되고, 과학적 지식뿐만 아니라 과학적 탐구능력과 탐구태도를 기를 수 있도록 하기 위해 필요한 학문 분야이다. 유아의 과학적 창의성, 과학적 문제해결력 및 의사결정능력 등을 키워 주기 위해 유아기에 다양한 과학적 경험은 매우 중요하다. 왜냐면 과학적 탐구를 통해 유아가 주변에 대해 민감해지고 일상생활에서 일어나는 다양한 문제 해결 경험과 과학적인 의사결정을 내릴 수 있도록 돕는 학문이 과학이기 때문이다.

4차 산업혁명 시대에는 과학적 탐구기술, 탐구태도를 포함하며 창의성, 문제해결력, 융합적 사고력을 갖춘 융합형 인재양성을 추구하고 있다. 따라서 현 시점에서 이러한 시대적, 사회적 요구에 맞는 유아과학교육의 이론과 실제 놀이를 개발하여 미래 인재들에게 제공해야 함은 유아교육을 전공하는 학자로서 의무이며 책무이다. 이에 본 저서는 이러한 맥락에서 놀이, 창의, 융합 중심으로 유아과학교육의 이론을 정리하였고, 이론에 기초한 다양한 실제 과학 활동을 개발하여 현장 검증을 실시함으로, 예비유아교사와 현장의 유아교사들이 쉽게 활용할 수 있도록 구체적인 활동사례를 수록하였다.

본서는 크게 두 부분으로 구성하여, 유아과학교육의 이론과 실제를 나누어 정리하였다. 유아과학교육에 대한 이론적 접근으로, 1장 유아과학교육의 기초에서는 유아과학교육의 개념, 유아과학교육의 중요성, 유아과학교육의 동향을 다루었고, 2장에서는 유아과학교육의 이론으로 구성주의 접근법을 제시하였다. 3장에서는 유아과학교육의 내용과 유아과학교육의 과학적 탐구능력 및 탐구태도에 대해서 살펴보았으며, 4장에서는 2019 개정 누리과정의 내용 중 유아과학교육과 관련이 있는 자연탐구 영역의 목표, 자연탐구 영역과 유아과학교육의 연계를 다루었다. 5장에서는 유아과학교육의 교수·학습방법으로 놀이 활동 중심의 접근방법, 통합적 접근방법을 함께 보았으며, 유아과학교육을 위한 교사의 역할과 유아과학교육의 평가에 대해서 다루었다. 6장에서는 유아과학교육의 환경 구성을 제시하였다.

실제 활동 개발의 이론적 토대가 되는 7장에서는 놀이에 기초한 유아과학교육, 8장에서는 창의성 계발을 위한 유아과학교육, 9장에서는 STEAM 기반 유아과학교육을 살펴보았다.

유아과학교육에 대한 실제적 접근으로 10장에서는 기초한 놀이 중심 누리과정에 유아 과학놀이의 실제를 수록하였으며, 11장에서는 창의성 계발을 위한 유아과학놀이, 12장에서는 STEAM 기반 유아 과학놀이를 다루었다. 특히, STEAM의 과학놀이는 시대의 변화의 흐름에 맞게 스마트 디바이스 기반 활동으로 구성되었다.

본서에서 제시한 다양한 과학놀이들은 유아들에게 과학적 지식, 과학적 탐구능력 및 탐구태도뿐만 아니라 과학적 창의성, 과학적 문제해결력 및 융합적 사고력을 형성하는 데 도움이 될 것이다.

저자들은 본서를 통해 예비유아교사와 현직 유아교사들이 유아들의 과학교육에 무한한 관심과 책임감을 가지기를 바라며, 유아교사로서 바람직한 과학 교수태도 및 교수·학습 역량을 갖추고 행복한 유아교사 생활을 영위해 나가기를 희망한다.

양서를 만들고자 한 초심에 비해 다소 부족한 결과물임에도 불구하고 출판을 시도하게 된 것은, 유아교사양성기관을 비롯하여 현직 영·유아 교사를 대상으로 유아과학교육을 실행함에 있어서 대부분의 활동들이 오래전에 개발된 것이어서, 시대에 맞는 과학놀이를 경험하게 하고자 유아과학교육 교수·학습방법이나 구체화된 실제 과학 활동들을 담은 유아과학교육 저서를 편찬하기로 하였다. 따라서 본서는 최종 결과물이 아니라 지속적으로 수정·보완하는 과정에 있으므로, 양서로 거듭나는 과정에 있어 독자들의 진심어린 충고와 조언을 얻고자 한다.

끝으로 본서의 출간을 적극적으로 지지해 주시고 격려를 아끼지 않으셨던 창지사 김영식 상무님과 바쁜 일정 속에서 편집을 위해 애써 주신 창지사 편집부 직원 여러분께도 진심으로 감사의 말씀을 드린다.

2020년 8월

저자 일동

# 목차

PART

# I

# 유아과학교육의 이해

# Chapter 1

# 유아과학교육의 기초



## 1. 유아과학교육의 개념

우리는 과학을 어렵고 힘든 것, 위험하고 조심스러운 것, 나와는 별개의 것으로 생각하기도 하고, 우리의 삶 깊숙이 들어와 생활을 편리하고 풍부하게 하므로 삶과 분리할 수 없는 친숙한 것으로 생각하기도 한다. 하지만 과학은 우리가 숨을 쉬고, 때에 맞추어 식사를 하는 것처럼 자연스럽게 날씨의 변화를 알고, 날씨에 따라 변화하는 삶의 모습을 느끼는 등 일상생활 자체이다.

- 과학교육은 우리가 살고 있는 세계에 대해 의문을 가지고, 그러한 의문을 해결하기 위해 특정 현상에 대한 자료 및 정보를 수집하고 예측 가능한 원리를 찾으면서 물체와 사람이 어떻게 반응하는지의 법칙을 알아내는 발견과정이다(이민정, 이연승, 전지형, 강민정, 이해정, 김정희. 전윤숙, 박주연, 2012). 다시 말해 단순한 놀이가 아닌 사고의 확장 및 지식을 추구하는 과정이다.

- 과학교육은 자연현상을 과학적으로 관찰, 처리하여 얻은 원리와 법칙을 이해함으로써 일상생활의 행동이 바람직한 방향으로 변화되기를 기대하는 교육이다(한국유아교육학회, 1996).

- 과학교육은 단순히 과학적 지식을 전달하는 것이 아니라 학습자 스스로 적극적이고 능동적인 활동을 통해 문제해결 과정에서 바람직한 과학적 탐구능력과 탐구태도를 형성해 나가도록 하는 것이다(Carin & Sund, 1985, 윤은경, 2012). 즉, 유아는 과학적 지식을 습득함으로써 주변의 자연적 현상을 설명하고 예측하고 조절할 수 있는 지식을 습득하게 되며 이를 일상생활에 적용·활용하게 된다.

> • 넓은 의미 : 과학에 관한 지식과 태도의 교육, 또는 현상을 과학적으로 관찰하여 처리할 능력을 양성하는 것
> • 좁은 의미 : 과학 지식과 과학적 방법의 이해에 목적을 둔 교육, 즉 자연현상을 과학적으로 관찰하여 얻은 원리와 법칙을 이해함으로써 일상적인 생활과 행동에서 바람직한 방향으로의 변화를 기대하는 교육
>
> 출처 : 조희형, 최경희(2007)

예비유아교사들이 인식하는 '과학자의 모습', '과학 로드맵 작성' 활동 사례는 다음과 같다.

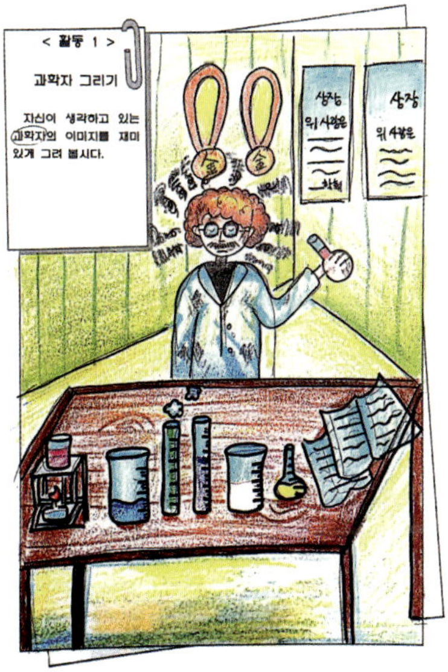

예비유아교사가 인식하는 과학자 그리기 활동

예비유아교사의 과학 로드맵 작성 활동

즉, 유아과학교육이란 과학적 사실과 원리를 암기하도록 하는 것이 아니라, 창의적인 사고를 중심으로 과학자처럼 사물을 관찰하고 의문을 가지며 새로운 사실들을 발견해 가는 과정 속에서 유아 스스로 이론을 형성해 가도록 돕는 것이다(Koch, 1999). 이에 유아는 과학 활동의 과정을 통해 현재의 일상생활에 적응하고, 직면한 문제에 대처할 수 있는 능력을 기를 수 있다(Holt, 1993).

유아기에 어떠한 과학적 경험을 하는가에 따라서 과학에 대한 흥미는 상당히 달라지므로 유아의 '과학적 자아'를 더욱 증진시킬 수 있는 과학교육이 필요하다. 따라서 유아가 과학적 자아를 계발하고 자유롭게 탐구할 수 있는 환경과 다양한 경험을 제공하여 과학적 소양을 기를 수 있는 방향으로 유아과학교육은 전개되어야 한다(신은수, 안경숙, 김은정, 안부금, 2006).

일상생활에서 쉽게 접할 수 있는 도구와 자연현상에 대하여 호기심을 가지고 탐색하고, 과학적으로 접근해 나가는 유아

## 2. 유아과학교육의 중요성

유아는 스스로 과학 활동을 하는 과정에서 사물의 특징을 이해하고, 환경에 적응하며, 현재의 생활뿐만 아니라 미래의 삶을 즐길 수 있게 된다(Holt, 1990). 즉, 과학은 유아가 생득적으로 갖고 있는 지적 호기심을 만족시켜 줄 수 있는 활동이며, 유아의 창의적 사고를 실현 가능하게 한다는 점에서 유아에게 중요한 활동이다. 유아기 과학 활동은 새로운 정보를 조직하고 기술하는 능력을 학습할 수 있는 과정을 제공함으로써, 사고의 과정을 다양화하고, 분석하도록 하여 지식의 형태를 변화시키고 변형시킬 수 있는 기틀을 마련해 주어야 한다(Waite-Stupiansky, 1997).

비가 어떻게 내리는지 궁금하여 투명우산으로 비를 관찰해 보고, 떨어지는 모습이 눈에 보일 수 있는 물감을 뿌린 후 비가 내리기를 기다리는 유아들

많은 유아들이 '재미있어서', '궁금하고 신기한 것을 알 수 있어서', '과학자가 되고 싶어서', '똑똑해지니까', '자연스러워서' 등의 이유로 과학을 좋아한다는 사실에

서도 유아과학교육의 중요성은 확인된다(김정화, 조부경, 2001).

유아는 알고 싶어 하는 호기심에서 출발하여 다양한 과학 활동을 통해 과학적인 소양을 지니게 되며, 나아가 과학적인 태도와 탐구능력을 갖추는 등 자신의 삶을 논리적, 과학적으로 해결하는 능력을 갖게 된다. 즉, 유아과학교육은 과학 활동이 추상적인 세계의 탐구에만 머무르는 것이 아니라, 우리의 일상생활에서 경험하는 모든 현상에 대해 관심을 갖고 탐구하도록 돕는다(문연심, 이화영, 2006). 또한 유아기 과학교육을 통해 어떤 인지적 재능보다 과학 적성이 조기에 확인될 수 있으므로(Bruner, 1966), 유아기에 유아 중심 놀이를 통한 과학교육을 실시하는 것은 매우 중요하다.

일상생활에서 유아들이 호기심을 가진 부분(그림자 크기, 위치가 변화하는 모습)을 놀이와 다양한 움직임을 통해서 알아가는 유아들

## 3. 유아과학교육의 동향

현대사회는 과학지식과 기술의 발달로 인해 변화의 속도가 급격하게 빨라지고 있다. 이에 일상에서 부딪히는 다양한 문제를 과학적 지식과 방법으로 해결하는 능력을 더욱 중요시하게 되었다(이신동 외, 2017). 이러한 시대적 분위기에 따라 개정 누리과정에서 제시한 유아과학교육의 목표는 일상에서 호기심을 가지고 탐구하는 과정을 즐기고, 생활 속의 문제를 수학적, 과학적으로 탐구하며, 생명과 자연을 존중한다는 것에 초점을 맞추고 있다(교육부, 2019).

얼음의 변화를 관찰해 보고, 수량, 색에 따라 분류해 보며, 변화하는 계절 자연을 관찰하는 유아

사회가 변화해 감에 따라 시대가 원하는 인재상은 변화하고 있으며, 그로 인하여 과학교육에 대한 관점 또한 과학 지식의 전달에서 과학적 소양의 함양과 과학적 접근 방법의 이해로 변화하고 있다. 따라서 과학교육을 통해 달성하고자 한 지향점을 알아보기 위해서는 과학교육의 역사를 살펴보아야 한다. 이같은 시대적 변화와 교육적 요구에 기초한 과학교육의 목적에 따른 과학교육의 동향은 총 4단계로, '유능한 과학자 양성', '과학의 대중화', '대중의 과학화', '과학의 인간화'로 나뉘는데, 사실상 '유능한 과학자 양성' 시기를 제외한 나머지 동향은 각각 구분되는 것이 아니라 함께 공존하는 것이라 할 수 있다(조형숙 외, 2010). 시대별 과학교육의 동향을 자세히 살펴보면 다음과 같다.

**표 1-1** 과학교육의 동향

| 시기 | 1957~1980년대 | 1980년대 중반 | 1990년대~ | 2000년대 이후~ |
|---|---|---|---|---|
| 목표 | 유능한 과학자 | 과학의 대중화 | 대중의 과학화 | 과학의 인간화 |
| 내용 | 관찰과 실험 중심의 다양한 과학적 경험을 제공함으로써 소수의 과학적 엘리트 양성<br><br>('과학을 배워서 과학자가 되자.') | 모두가 과학적 소양을 가진 사람으로 성장할 수 있도록 과학적 지식을 쉽고 친숙하게 전달<br><br>('쉽게 알려줄 테니 모두 배우자.') | 과학을 잘할 수 있는 소양뿐 아니라 일상생활 속에서 과학 이해와 합리적 문제 해결 능력 증진<br><br>('생활 속에서 과학을 만나고 활용하자.') | 과학이 우리 삶과 가까이 맞닿을 수 있도록, 인본주의적이고 간학문적인 측면에서 과학 접근<br><br>('과학으로 삶의 가치를 추구하자.') |
| 과학과 대중의 관계 | 계몽 | | 이해 | 관계 |

출처: 조형숙 외 (2010)에서 재인용

- 1950년대 이전 : 당시 유아과학교육은 주로 교과서에 기초하여 과학 현상을 설명하였다. Yager(1991)는 이러한 과학교육이 유아의 이해력은 향상시키지만, 교사의 설명과 교과서에 의해 제공된 과학 정보에 중점을 둔 수동적 학습으로, 실험실 상황과 관련 없는 정보의 이용에는 거의 관심을 두지 않는다고 지적하였다.

- 1950년대에서 1960년대 : 과학에 대한 새로운 인식이 시작된 시기인데, 과학의 결과보다는 과정을 중요하게 여기는 방향으로 바뀌었다. 지식의 개발보다는 문제를 해결하기 위한 과정과 방법적인 능력을 길러 주는 과학의 필요성이 대두되었다. 이는 1957년 소련의 인공위성 스푸트니크(Sputnik)호 발사로 자연교육에 초점을 두던 과학교육이 과학적 개념의 형성과 탐구교육으로 전환되며, 문제해결을 강조하고 인지발달을 이루기 위한 학습이론이 수용되었다. 또한 미국 교육 프로그램의 효율성에 대한 재평가를 가져왔고, 진보주의 교육과정에 큰 반론이 제기되면서 취학 전 교육에 관심을 기울이게 되었는데, 이는 Bruner와 Piaget의 이론이 주목을 받게 되었기 때문이다.

- 1970년대에서 1980년대 : Piaget의 인지발달이론이 유아과학교육 프로그램에 큰 영향을 미쳤으며, 1970년대 후기에 들어와 학문 중심 프로그램과는 구별되게 Kamii와 Devries에 의해 '물리적 지식 활동'이라는 프로그램이 개발되었다. 또한 Silverman의 저서인 『교실의 위기』를 통해 인본주의적 입장을 취하게 되면서 정서적, 심리적인 면을 강조하며 전인교육, 즉 활동 중심의 통합교육이 강조되었다. 1980년대 중반 미국의 과학진흥위원회(AAAS)에 의해 과학교육의 개혁이 이루어졌는데, 그것이 바로 'Project 2061'이다. 이 프로젝트는 헬리 혜성이 지구 가까이 접근해 온 1985년에 시작되어, 이 혜성이 또다시 지구에 다가올 것으로 예상되는 2061년까지 모든 미국인이 생활 속의 과학을 이해하고, 과학에 관련된 사회적 문제에 대한 올바른 인식을 하며 의사결정을 할 수 있는 능력을 갖출 것을 지향한다는 의미에서 'Project 2061'이라고 칭하게 되었다.

'Project 2061'을 통해 유아과학교육의 대상을 만 3세부터 만 10세 유아로 정하고, 미래사회를 대비하기 위한 새로운 관점으로 과학교육의 전환을 맞이하고자 하였다. 이에 과학교육은 유치원, 초등학교 및 중·고등학교와의 연계성을 강조하였다.

- 1990년대 : 대표적인 교육개혁 운동은 STS(Yager, 1991)이다. STS는 과학(Science), 기술(Technology), 사회(Society) 간의 상호작용을 다루는 프로그램으로, 세계 여러 나라의 과학교육과정 개발에 있어 주요한 원동력이 되었다. 이는 과학과 사회와의 관련성이 보다 밀접해지면서 과학의 긍정적 측면뿐만 아니라 부정적 폐해가 증가하고, 현대인의 정서적 약화와 상생적 관계 형성의 중요성 등이 제시되면서 과학교육에 새로운 패러다임을 요구하게 된 것이다(조형숙 외, 2010). 과학적 소양, 즉 과학을 잘할 수 있는 소양뿐만 아니라 시민적 소양으로 생활 주변에서 개인적으로 당면한 문제를 합리적이고 창의적으로 해결할 수 있는 문제해결능력을 기르고, 과학기술에 대하여 이해할 수 있도록 하는 교육을 강조하였다.

- 1990년대 이후 : 과학교육의 교육목표를 '과학적 소양인 양성'에 중점을 맞추고 있다. 교육내용으로는 인간이 겪고 있는 자연환경 문제, 즉 생태계 위기 극복을 위한 방안으로, 유아기부터 자연 속에서의 경험을 통해 인간과 자연이 서로 관련되어 있음을 느끼고 생명을 존중하도록 하는 자연 친화적 탐구 프로그램과 유아의 일상생활과 관련된 내용을 강조하고 있다. 또한 21세기 첨단과학·정보사회에 필요한 인재를 양성하기 위한 프로그램으로, 교육 대상 연령이 유아로 하향화되는 경향을 보이고 있다. 과학적 현상과 관련된 정보나 지식 또는 개념을 학습하는 데 중점을 두기보다는, 사고과정이나 탐구과정에 중점을 두어 유아의 과학적 태도, 과학적 소양을 기르는 것을 추구하였으며, 유아과학교육의 교수·학습방법에서는 유아들이 '어떻게'와 '왜'라는 물음으로 주변 현상과 환경을 관찰하고 탐구하여 새로운 것을 창출하는 과정을 추구하였다. 즉,

이러한 발견과 학습이 동시에 이루어지는 과정 중심, 탐구 중심 과학교육의 교수·학습방법이 강조되었다.

- 2000년대 이후 : 지속 가능 발전교육의 필요성이 대두되었다. 자연과 사람의 다양성과 개성을 존중하고 함께하는 공존의식의 함양과 실천을 위한 태도, 기술, 지식 교육을 강조하였다. 과학의 본질을 인간의 삶의 질을 향상시키는 데 두고, 과학을 통해 보다 더 행복하고 인간적인 가치를 실현하도록 하였다(조형숙 외, 2014). 이러한 과학교육의 흐름에 따라 최근에는 과학이 우리 삶에 보다 가까이 맞닿을 수 있는 인본주의적인 과학의 모습을 강조하는 노력이 이루어지고 있다(조형숙, 김지혜, 김태인, 2011). 또한 과학과 인문학의 만남, 과학과 예술의 만남 같은 융합화의 노력을 통해 과학의 인간화를 위한 새롭고 의미 있는 시도가 이루어지고 있다(안지영, 2013).

지구 온난화의 심각성에 대해 알아보고, 사람의 편리성과 지구를 지킬 수 있는 활동을 계획, 놀이를 통하여 환경 오염을 줄일 수 있는 활동을 전개하는 유아들

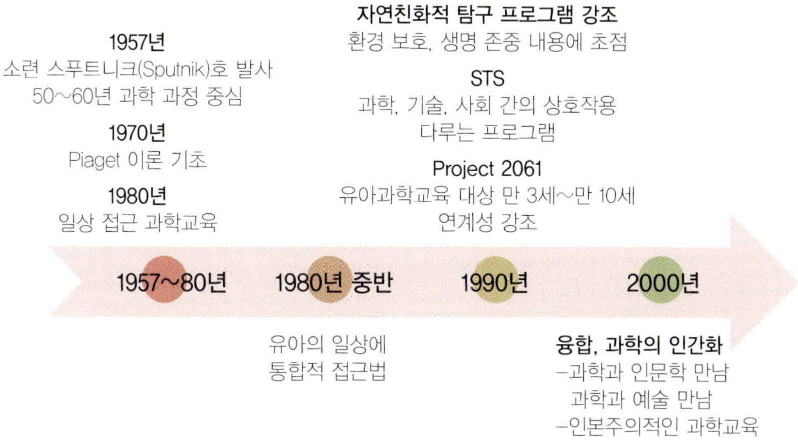


현대사회에서는 지식과 정보의 변화에 대처하고 변화를 주도해 나갈 수 있는 창의적인 인재가 요구되며, 시대적 변화를 이끌어 갈 수 있는 과학적 능력의 배양이 핵심적 역량이 된다.

이러한 시대적 변화의 흐름을 반영하여 최근 유아과학교육의 동향은 놀이 중심의 과학 활동을 통해 유아의 과학적 기본 소양 기르기, 긍정적인 과학적 태도 기르기, 과학적 탐구능력 기르기, 과학적 역량 증진하기를 강조하고 있다. 유아를 대상으로 적합한 창의·융합을 증진할 수 있는 과학교육에 접근할 수 있도록 하기 위해 유아교사와 예비유아교사를 대상으로 한 의미 있는 과학교육이 요구된다.

스마트 디바이스를 활용한 STEAM 기반 과학 활동을 하는 유아들
(과일의 수분 측정하기, 기계를 이용하여 말린 후 주세페가 되어 작품 만들어 보기)

# 과학 로드맵

학번, 이름 :

날짜 :

▶ 자신이 생각하는 과학적 개념을 스토리에 기초하여 구성하여 보세요.

# Chapter 2

# 유아과학교육 이론



## 1. 구성주의와 유아교육

### 1) 구성주의의 개념

구성주의란 지식의 본질이 무엇인지에 대한 인식론이라고 볼 수도 있고, 학습자가 지식을 어떻게 획득하고 학습하는가에 대한 학습이론이기도 하다(최창우, 2001; Airasian & Walsh, 1997; Cobern, 1993; Colliver, 2001). 또한 구성주의적 입장에서 바라보는 지식의 관점도 다르다. 구성주의는 지식을 변화하는 것, 즉 상대적인 것으로 본다. 구성주의 관점에서는 지식을 한 개체가 자신의 환경과 상호작용을 통하여 개별적으로 구성되는 것으로 보았으며, 지식은 인간의 내부에서 끊임없이 구성되어 간다고 보고 있다(장혜순 외, 2005)

구성주의에서는 인간 개개인은 자신이 이미 알고 있는 것과 신념을 바탕으로 자신이 접하는 활동을 통해 자기 자신의 새로운 지식을 구성하고 새로운 이해를 형성하게 된다고 주장한다. 즉, 구성주의자들이 주장하는 학습은 능동적인 참여와 탐구문제해결 과정이며 다른 사람들과 협력하는 과정이다(최원순, 2008).

따라서 구성주의는 유아 스스로 의미를 구성할 수 있도록 이끌며, 사고과정에서의 지식을 자신의 것으로 재구성할 수 있음을 전제한다. 지식은 단순히 전수되는 것이 아니며 의미 창조의 앎을 이루어 나가는 과정이다.

### 2) 구성주의적 교수·학습방법

구성주의에서 교육은 유아들로 하여금 맥락에 적합한 의미를 구성하고 실재를 구성하는 방법을 학습하도록 하여 자신이 살고 있는 세상에 보다 잘 적응하고 필요에 따라 세상을 의도한 대로 변화시킬 수 있도록 해 주어야 한다(Bruner, 1966).

#### 구성주의 접근에서의 유아교육 교수·학습 원리

- **구성주의 접근은 유아 중심이어야 한다.** 지식은 유아 자신의 구성이므로 학습은 유아의 능동적인 과정이어야 한다.
- 구성주의에서 말하는 학습이란 유아들이 기존 인지구조에 대해 혼란을 일으키고 그것을 극복하려는 노력의 결과로서 이루어지는 것이다. 따라서 지식 구성을 위해서는 실제 사물을 가지고 놀고 실험해 보는 것뿐만 아니라 사고를 해야 한다.
- **교실 환경이 유아들의 능동적인 학습을 지원하고 지지해 줘야 한다.** 즉, 구성주의적 교실 환경은 유아의 흥미와 감정, 가치, 아이디어를 존중하고, 유아들의 상호작용을 조장하며, 유아의 흥미와 실험, 그리고 협동을 북돋아 줘야 한다.
- **지식 구성이 일어나는 상황의 사회적 측면을 중시해야 한다.** 이를 위해 사회적 상호작용을 통해 다양한 생각과 관점을 접하게 해 주고, 다른 사람의 관점과 자신의 관점이 조화롭게 될 수 있는 기회를 제공해야 한다. 또한 유아들과 함께 결정한 목표나 연관된 목표를 향해서 같이 작업하거나 놀이할 수 있는 협력적 학습의 기회도 제공해야 한다.
- **교사의 지원이 단순한 지식의 전수자가 아닌 지식의 조성자가 되어야 한다.** 구성주의 교사는 사고를 요하는 개방적인 질문을 하여 유아들이 탐구학습을 하도록 권장하고, 유아 상호 간에도 이러한 질문을 하도록 권장해야 한다.

구성주의적 접근의 유아과학교육은 유아가 주변 세계와 상호작용하는 과정에서 어떻게 사고하는지, 어떻게 타인과 상호작용하고 질의와 문제를 갖게 되는지, 그리고 이러한 과정에서 어떻게 지식을 구성하는지에 관심을 둔다(Chaillé & Britain, 1997, 2000).

## 2. 구성주의와 유아과학교육

구성주의 교육을 연구한 학자들에 따르면 구성주의 관점에 기초한 과학교육은 유아들이 사물을 직접 다루는 탐색활동이 정신적 사고 활동으로 연결될 수 있도록 유아의 능동적인 활동을 이끌어 환경과의 경험을 통해 자기 나름대로 지식을 구성하도록 돕는다(문미자, 2006 재인용).

구성주의 접근의 유아과학교육은 유아들이 의문을 형성하고 이론과 증거를 조정함으로써 새로운 지식을 구성할 수 있는 탐구학습을 강조한다(김선영, 이종희, 2002). Lind는 유아의 능동적인 참여와 구체적인 경험을 통한 유아 중심의 탐구가 바람직한 유아과학교육의 핵심이라고 하였다(김은희, 김선영, 2007 재인용). 구성주의에 기초한 유아과학교육은 유아들의 생각과 경험을 중시하며, 유아 스스로 적극적인 학습자로서 탐구과정에 참여할 것을 강조하고 있다.

### 구성주의 유아과학교육을 위한 물리적 환경의 원칙

- 움직임이 편리하게 공간을 제공하고 자유로운 이동을 허용한다.
- 가구, 공간을 가능한 한 융통성 있게 사용한다.
- 자료에 대한 접근을 용이하게 하여 유아 스스로 하게 하는 자기 주도성을 북돋운다.
- 공간 간의 자료 교류를 허용하여 창의적인 문제해결을 도모한다.
- 가구의 모양 및 크기를 포함하여 교실 전체의 물리적 구성이 상호작용에 영향을 준다는 점을 고려한다.

- 물리적·사회적으로 명확한 메시지를 주도록 환경을 조직함으로써 유아의 자기 주도성을 도모한다.
- 여러 용도로 쓸 수 있는 자료를 제공하여 유아가 다양한 가능성의 세계를 생각할 수 있게 한다.
- 교사가 고안· 비치하는 활동들은 사회적 상호작용에 영향을 미친다는 점을 생각한다.
- 교실의 여러 가지 문화적 요소를 이용하여 사회적 문제해결능력을 배양한다.
- 어느 정도의 소음과 움직임은 당연시한다.

Chaillé와 Britain(1997, 2000)은 구성주의 유아과학교육을 물리, 화학, 생물학과 생태학의 세 가지 영역으로 나누어 설명하였다. 자세하게 살펴보면 다음과 같다.

### 구성주의 물리

유아들이 일상적인 경험을 통하여 밀고 미끄러뜨리고 굴리고 기울이고 던지거나, 공, 직육면체, 바퀴, 구슬, 물감, 물 등을 사용해 보거나, 공기 중이나, 물에서 또는 비탈진 곳에서 물건들을 움직여 보는 등의 물체의 움직임에 관한 실험은, 그 결과가 즉각적이면서도 눈으로 볼 수 있고 또한 이해가 가능한 실험이라고 할 수 있다. 이러한 물리 활동은 물체나 사물을 여러 가지로 변화시켜 볼 수 있다는 것에 유아들은 대단한 흥미를 느낀다.

경사로 활동 중에 바퀴의 움직임을 흥미 있게 관찰하는 유아들의 구성주의 물리 활동

물리 활동은 세 가지 유형으로 이루어지며, 사물의 움직임을 점차로 이해하고 개념화하는 과정이라고도 할 수 있다.

| 첫 번째 유형 | 두 번째 유형 | 세 번째 유형 |
|---|---|---|
| 유아가 사물에 행위를 가하여 사물의 움직임을 유발하게 하는 활동이다. | 유아가 사물에 어떤 방향으로 움직이도록 유도하는 활동으로 움직임에 방향성이 부가된다. | 사물의 움직임과 유아가 시도한 행위 간의 관련성이 초점이 되므로 사물의 움직임을 표상하는 것에 중점을 둔다. |

### 구성주의 화학

유아들이 놀이에 참여할 때 초점을 두는 것 중 많은 부분이 변형과 관련된다. 점토를 누르고 두드려서 공 모양에서 팬케이크 모양으로 변화시키는 것, 블록을 쌓아 벽 모양에서 탑 모양으로 바꾸는 것, 대형 하드보드 박스에 여러 가지 색칠을 하여 놀이 집으로 변화시키는 것 등과 같은 활동은 모두 변형에 관련된 것이다.

구성주의 화학 활동에는 두 가지 유형이 있다. 두 가지 유형은 모두 변화 또는 변형과 관련된 것으로, 부속물과 구조의 재배열(재구성)과 본질과 농도의 변화(혼합)를 말한다. 재구성이란 새로운 구조를 만들기 위해 기존의 부품이나 구조를 재배열하는 것이다. 혼합이란 변형 활동의 또 다른 유형으로 주로 물질을 섞어서 본질과 농도를 변화시키는 것이다. 구성주의의 초점은 혼합을 통해서 나타나는 변화 과정에 있다. 즉, 변화의 결과물보다 그 연속성에 더 초점을 맞추게 하는 것이다.

유아는 자료를 변형시키는 데 직접적으로 관여하고 있다. 유아는 행위를 가하여 어떤 것을 직접 변형시키고, 자신의 이러한 행위로부터 만들어진 결과를 관찰한다. 이때 변화를 시키는 과정이 항상 활동의 주안점이 되어야 한다. 미술용품 및 주변 생활용품은 변형이 잘 되는 재료로서, 그리고 변형과정을 돋보이게 하는 교구로서 매우 우수한 자원이다. 특히 물질의 본질을 변화시키는 활동에

알맞은 재료로는 분말 물감, 액체 물감, 밀가루, 소금, 녹말가루, 면도 크림, 얇은 비누 조각, 모래, 흙, 식용 색소, 반짝이 가루 등이 있다. 다양한 종류의 점토와 밀가루 반죽은 형태나 본질의 변화에 초점을 맞추는 변화 활동에 매우 적합하다. 다양한 형태 및 색깔의 종이는 그 자체로 사용될 수 있어야 할 뿐만 아니라 종이의 형태를 변화시키는 물 등의 재료와 혼합해서 사용할 수 있어야 한다.

우유와 물감을 혼합하여 상태의 변화, 물질의 본질이 변화하는 구성주의 화학 활동

### 구성주의 생물학과 생태학

자연영역에서 관찰은 자연 세계에 대한 민감성과 경각심, 자각 등을 의미하기도 한다. 여기서 관찰은 수동적인 것이 아니므로 동참이라고 하는 것이 더 적절하다.

- 계획된 활동을 많이 강조하기보다는 교실의 환경을 적절하게 조성한다.
- 유아가 자연 세계에 동참하고 그 세계를 관찰하는 것을 강조한다.
- 교사는 스스로가 본보기가 되어 유아를 지도해 나가는 것이 필요하다.

구성주의 생물학과 생태학의 내용은 도구와 자연 채집의 기술을 이용하여 자연 세계가 지니고 있는 아름답고 흥미로운 특징에 관심을 기울이는 능력을 도모하는 것이다. 그러한 것들은 우리가 자연 세계의 한 측면에 관심을 기울일 수 있도록 도움을 준다.

자연 세계에서 일어나는 변화는 유아들이 느낄 수 있을 만큼 즉각적이지도 않고, 볼 수 있을 만큼 나타나지 않는 경우도 있다. 자연 세계와 관련하여 교사가 계획하는 활동이나 학습경험에서는 가능한 한 변화과정을 관찰할 수 있도록 하여 유아들의 사고에까지 닿을 수 있게 해야 한다.

관찰을 통하여 자연 세계에 흥미를 가지는 구성주의 생물 활동

바람직한 유아과학교육 방법에 대한 여러 학자의 견해를 종합하여 구체적으로 제시하면 다음과 같다(이은진, 2018; 현윤희, 2013).

### 구성주의 과학 교수방법

- 활동을 계획할 때 유아가 이미 알고 있는 과학적 지식이나 개념, 경험을 고려한다.
- 유아가 기존에 갖고 있는 경험과 개념에 새로운 도전을 할 수 있는 활동을 계획한다.
- 유아가 직접적인 실험, 관찰 등의 탐구활동에 참여하는 방법으로 운영한다.
- 유아가 흥미를 갖는 대상을 적극적으로 탐구할 수 있는 기회를 제공한다.
- 유아의 질문을 해결하기 위해 구체적인 실험뿐만 아니라 책, 전문가 등의 다양한 정보원을 활용한다.
- 유아가 과학 활동에 참여하면서 제시하는 다양한 아이디어를 격려한다.
- 어떤 질문에 대한 해답을 교사가 말하거나 책을 찾아보기 전에 유아의 아이디어를 묻는다.

- 유아가 좀 더 정교한 아이디어를 구성하도록 돕기 위해 다양한 개방적 질문을 활용한다.
- 유아가 현재 관찰할 수 있는 결과의 원인을 추론해 볼 수 있는 활동을 경험하여 다양하게 사고해 보는 기회를 제공한다.
- 실험이나 관찰의 결과를 유아 스스로 정리하도록 하여 새로운 개념의 확정을 위한 반성적 사고의 기회를 갖도록 한다.
- 협동학습의 기회를 주어 유아들 간의 다양한 의사소통과 아이디어의 교류를 통한 학습을 촉진한다.

### 유아과학교육 교육방법

과학교육에서 과학적 지식뿐만 아니라 과학적 탐구과정이 중시되는 교육방법을 활용해야 한다. 즉, 특정한 과학적 개념이나 지식을 교사가 직접적으로 주입하기보다는 과학적 탐구능력을 신장시킬 수 있는 방법으로 구성해야 한다.

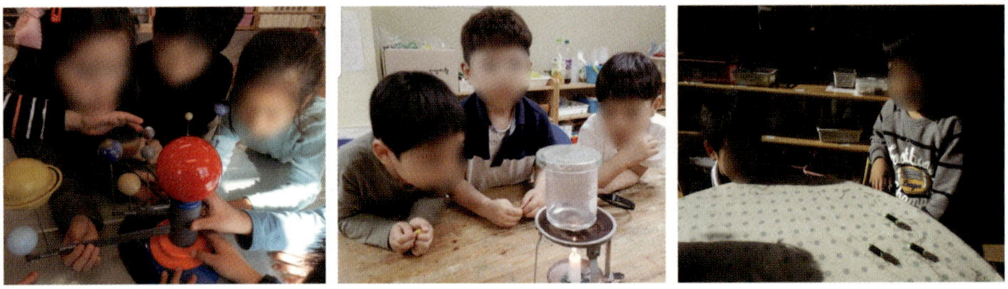

궁금한 것을 직접 탐구해 보고 알아보고, 경험하는 유아들

과학적 탐구능력(유경숙, 1999; Martin et. al., 2002)은 학자들에 따라 약간씩 다르게 분류하고 있으나, 유아기에 적합한 과학적 탐구능력은 관찰하기, 분류하기, 측정하기, 예측하기, 의사소통하기로 보는 것이 일반적이다.

관찰하기

분류하기

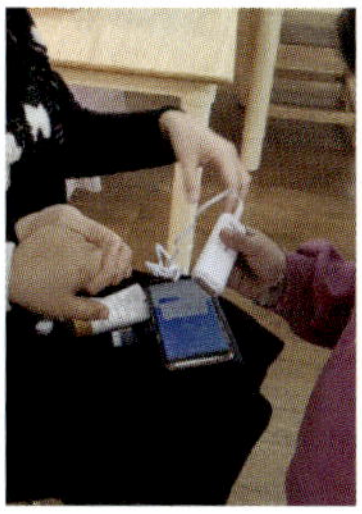
측정하기

예측하기

의사소통하기

이와 관련하여 학자들(권영례, 1992; 장경혜, 1994; Hoew, 2002)은 급속히 변화해 가고 있는 현대사회에서 자연과학의 탐구와 과학적인 상황에 대처하기 위해서는 유아기부터 과학적 문제해결능력을 길러 주어야 한다고 말한다. 이러한 목적을 달성하기 위해서는 과학적 탐구과정을 중시하는 교육 방법을 제안하고 있다.

구성주의 과학교육의 구성 및 원리를 살펴보면 다음과 같다.

### 참여방법

- 유아가 능동적으로 참여하는 방법을 활용하는 것이 중요한데, 능동적으로 참여한다는 것은 유아가 단순히 사물을 조작하는 것만을 의미하지 않는다. 자신의 특정 행위를 통하여 어떤 현상을 만들어 보고 또 그 행위를 바꾸어 시도해 봄으로써 그 현상의 다른 결과를 경험해 보도록 하는 것을 의미한다.

능동적으로 관찰해 보고, 만들어 보고, 변경하며 놀이하는 유아

### 참여형태

- 유아의 흥미와 활동의 특성에 따라 개별 활동, 소집단 활동, 대집단 활동 등 다양한 형태로 진행해야 한다(신은수, 김은정, 1994). 교사는 유아에게 과학교육을 진행하기 전에 행동의 특성을 미리 파악하여 효과적인 집단 구성을 생각할 수 있어야 한다. 집단에 따른 교육적 효율성에 관한 연구에 따르면 개별적 학습이나 경쟁적 학습보다는 소집단 형식의 협동학습이 가장 효율적이라고 하였다(문은자, 2000; 신은수, 김은정, 1994). 이러한 소집단 활동을 통한 과학교육은 자료와 설비를 집단별로 함께 공유할 수 있기 때문에 충분하지 못한 경우에도 물리적인 환경을 보충할 수 있고, 소집단과 교사 간의 높은 상호작용으로 교수 활동을 원활하게 전개시킬 수 있다고 하였다.

활동에 따라 개인, 소집단, 대집단으로 놀이에 참여하는 유아들

### 자료활용

- 과학교육은 구체적이고 직접적인 경험을 할 수 있도록 선정하고, 실물 중심의 자료를 활용해야 한다. 유아의 지식 형성은 감각을 통한 관찰과 사물과의 직접적인 상호작용을 통하여 이루어지므로 유아기의 과학 활동과 활동자료들은 가능한 사물과 사건을 직접 조작하고 다루어 볼 수 있는 것이어야 한다. 이는 단지 유아가 손으로 사물을 느끼고 다루어 볼 수 있는 것만을 의미하는 것이 아니라 유아가 조작하고 있는 것에 대해 정신적으로 이해할 수 있어야 한다는 뜻이다(Chaille & Britain, 2000).

직접 경험해 보고 탐색해 보며 조작할 수 있는 자료를 통해 과학놀이를 하는 유아

### 활동계획

- 구성주의 과학 활동을 과정 중심적, 유아 주도적으로 전개하기 위해서는 활동의 계획단계에서부터 유아들을 고려하는 계획이 이루어져야 한다. 따라서 활동과정에서 유아들의 적극적인 활동 참여, 능동적인 상호작용을 이끌기 위해서는 유아의 발달 수준에 적합해야 한다. 또한 활동을 유아들이 의도한 방향으로 주도적으로 이끌어 가기 위해서는 활동자료가 풍부하고 다양해야 할 뿐만 아니라 다양한 방향으로 다루어 볼 수 있는 자료가 제시되어야 한다.

### 활동시작

- 구성주의 과학 활동은 자료 탐색하는 것을 시작으로 한다. 유아들이 자신의 의도에 따라 자료를 다루어 보고, 활동을 수행할 수 있도록 준비된 자료를 충분히 탐색할 수 있는 시간이 필요하다. 특히 활동 시작 단계에서는 유아들이 자료를 충분히 탐색할 수 있도록 유도하는 질문을 제공해야 한다. 주제에 대해 궁금한 것, 직접 조사할 질문, 조사를 위한 질문 등 적절한 질문을 제시해야 한다.

### 활동진행

- 유아들이 활동자료, 그리고 또래와 활발한 상호작용을 하도록 유도해야 한다. 이러한 과정에서 조사를 위한 계획 세우기, 필요한 기술 개발하기와 더불어 교실에서 활동을 지속적으로 이어갈 수 있도록 해야 한다. 이때 교사는 유아들

의 활동을 관찰하고, 필요할 때 새로운 활동자료를 제공하거나 질문을 제시해야 한다. 질문 또한 자료를 탐색하고, 그 자료를 활용하여 무엇을 할 수 있을지의 방법을 유도할 수 있는 질문을 제시한다.

- 과학교육은 자연스럽게 유아교육기관의 일과 운영을 통하여 계획 실행되어야 한다. 유아교육기관의 모든 장소와 일과시간에서 이루어질 수 있기 때문에 유아가 일상생활에서 마음껏 탐색할 수 있도록 위험물을 제거하고, 과학 활동과 관련된 사물들을 수집하여 교육적 효과를 증진할 수 있도록 해야 한다.

#### 활동 이후 토의

- 활동 이후에 토의하기 과정에서는 활동 중에 나타난 유아들의 여러 가지 활동과정에 초점을 둔 토의, 발표, 평가가 이루어져야 한다. 또한 활동과정 중에 유아들의 경험 정도를 파악하여 이후의 활동에 반영하여야 한다.

#### 평가

- 과학교육의 평가를 위해서 유아 개개인을 형식적으로 평가하는 방법보다는 유아들이 과학 활동을 하는 과정이나 후에 자연스럽게 평가하는 방법을 활용하는 것이 적합하다.

## 3. 구성주의 유아과학 활동에서 교사의 지원

구성주의 교실에서 교사는 유아에게 지식을 전수시키는 사람이 아니라는 것은 어떤 의미에서는 교사의 부담을 덜 수도 있다. 그러나 구성주의 교실이라고 해서 교사의 책임이 줄어드는 것은 결코 아니다. 구성주의 입장에서 과학 활동은 '내용'이 목적이 되어서는 안 된다. '내용'은 자연스럽게 탐구해 가는 과정에서 유아가 습득하는 결과가 되도록 해야 한다. 유아들이 학습이 잘 이루어지는 교실을 만드는데 있어서 핵심적인 역할을 하며, 이러한 교실을 총지휘하고 창출해 내는 사람이 교사인 것이다(Chaille & Britain, 2000).

교사가 유아의 발달 수준과 과학의 학문적 개념에서 적절한 과학 활동을 선정했다 할지라도 실제 교수방법에서 오류를 범한다면 긍정적인 효과를 기대하기 어려울 것이다(조부경 외, 2010). 무엇보다 교사는 유아에게 단순히 과학적 지식을 전수하는 지식 전달자의 역할에서 벗어나야 하며, 활동을 유아 주도적으로 이끌어 가야 한다. 유아가 주도적으로 과학 활동을 이끌어 간다고 해서 교사가 아무 역할도 수행하지 않고 유아의 활동을 방임하는 것은 아니며, 오히려 교사는 개별 유아의 흥미와 발달 특성을 면밀히 관찰하는 등 보다 체계적이며 적극적인 역할과 책임을 맡아야 한다. 유아들의 학습은 교사가 얼마나 적극적으로 각 유아의 발달 경로를 따라 이끌어 가는가에 따라 그 최대화 정도가 달라진다.

과학 활동과정에서 교사는 유아들과의 상호작용을 통해 유아의 과학적 사고 수준이 다음 수준으로 상향 이동할 수 있도록 유아를 도울 수 있는 반면, 거꾸로 이를 제한할 수도 있다. 따라서 교사는 유아들의 과학적 사고 확장을 위해 인지적 갈등을 일으키고 더 높은 지적 수준으로 문제를 해결하도록 유도하는 역할을 해야 한다.

교사의 제시, 관찰, 촉진으로 주도적인 활동을 이끌어 가는 유아들

구성주의에서 교사의 지원을 6가지로 나눌 수 있다. 제시자, 관찰자, 촉진자, 환경 구성자, 참여자, 질문자로서 자세히 알아보면 다음과 같다(서혜정 외, 2020).

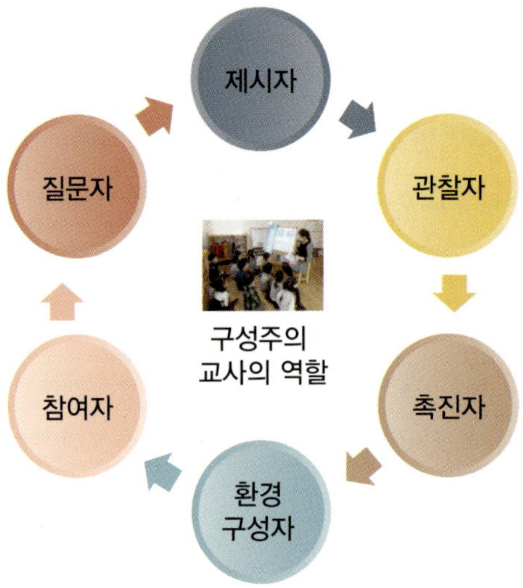


- **[제시자]** 교사가 유아들에게 다양한 학습경험을 제공하는 것뿐만 아니라 개인의 발달 수준에 맞는 적절한 학습 방법을 제시하는 것을 의미한다. 즉, 유아의 놀이나 활동이 의미 있게 확장되도록 방향을 전환하기 위해 새로운 방법을 제시하는 역할을 의미한다. 유아가 과학 활동에 흥미를 가지도록 이전 경험과 연계할 수 있는 사진, 동영상을 제시해 주거나 호기심을 자극하는 교구 및 자료를 제시할 수 있다.

- **[관찰자]** 유아와 유아, 유아와 교사, 놀이 방법 등을 주의 깊게 관찰하는 관찰자로서 교사 역할은 중요하다. 관찰은 유아가 현재 어떤 것에 흥미를 느끼고 있는지, 이해하고 있는 수준은 어떠한지 등의 정보를 제공할 수 있다. 구성주의 교사는 형식적·비형식적 방법으로 유아의 활동과 놀이를 지속적으로 관찰하고, 이를 토대로 수집된 자료는 유아의 개별 발달 수준 및 각각의 욕구를 파악하여 적합한 과학 활동을 계획하고 개발할 수 있다.

- **[촉진자]** 교사는 유아가 주도적으로 이끌어 나가도록 지원하며, 유아들의 학습 활동을 촉진하기 위해 적절한 교수전략을 활용하는 촉진자 역할을 한다.

교사의 개입은 유아가 놀이나 과학 활동에 대해 생각해 볼 수 있는 기회를 제공하는 매개 역할을 하고, 이러한 중재는 유아의 지식 구성 과정에서 중요한 역할을 한다. 유아들이 활동자료를 이용하여 반복적인 놀이만 진행할 때 교사가 촉진자 역할로서 놀이를 확장하고 심화시키기 위해 개입할 수 있다.

- **[환경 구성자]** 유아는 환경과 직접적인 상호작용을 통해 스스로 학습을 한다. 이때 의미 있게 구성된 환경은 때때로 교사보다 유아의 행동에 직접적인 영향을 미칠 수 있다. 교사가 교육환경을 어떻게 구성하느냐에 따라 과학에 대한 유아의 흥미 유발과 교육 효과가 크게 달라질 수 있기 때문에 물리적 환경을 구성하는 교사의 지원은 매우 중요하다. 공간을 구성하고 배치할 때 유아가 손쉽게 접근할 수 있도록 해야 하고, 자유롭게 실험하고 자신의 생각을 또래와 함께 나눌 수 있는 환경을 제공해 주어야 한다.

- **[참여자]** 유아의 의견을 존중하고 유아가 직면한 문제해결에 필요한 다양한 방식에 함께 참여한다. 교사는 다양한 방법으로 상호작용을 활용하여 유아들이 적절한 결정을 내리도록 도움을 제공하고, 갈등이 발생하였을 때는 토의하고, 규칙을 만들도록 격려하며 유아의 놀이나 활동을 확장해 주는 역할을 한다. 교사의 적절한 참여는 유아의 선택과 노력을 격려하고, 활동, 놀이를 유지해 주며 학습을 심화시킬 수 있다.

- **[질문자]** 유아 스스로 지식을 구성해 가는 것을 강조하는 구성주의 교육관에 대해, 교사의 개입이 없어야 한다거나, 유아의 학습과정에서 교사의 지원이 다른 교육관보다 적다는 잘못된 생각을 가질 수 있다. 하지만 구성주의 과학교육에서 교사는 역동적으로 변화하고, 유아가 과학탐구 활동에 참여할 수 있도록 언제, 어떻게, 무엇을 질문해야 하는지에 대한 이해를 바탕으로 한 질문자의 역할이 강조된다. 교사는 유아가 원하는 활동에 유아 스스로 주도성을 발휘하도록 적절한 시기에 올바른 질문을 함으로써 과학용어를 익숙하게 해 준다.

하지만 교사가 유아의 사고과정을 충분히 파악하지 못하고, 맥락에서 벗어나는 질문을 한다면, 유아의 집중력을 흐려지게 하거나 행동을 멈추게 할 수 있다. 따라서 교사는 자신이 하고자 하는 질문이 유아의 탐색을 강화할지 방해할지를 검토한 후 적절한 시점에 질문해야 한다.

이와 같이 교사가 유아과학교육에 대해 아무리 바람직한 사고를 가지고 있다고 해도 그 사고가 교수 실제에 적절하게 반영되지 않는다면 교육적 효과를 기대하기 어렵다. 교사가 어떠한 역할을 하는가는 유아의 과학적 사고 확장에 매우 중요한 요인이다. 따라서 개별 유아의 특성이나 교수 상황에 따라 적절한 방법을 실천할 수 있도록 교사가 지속적으로 반성적인 사고를 하고 자신의 실제를 발전시켜 가고자 하는 노력이 반드시 필요하다.

# 내가 만든 유아과학교육의 이론

학번, 이름 :

날짜 :

▶ 내가 학자가 되어 유아과학교육의 이론을 만들어 본다면?

▶ 내가 만든 유아과학교육 이론에서 교수학습원리란?

▶ 내가 만든 유아과학교육 이론에서 유아과학교육 방법은?

PART

# Ⅱ

# 유아과학교육의 내용 및 과정

# Chapter 3

## 유아과학교육의 내용



## 1. 유아과학교육의 내용

### 1) 유아과학교육의 내용

유아과학교육의 내용은 유아의 발달 수준과 특성을 파악하고 적합한 과학 내용을 선정하여, 유아가 놀이하는 과정에서 과학 활동을 지원하여야 한다. 유아들은 놀이를 하는 과정에서 주변 세계를 관찰하고 탐구하는 과정을 통해 과학적 기초지식과 탐구능력 및 태도를 형성한다. 따라서 유아들의 호기심을 자극하고 다양한 과학 내용의 독특한 특성과 변화과정 등에 대해 경험하는 기회를 제공해 주어야 한다(조형숙, 이기범. 홍은주, 김현주, 2007).

2019 개정 누리과정에서 탐구 영역의 내용범주는 탐구과정 즐기기, 생활 속에서 탐구하기, 자연과 더불어 살기로 구성되어 있다. 이에 과학과 관련한 내용을 살펴보면, 생활 속에서 탐구하기에서는 '물체의 특성과 변화를 여러 가지 방법으로 탐색한다', '도구와 기계에 대해 관심을 가진다'가 있으며, 자연과 더불어 살기에서는 '주변의 동·식물에 관심을 가진다', '생명과 자연환경을 소중히 여긴다', '날씨와 계절의 변화를 생활과 관련짓는다'의 내용을 다루고 있다. 유아과학교육의

구체적인 내용을 살펴보면 다음과 같다.

## 생명과학

- 생명과학은 '생명체'에 관한 내용으로 동물과 식물에 대하여 관심을 가지고, 생명체에 직접적인 영향을 주는 자연환경을 알아봄으로써 생명체와 자연환경을 존중하고 소중히 여기는 태도를 기르는 것이다.
- 2019 개정 누리과정 자연탐구 영역의 내용범주 중 '자연과 더불어 살기', 내용으로 '주변의 동·식물에 관심을 가진다', '생명과 자연환경을 소중히 여긴다'가 생명과학의 내용에 포함된다.
- 유아들은 주변의 살아 있는 다양한 생물에 호기심을 가지고 관찰하며, 관심 있는 동·식물의 정보에 대해 적극적으로 탐색한다. 따라서 유아들이 동·식물 등 살아 있는 생명을 직접 관찰하고 기르는 등의 직·간접적인 경험을 통해 생명을 존중하고 돌보는 마음을 가질 수 있도록 지원하는 것이 바람직하다.

식물(상추)을 관찰하는 유아

동물(닭)을 관찰하는 유아

## 지구과학

- 지구과학은 자연현상과 관련된 내용으로 돌, 물, 흙 등과 같은 자연물과 낮과 밤, 계절의 변화, 날씨와 기후에 대한 자연현상의 내용들을 포함한다. 자연현상은 유아들의 일상생활과 매우 밀접한 관련성을 가지고 있다. 유아들은 자연물이나 자연현상에 관심을 가지고 탐구하면서 자연스럽게 자연의 본질을 이해하게 된다.

- 2019 개정 누리과정 자연탐구 영역의 내용범주 중 '자연과 더불어 살기', 그 내용으로 '날씨와 계절의 변화를 생활과 관련짓는다'가 지구과학의 내용에 포함된다.
- 계절, 날씨에 관련된 활동은 유아가 직접 경험할 수 있어야 한다. 유아가 직접 경험을 하면 느낌을 쉽게 표현할 수 있고, 경험을 바탕으로 다양한 활동들에 훨씬 효과적으로 참여할 수 있다.

비를 직접 경험해 보는 유아

지구의 공전과 자전을 직접 실험해 보는 유아

자연물을 관찰하고, 활용해 그림을 완성해 보는 유아

### 물리과학

- 물리과학은 유아가 일상생활 속에서 접하게 되는 친숙한 물체와 물질에 관심을 가지고 기본적인 특성을 알 수 있게 하는 영역이다. 물리과학 내용으로는 자석, 온도, 빛, 무게중심, 전기, 소리와 공기, 탄성과 용수철, 물체의 속력, 에너지, 열과 이동, 굴절, 물과 부력, 물과 수압, 도구와 운동 등이 여기에 포함된다(최우수, 이성주, 2018).
- 2019 개정 누리과정 자연탐구 영역의 내용범주 중 '생활 속에서 탐구하기', '도구와 기계에 대해 관심을 가진다'가 물리과학의 내용에 포함된다.
- 물리과학에서는 유아가 주변의 물체와 물질에 관심을 가지고, 오감을 통해 특성을 알아보는 활동을 다루고 있으며, 유아들은 여러 가지 방법으로 물체와 물질을 변화시켜 보는 활동을 통해 기본적 속성을 적극적으로 알아 간다(교육과학기술부, 2012).

자석의 성질을 활용해 낚시 놀이를 해보는 유아

고무줄 탄성을 활용해 놀이를 해보는 유아

빛과 그림자의 성질을 활용해 이야기를 만들어 보는 유아

## 화학

- 화학은 물체와 물질 자체를 변화시키고, 그 반응을 관찰하는 내용이다(조경미, 2017). 유아들은 자신에게 친숙해진 물체나 물질을 다양한 방법으로 변화시켜 봄으로써 물체와 물질의 기본 속성을 적극적으로 탐색할 수 있다.
- 우리 주변의 물질과 물체의 특성, 물질의 상태, 혼합물의 분리, 열에 의한 부피 변화, 기체의 성질, 용액의 성질 등의 내용이 포함된다(최우수 외, 2018).
- 유아들은 물체나 물질을 다양한 방법으로 변화시켜 봄으로써 물체와 물질의 크기, 모양, 색, 질감 등의 변화되는 특성과 변화에도 불구하고 변치 않는 속성은 무엇인지 경험하게 된다(교육과학기술부, 2010).

기름의 성질을 활용해 물에 뜨는 그림을 그려 보는 유아

우유 마블링 그림을 그려 보는 유아(표면장력)

**환경과학**

- 환경과학은 과학기술을 이용하여 문제해결방법을 고안하는 능력과 이를 탐구하는 내용이다. 환경과학은 재생에너지, 환경공학, 컴퓨터공학 등과 같은 과학과 기술을 적용하는 내용이 포함된다(김형재 외, 2015).

환경 보호를 위해 의견을 나누고 포스터를 만들어 보는 유아

## 2. 유아과학교육의 과학적 탐구능력 및 탐구태도

### 1) 유아과학교육의 과학적 탐구능력

#### (1) 과학적 탐구능력 개념

과학적 탐구능력은 유아가 자연현상에 대한 흥미와 호기심, 생명체와 자연환경, 물체 및 물질을 관찰, 탐색하며 의문을 가지고 문제를 해결하는 과정에서 형성되는 과학적 사고능력(김형재, 2013)으로 정의할 수 있다. 과학적 탐구능력은 문제 인식, 가설 설정, 실험설계, 자료수집, 자료처리, 일반화 등의 연속적인 과정으로 이루어진다(Rezba, Sprague, Fiel & Funk, 1995). 이는 유아가 구체적인 경험을 통해 새로운 정보를 획득하는 데 도움을 주며, 일상생활에서도 필요한 필수적인 능력이다(Martin, 1997).

유아들은 과학의 전 과정에서 과학적 탐구능력을 사용하게 되며(Martin, 1997), 유아들은 자신을 둘러싸고 있는 물리적·자연적 세계와 상호작용을 하며 궁금한 것은 탐색, 관찰, 분류, 실험하는 과학적 탐구과정을 통해 스스로 답을 찾을 수 있어야 한다(조부경 외, 2007). 이러한 과정을 통해 유아들은 과학자가 이미 확립해 놓은 사실, 원리, 법칙, 일반화 등에 도달하게 된다(Renner & Marek, 1990).

과학적 탐구능력은 유아의 과학적 탐구태도뿐만 아니라 일상생활에서 문제해결을 위해 필수적인 능력으로, 유아과학교육에 있어서 과학적 탐구능력을 함양시키는 것은 중요한 목표가 된다.

### (2) 과학적 탐구능력 구성요소

Martin(1997)과 조부경 등(2007)이 제시한 과학적 탐구능력에 추론하기와 일반화하기를 추가하여 7가지 구성 요소는 관찰하기, 분류하기, 측정하기, 의사소통하기, 예견하기, 추론하기, 일반화하기로 내용은 다음과 같다.

#### 관찰하기

- 관찰하기 : 주의 깊게 사물을 세밀하게 살펴보는 기술이다. 관찰하기는 과학적 탐구의 가장 기본적인 방법으로, 관찰한 것을 정확하게 묘사하는 것까지 포함한다. 세부내용으로는 오감각을 적절히 사용하기, 사물을 집중하여 바라보기, 사물의 특성을 정확하게 묘사하기, 도구 사용하기 등이 있다(Martin, 1997).

관찰하기 : 감각기관과 도구를 사용하여 사물을 주의집중하여 관찰하는 유아

유아들은 활동 중 상황에 맞는 도구인 돋보기를 사용하여 관찰한다.

---

**지원** 여기 한번 봐. 내 지문은 동그란 모양이야.
**예지** 우와 진짜 동그란 모양이네, 내 지문은 어떤 모양이지?
**지원** 그냥 보니 잘 보이지 않네, 우리 돋보기로 한번 볼까?

## 분류하기

- 분류하기 : 여러 가지 물체들을 특정한 준거에 의해 유사점과 차이점에 따라 나누는 과정이다(김형재, 2013). 세부내용으로는 사물들의 유사점 찾아보기, 분류한 사물의 주요 특성 파악하기, 준거에 의해 두 집단으로 정확히 분류하기, 다양한 방법으로 분류하기 등이 있다(Martin, 1997; Rezba et al., 1995).

분류하기 : 모양, 색깔 등 준거에 따라 분류하는 유아

유아들은 말린 꽃잎을 이용하여 포푸리 만들기를 하면서 모양과 색깔 등 자신들이 정한 준거에 따라 분류해 본다.

---

**민지** 말린 꽃잎들이 통에 섞여 있어서 내가 원하는 모양을 찾기가 힘들어.
**세찬** 음… 그럼, 여기는 길쭉한 모양의 꽃잎, 여기는 나뭇잎을 모아 보자.
**민지** 그래! 모양으로 나누어 본 다음 여기는 빨간색 꽃잎, 이쪽 쟁반에는 노란색 꽃잎. 색깔별로 나누어 보자.

## 측정하기

- 측정하기 : 사물의 길이, 무게, 부피 등을 수량화하는 것을 말한다. 유아들은 자신의 신체를 사용하여 측정하기를 시작으로 점차 도구를 사용하여 표준화된 단위를 활용하는 과정을 거친다. 세부내용으로는 측정 유형 선택하기, 적절한 측정 단위와 측정도구 사용하기, 측정 기술 적절하게 적용하기 등이 있다(Martin, 1997, Lind, 1996; Rezba et al., 1995; Smith, Steriling & Moyer-Rackenham, 2006).

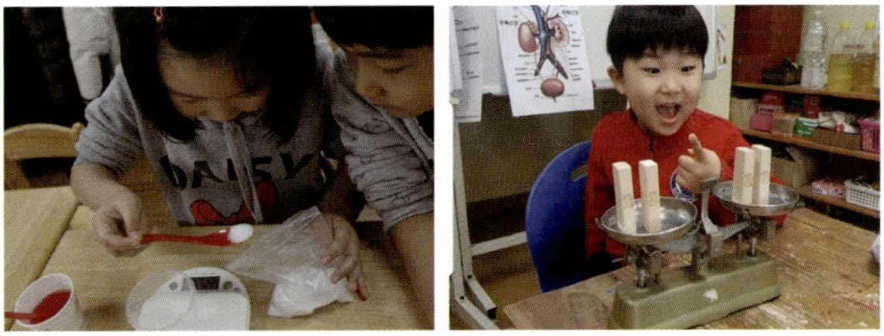

측정하기 : 여러 가지 도구를 사용하여 측정해 보는 유아

유아들은 전자저울을 활용해 자신들이 원하는 양만큼의 탱탱볼 재료를 측정한다.

은채 탱탱볼 만들 땐 PVC 가루가 필요해.
진환 얼마나?
은채 10그램이 들어가야 하는데, 이 정도? 이정도? 어느 정도의 양인지 모르겠어.
진환 어떻게 알 수 있지?
은채 저울로 10그램을 재어 보자.

## 의사소통하기

- 의사소통하기 : 서로 간의 생각을 이해하기 위해 활용하는 모든 수단을 의미한다. 유아들은 언어적 상호작용을 통해서 과학 활동에 대한 도움을 요청하고, 방법을 제안하고, 특징을 설명하는 등의 과정을 통해 이해를 높여 나갈 수 있다. 의사소통하기는 협동적인 탐구학습을 촉진하며, 유아들에게 자신의

생각을 표현하고 다른 사람의 의견에 귀를 기울이는 능력을 길러준다. 세부내용으로는 사물을 정확하게 묘사하기, 생각을 주고받기, 다른 사람이 이해할 수 있도록 결과물 설명하기, 사물을 설명하기, 정보 교환하기, 질문하기, 조사 완료 후 자료 해석하기 등이 있다.

의사소통하기 : 자신이 만든 결과물을 친구들에게 보여주고, 서로 의견을 나누는 유아

유아들은 탱탱볼 만들기 활동 후 자신의 결과물을 서로 보여주며 자신들의 생각과 의견을 나눈다.

설아 내 탱탱볼은 왜 이렇게 거칠거칠한 느낌이지?
민지 내 껀 부드러운데, 크기가 좀 작은 것 같아.
도윤 물이 너무 뜨거우면, 모양이 예쁘게 뭉쳐지지 않는다고 그랬는데… 우리 물이 조금 뜨거웠나 봐.
도현 모양틀이 있었으면, 탱탱볼이 조금 더 예쁜 모양이 나올 수 있었을 텐데..

## 예견(예측)하기

- 예견(예측)하기 : 현재 알고 있는 지식이나 관찰을 기초로 일어날 일을 미리 예상해 보는 사고과정이다. 예견(예측)하기는 자신의 직접 경험이나 관찰을 통해 증명된다. 세부내용으로는 알고 있는 지식에 기초하여 예견하기, 새로 얻은 지식에 기초하여 예견하기 등이 있다(김형재, 2013).

예견(예측)하기 : 이전 경험을 통해 예견(예측)해 보는 유아

요오드와 녹말 반응을 경험해 본 유아는 자신이 알고 있는 지식에 기초하여 예견해 본다.

**연후** 나 이거 해본 적 있어.

**예빈** 얘들아 이것 봐. 가루가 흰색이지? 여기에 이 물 넣으면 하얗게 변할까?

**윤재** 아니, 지난번에 설탕을 물에 넣었더니 그냥 물색이던데.

**예빈** 물이 투명하니까… 맞아. 그냥 흰색이지 않을까?

**연후** 아니야, 이걸 넣으면 보라색이 나올 수도 있을 것 같은데….

## 추론하기

- 추론하기 : 결과를 관찰하고 결과의 원인을 되짚어 설명하는 것을 말한다. 고도의 추상적인 사고를 요하는 탐구능력으로, 유아들에게 추론 과정은 복잡하며 추상적인 추론에 대한 진위판단이 어려울 수 있다(김형재, 2013). 세부내용으로는 일어난 결과나 현상 추론하기, 일어난 결과나 현상의 근거 제시하기 등이 있다(김형재, 2013).

추론하기 : 왜 이렇게 거품이 생겼는지 추론해 보는 유아

유아들은 실험 활동 중 거품이 계속해서 생겨나자 왜 거품이 생겨나는지에 대해 추론한다.

지후 왜 자꾸 거품이 생겨나는 거지?
예희 우리 공룡놀이 할 때, 베이킹소다에 식초 넣으니까 화산폭발처럼 되었잖아. 그러니까 이 컵 속에도 식초랑 베이킹소다가 들어 있는 게 아닐까?

## 일반화하기

- 일반화하기 : 알게 된 과학적 원리나 법칙을 다른 활동이나 일상생활에 적용하는 것이다(김형재, 2013). 세부내용으로는 알게 된 지식을 다른 활동에 적용하기, 알게 된 지식을 일상생활에 활용하기 등이 있다.

일반화하기 : 알게 된 과학적 지식을 통해 새로운 놀잇감을 만들어 보는 유아

유아들은 '쇠는 자석에 붙는다'는 성질을 이용해 종이에 그림을 그려 클립을 붙이고, 자석으로 낚싯대를 만들어 낚시놀이를 제안한다.

나윤 자석은 같은 색깔은 서로 밀어내고, 다른 색은 붙어.
지성 이거 봐 ~ 자석으로 클립 잡았다. 나윤이도 잡아 볼까?
나은 나윤이는 못 잡을 텐데… 자석으로는 쇠만 잡을 수 있어.
연우 그럼, 우리 자석이랑 클립으로 낚싯대 만들자. 낚시놀이 재미있겠다.

## 2) 유아과학교육의 과학적 탐구태도

### (1) 과학적 탐구태도 개념

과학적 탐구태도는 과학적으로 사고하는 습관(유경숙, 1999)으로, 여러 측면에서 물체를 보고 문제를 해결하거나 아이디어나 정보를 평가할 때 결론에 집착하지 않고 행하는 과학적 사고 습관 양식을 의미한다(이경민, 2000).

과학적 탐구태도는 타고난 유아에게만 기대할 수 있는 것이 아니며, 교사가 어떤 환경이나 경험을 제공해 주느냐에 따라 달라질 수 있다(Martin, 2003). 유아의 과학적 탐구태도는 유아의 과학과 관련된 행동을 예측 가능하게 하며, 유아기에 형성된 과학적 탐구태도는 일생 동안 과학에 대한 흥미에 영향을 미친다(이경민, 2000; Finson, Beavor & Cramdnd, 1995; 1995; Simpson, Koballa, Oliver, & Crawley, 1994; Weinburgh, 1995).

### (2) 과학적 탐구태도 구성요소

과학적 탐구태도의 11가지 구성요소는 호기심, 합리성, 객관성, 판단 유보, 비판성, 개방성, 정직성, 겸손과 회의, 협동심, 정확성, 실패에 대한 긍정적 수용이며 내용은 다음과 같다(김경미, 2010; 안경숙, 2003; 이경민, 2000).

#### 호기심

- 호기심 : 신기한 것을 탐구하려는 태도이다(임경아, 2007). 호기심은 과학적 문제해결이나 학습의 동기가 될 수 있다(임경아, 2007; 김형재, 2013). 과학적 탐구능력과 과학적 개념이 형성되기 위해서는 호기심이 필요하며, 직접적인 탐구경험을 통한 활동은 자연스럽게 유아의 호기심을 유발한다(Lind, 2000). 호기심의 유형으로는 질문 자주하기, 새로운 대상에 관심 기울이기, 문제가 있을 때 원인을 찾으려고 노력하기 등이 있다(김형재, 2013).

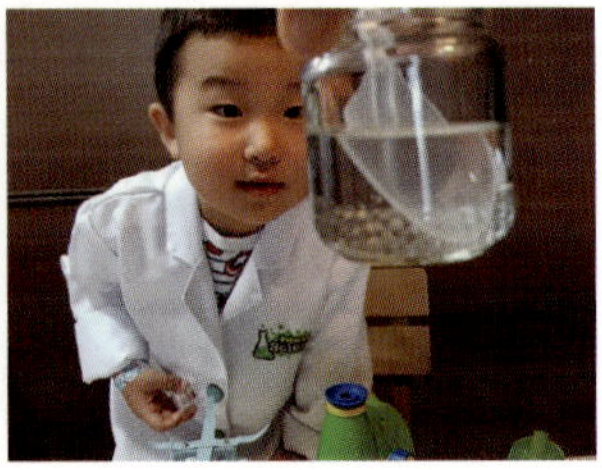

호기심 : 호기심을 가지고 사물을 살펴보는 유아

유아는 새롭게 경험하는 것들에 대해서 호기심을 가진다.

서인 이건 처음 보는 건데. 이 씨앗 처음 봐.
지우 지난 것보다 더 크네. 씨앗이 길쭉길쭉한 모양이야.
예성 화분 속에서 꺼내서 물에 넣어 봐. 물속에 있는 씨앗 모양은 달라.
수철 진짜? 다르네.
서인 숟가락도 물속에 넣었더니 더 커져 보여.
정우 손에 묻은 물감 색깔이 왜 다 다르게 보이지?

## 합리성

- 합리성 : 증거를 중요시하는 태도이다. 유아들이 자연현상이나 사물을 탐구할 때 자신들의 결정이 개인적인 기호, 두려움, 무지에 의해 영향을 받아서는 안 된다. 합리성의 유형으로는 자신의 생각을 합리적으로 검증하기, 나타난 결과에 대한 정확한 증거 찾기, 증거에 근거하여 결론 내리기 등이 있다(김형재, 2013).

합리성 : 자신의 예측이 맞는지 실험을 통해 증거를 찾아보는 유아

손을 더 촉촉하게 만드는 방법에 대해 생각해 보던 유아들은 자신들의 생각을 검증하기 위하여 실험해 보고 수분 측정기로 결과를 확인한다. 실험 결과 로션을 발랐을 경우 손에 수분의 양이 더 많아진다는 결론을 내릴 수 있었다.

영민 손을 촉촉하게 만들려면 손에 물을 뿌리면 될 것 같아.
민혁 그냥 로션 바르는 게 더 좋을 것 같은데.
영민 우리 바깥에 나가서 한번 실험해 보고, 수분 측정기로 측정해 보자.

### 객관성

- 객관성 : 결론을 내리기 전에 가설에 반대되는 증거와 같이 가능한 한 많은 자료를 수집하여 결론을 내리려는 태도이다(이경민, 2002). 유아는 자료를 수집, 해석하여 결론을 내리는 과정에서 다른 사람의 비논리적인 판단에 간섭을 받지 않아야 한다. 객관성의 유형으로는 사물을 자기가 본 그대로 정직하게 표현하기, 결론을 내릴 때 실험 결과를 근거로 하기, 문제해결에 있어서 몇 가지 가능한 해결책 고려하기 등이 있다(김형재, 2013).

객관성 : 자기가 본 그대로 정직하게 표현하는 유아

촛불을 꺼트리지 않는 방법에 대해서 알아보던 유아들은 바람이 불지 않도록 덮어 놓기와 촛불을 그대로 두기 2가지 의견을 제시하였고, 자신이 관찰한 결과 그대로 기록하고 그 기록을 바탕으로 결론을 내린다.

윤후 촛불에 컵을 덮어 놓으면 불이 안 꺼질 줄 알았는데, 불이 금방 꺼져버리네.
채빈 컵을 덮지 않은 촛불은 꺼지지 않고 계속 켜져 있고.
윤후 촛불도 우리처럼 숨 쉴 수 있도록 공기가 필요한가 봐.

### 판단 유보

- 판단 유보 : 불충분한 증거에 근거를 두고 일반화하는 것에 대해 이의를 제기하며, 결과에 대한 충분한 증거를 바탕으로 판단하려는 태도이다. 유아들은 다양한 자료와 증거에 근거를 두고 판단하거나 의사결정을 할 수 있어야 한다(김형재, 2013). 판단 유보의 유형으로는 결론을 내리기 전에 많은 자료 찾기, 신중하게 결론 내리기, 확실한 증거에 의해서 지지되지 않는 것은 다시 생각해 보기 등이 있다.

판단유보 : 통 속에 어떤 곡식이 들어 있는지 신중하게 생각해서 결론 내리는 유아

여러 가지 곡식이 들어 있는 통을 흔들어 보며, 무엇이 들어 있는지 맞혀 보는 놀이를 하던 유아는 신중하게 결론을 내리기 위해 두 개를 함께 흔들어 보는 등의 방법을 사용한다.

서우 소리 들어 보니 작은 알갱이 같은데… 작은 알갱이는 쌀도 있고… 좁쌀도 있고… 작은 알갱이가 많아서 무엇이 들어 있는지 잘 모르겠어. 두 개를 같이 흔들어서 비교해 보는 게 좋을 것 같아.

### 비판성

- 비판성 : 다른 사람의 의견에 대해 옳고 그름을 판단하기 위해 증거를 요구하고 토론하려는 태도이다(송윤진, 2011; 신민하, 2011). 유아는 어떤 지식이나 정보를 비판적으로 판단할 수 있어야 한다. 비판성의 유형으로는 다른 사람의 결론이나 설명, 의견에 대해 옳고 그름 판단하기, 결론을 내릴 때 신중하기, 어떤 주장에 대한 대안 제시하기 등이 있다.

비판성 : 친구의 의견에 대한 새로운 대안을 제시해 보는 유아

유아들은 바깥놀이 중 나뭇가지로 힘겹게 흙을 퍼 나르는 친구에게, 가늘고 부러지기 쉬운 나뭇가지보다 돌이 좋을 것 같다는 새로운 대안을 제시하였다. 친구의 대안을 받아들여 활동을 해 보던 유아는 친구가 제시한 의견 또한 비판적으로 받아들이는 모습을 보인다.

윤지 이 나뭇가지가 뾰족해서 땅을 잘 팔 수 있는데, 흙을 뜨기는 어려운 것 같아.
민재 나뭇가지가 가늘어서 힘든 것 같은데, 이 넓적한 돌은 어때?
윤지 돌은 넓기는 한데, 짧아서 잡아서 옮기기가 힘들어.

## 개방성

- 개방성 : 새롭게 밝혀진 근거에 따라 자신의 주장을 변경, 수정하려는 태도이다(김형재, 2013). 유아들은 스스로 가설을 설정하고 이를 검증할 수 있는 실험 절차를 생각해 보는 태도를 가져야 한다. 개방성의 유형으로는 자기주장에 대한 비판 수용하기, 실패한 실험 결과 인정하기, 한 가지 문제에 대해 여러 가지 의견 듣기, 여러 사람의 의견을 듣고 수용하기 등이 있다.

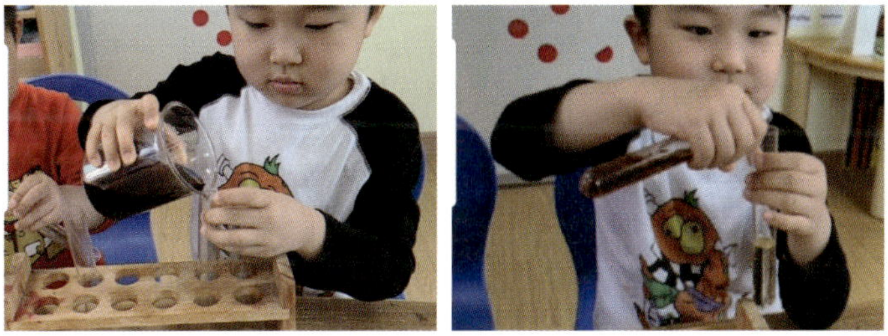

개방성 : 실패한 실험의 결과를 인정하고 다른 사람의 의견을 수용하는 유아

소금물의 염도를 이용해서 물탑 쌓기를 해보던 유아들은 색이 섞이는 것을 발견하고, 자신들의 실험이 실패했음을 인정하였다. 문제를 해결하기 위해 새로운 도구를 사용해 보자는 친구들의 의견을 수용하여 새롭게 실험을 해 본다.

다솜 빨간색은 1층 파란색은 2층으로 탑을 쌓고 싶은데 자꾸 보라색으로 바뀌네.
태완 비커로 물을 넣으니까 너무 많이 들어가서 그런 것 같아.
다솜 그럼 비커 말고 물을 조금씩 넣을 수 있는 걸로 바꿔서 해보자.

## 정직성

- 정직성 : 자신이 예상한 것이나 관찰한 것, 어려운 점에 대해 솔직하게 표현하는 것을 의미한다. 유아들은 자신이 생각하고 있는 것을 자유롭게 표현할 수 있어야 한다. 유아의 잘못된 절차나 표상에 대해서 비난하는 것은 유아들의 정직성 함양을 방해하는 요인이 된다. 정직성의 유형으로는 자신이 예상한 것이나 관찰한 것을 그대로 나타나기, 어려운 점이나 안 되는 점을 그대로 나타내기, 활동 결과를 그대로 나타내기 등이 있다.

정직성 : 자신이 예상한 것을 실험해 보고 그대로 나타내는 유아

교실에서 자석을 이용해 놀이를 하던 유아가 육안으로만 자석에 붙는 물건을 찾는 데 어려움이 있음을 친구들에게 표현하여, 친구들의 도움을 받아 놀이를 이어나간다.

재빈 나는 뭐가 자석에 붙는 건지 잘 모르겠어.
진현 클립이랑 색이 비슷한 것들인데, 금속탐지기 대어 보면 쉽게 찾을 수 있어.
재빈 작은 칠판이랑 이 블록 자석이 붙을 것 같아. 금속탐지기 한번 해 볼까?

## 겸손과 회의

- 겸손과 회의 : 자신의 생각만 옳다고 주장하거나 정당하다고 생각하지 않는 태도이다. 다른 유아의 주장이 타당성이 있으면 겸손하게 받아들여야 하며, 교사나 성인의 생각이라도 납득하기 어려운 점이 있다면 회의를 가질 수 있어야 한다. 겸손과 회의의 유형으로는 자신의 주장만 내세우지 않기, 다른 사람의 의견 수용하기, 확실하지 않은 결과에 대해서 의문 가지기 등이 있다.

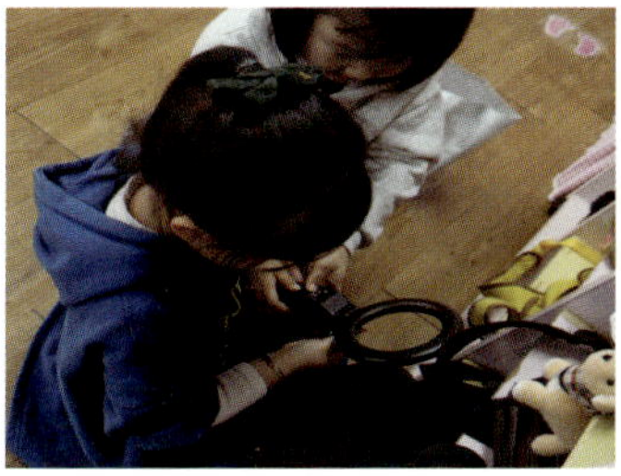

겸손과 회의 : 친구의 의견을 수용하는 유아

자석으로 놀이하던 유아들은 자신과 다른 친구들의 의견을 수용하며 자신의 생각과 다르게 나타난 결과에 대해서 의구심을 가지는 모습을 보인다.

---

**지성** 선생님 반지 자석에 붙을 것 같지?
**민주** 내가 먼저 자석에 붙여 봤는데, 선생님 반지는 자석에 안 붙어.
**지성** 선생님 반지는 자석에 안 붙는구나. 그런데 내 반지는 왜 자석에 붙었을까?

## 협동심

- 협동심 : 다른 사람과 함께 협의하고 돕는 태도이다. 협동심은 서로 의견을 협의하거나 활동 후 정리정돈을 함께 하는 행동 등을 통해 살펴볼 수 있다. 유아들은 협동을 통해 새로운 아이디어를 창출하고 또래들과 효과적으로 문제를 해결할 수 있게 된다(김형재, 2013). 협동심의 유형으로는 실험도구를 나누어 사용하기, 실험 후 정리정돈을 함께 하기, 집단 전체의 생각을 나누기, 실험에서의 역할 분담하기 등이 있다.

협동심 : 실험도구를 나누어 사용하는 유아

색 얼음 만들기 활동을 하던 유아들은 자신의 물이 부족하자 친구에게 함께 써도 괜찮은지 의견을 물었고, 흔쾌히 동의한 친구와 함께 사용한다.

윤미 나 물이 조금 부족한데, 주형이 네 것 좀 같이 써도 괜찮을까?
주형 물 많이 있으니까 같이 써도 괜찮아.
윤미 혹시 부족하면 내가 더 떠올게.

## 정확성

- 정확성 : 사물을 정확하게 보고 판단, 사건을 정확하게 표상하려는 태도이다. 과학은 정확성이 떨어지면 정확한 결과를 얻기 어렵기 때문에 유아들은 실험 과정에서 정확성을 기를 수 있어야 한다(김형재, 2013). 정확성의 유형으로는 정확하게 측정하기, 결과에 근거하여 정확하게 설명하기, 반복실험 후 비교하기, 다른 사람의 결과와 비교하기 등이 있다.

정확성 : 정확하게 측정하는 유아

실험의 정확성을 위하여 소금물을 만들어 보던 유아들은 자신들이 넣어야 하는 소금의 양을 정확하게 알기를 원했다. 전자저울로 1차 측정, 염도 측정기로 2차 측정을 하여 소금의 양을 측정한다.

**민주** 소금 얼마나 넣어야 될까?
**채윤** 1숟가락이면 어느 정도가 되지? 저울에 한번 올려 볼까?
**형주** 소금 넣고 나서 염도 측정기로 해보면 정확하게 알 수 있을 것 같아.

## 실패에 대한 긍정적 수용

- 실패에 대한 긍정적 수용 : 해결되지 않는 문제를 포기하지 않고 지속적으로 해결하려고 노력하는 태도이다. 실패에 대한 긍정적 수용의 유형으로는 실험에 실패했을 때 반복하여 실험 결과를 찾으려 노력하기, 해결되지 않는 문제를 계속해서 해결하려고 노력하기, 한 문제가 해결되면 또 다른 문제를 해결하려고 노력하기 등이 있다.

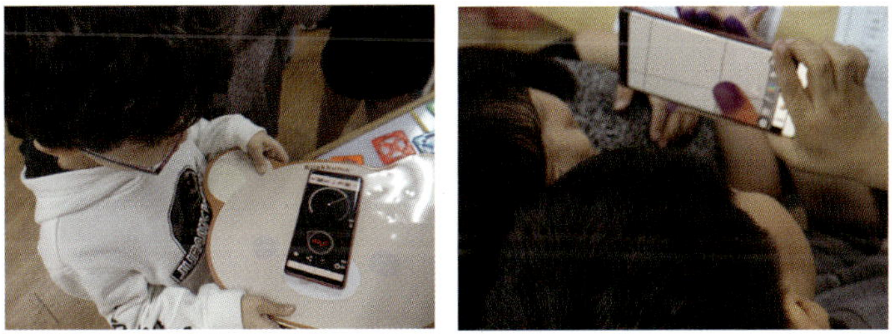

실패에 대한 긍정적 수용 : 실험에 실패하여 다시 시도하는 유아

지문 관찰하기 후 확장된 범인 찾기놀이를 하던 유아들은 범인 찾기에 실패하자, 자신들의 활동을 되짚어 보며, 다시 시도하는 모습을 보인다.

**준서** 범인이 남긴 힌트를 살펴보면 자석이 붙는 작은 칠판을 만졌다고 되어 있어.
**민곤** 그래서 이 칠판으로 놀이하던 민채를 범인이라고 생각했구나.
**준서** 그런데 민채랑 지문을 살펴보니, 민채가 범인이 아니야.
**민곤** 괜찮아. 다시 찾아보면 되지. 친구들 지문부터 살펴보자.

# 과학적 탐구능력과 탐구태도

학번, 이름 :

날짜 :

▶ 교실에서 유아들은 활동을 하고 있어요. 어떤 과학적 탐구능력과 탐구태도를 경험하며 활동을 진행하고 있는지 상상하여 표현해 보세요.
(과학적 탐구능력, 탐구태도 중 자신이 선택한 부분을 표시해 주세요)

| 〈과학적 탐구능력〉 | 〈과학적 탐구태도〉 |
|---|---|
| 관찰하기, 분류하기, 측정하기, 의사소통하기, 예견하기, 추론하기, 일반화하기 | 호기심, 합리성, 객관성, 판단 유보, 비판성, 개방성, 정직성, 겸손과 회의, 협동심, 정확성, 실패에 대한 긍정적 수용 |

# Chapter 4

# 누리과정에 기초한 유아과학교육



## 1. 누리과정 자연탐구 영역의 목표

### 1) 자연탐구 영역의 성격

우리나라 유치원 교육과정에서 나타난 유아과학교육의 특징은 시대적 흐름에 따라 조금씩 변화되어 왔으며, 2019 개정 누리과정은 3~5세 유아를 위한 국가 수준의 공통 교육과정으로, 지역과 기관, 개인 수준의 특성을 반영하여 유아와 교사, 원장, 학부모 및 지역사회가 함께 다양하게 운영하는 것을 추구하고 있다. 또한 유아가 호기심을 가지고 주변 세계를 탐색하고 탐구하며 재미있는 상상을 펼치고 자신만의 방식으로 놀이를 변형하고 창조하면서 창의성을 기를 수 있도록 유아·놀이 중심에 중점을 두어 교육적 경험을 지원하려는 성격을 띠고 있다.

자신만의 의미를 만드는 놀이에서 유아들은 신체조절, 감각 경험, 창조적 표현 등의 다양한 배움이 일어나며, 자발적으로 문제를 발견하고 해결하는 탐구과정에서 과학적 기초능력을 의미 있게 확장해 나갈 수 있게 된다. 이러한 개정 누리과정의 성격을 기반으로 과학교육과 관련하여 자연탐구 영역은 유아가 물질과 사물, 자연현상, 동·식물 등의 특성과 변화를 수학적·과학적으로 탐구하는 다양한 경험과 관련된 내용으로 구성되어 있다. 이때 유아는 주변의 동·식물과 생명, 자연환경에 관심을 가지고 주도적으로 탐구하는 과정을 즐기며, 유아 스스로 궁금증을 해결하도록 돕고 생명을 소중히 여기고 사람과 자연이 더불어 살아가는 것이 중요함을 경험하게 된다.

곤충을 자세히 관찰하고, 흥미 있는 현상에 대해 다양한 감각을 이용하여 지속적으로 탐구하는 유아들

### 2) 자연탐구 영역의 목표

과학교육은 사회적 요구와 필요에 의해 목적과 내용이 변화해 왔다. 최근에는 과학적 소양을 갖춘 구성원으로 성장해 갈 수 있도록 돕기 위하여 영유아들이 과학적 지식과 내용을 이해하고, 과학적 태도, 과학적 탐구능력을 기르는 데 초점을 맞추고 있다. 또한 자연스럽게 일상생활에서 탐구하는 과정을 즐기고, 자연과 더불어 살아가는 태도를 가져야 한다는 목표를 가지고 있다. 이에 유아과학교육도 유아기부터 주변을 탐구하는 과정을 즐기고, 탐구하는 과정을 통하여 과학적 지식과 개념을 형성하고 과학적 탐구능력, 태도를 길러 주는 것이 중요한 목표가 되어야 한다(유경숙, 2000).

이러한 유아과학교육의 목표를 통해 유아들에게 길러 주어야 하는 과학적 목표와 소양은 다음과 같다(교육부, 2019; 조형숙 외, 2018).

- **탐구과정을 즐기고, 적극적으로 탐구하려는 과학적 태도를 기르는 것이다.** 과학적 태도란 끊임없이 문제를 제기하고, 찾으려는 적극적인 태도, 실패를 긍정

적으로 극복하려는 융통성과 개방적인 태도 등을 의미한다. 유아들은 호기심에서 시작되는 궁금증이 합리적으로 해결되기 위해서는 반드시 과학적 태도를 가지고 문제를 접근하고, 경험해 보며 해결하는 경험이 중요하다.

다양한 꽃잎을 관찰하고 비교해 보는 유아

- **일상에서 호기심을 가지고 탐구하는 과정을 기르는 것이다.** 호기심을 가진다는 것은 관심을 가지고 사물과 현상을 바라보는 것을 의미한다. 아무 의미 없이 지나칠 수 있는 경험과 호기심에서 새로운 것을 발견하고 탐구하고자 하는 욕구를 만들어 내는 원동력으로 작용한다. 유아가 물체의 특성과 변화를 여러 가지 방법으로 탐색해 보고, 도구와 기계에 관심을 가지고 생활 속의 문제를 다양하게 탐구하는 과정을 길러 주어야 한다.

다양한 재질의 종이에 물감을 뿌려 보고, 다양하게 번짐을 활동하는 유아

- **자연에 대한 경험을 통하여 자연환경의 중요성과 가치를 인식하는 것이다.** 현재 환경문제가 대두되고 있는 상황에서 유아가 자연을 가까이하고 주변 동·식물에 대한 관심과 날씨, 계절의 변화를 생활과 연계하는 것이 중요하다.

유아는 자연과의 만남 속에서 지속적으로 동·식물을 관찰하게 될 것이고, 탐색활동은 자연에 대한 이해를 도와 인간이 자연과 함께 더불어 살아가는 존재임을 인식함으로써 자연환경을 소중히 다루는 태도가 길러질 수 있다.

식물을 키워 보고 관찰하는 유아

자연탐구 영역의 목표는 다음과 같다(교육부, 2020).

탐구하는 과정을 즐기고, 자연과 더불어 살아가는 태도를 기른다.

자연탐구 영역은 유아를 둘러싸고 있는 사물, 자연환경, 자연현상에 대해 궁금해하고 답을 알아 가는 과정에서의 능동적 참여로 수학적·과학적으로 사고하는 태도와 능력을 기르는 데 그 목적이 있다. 또한 유아의 지적 호기심과 끊임없이 자발적으로 질문하고 알고자 하는 탐구심은 사고력 발달의 토대가 된다(조부경 외, 2018). 이에 주변 세계에 대해 관심을 갖고 궁금한 것을 해소하기 위해 탐구하며, 자연과 더불어 살아가는 태도를 유아기부터 기르도록 해야 한다. 유아 자신에게 의미 있는 경험이 되도록 능동적으로 탐구하는 경험을 통하여 궁금한 점을 알아보는 과정을 즐기도록 하며, 생명과 자연환경을 소중히 여기며 함께 더불어 살아가는 태도를 갖게 한다.

자연탐구 영역의 목표를 구체적으로 살펴보면 다음과 같다.

첫째, 일상에서 호기심을 가지고 탐구하는 과정을 즐긴다.
둘째, 생활 속의 문제를 수학적, 과학적으로 탐구한다.

셋째, 생명과 자연을 존중한다.

일상에서 호기심을 가지고 탐구하는 과정을 즐기는 유아들

## 2. 자연탐구 영역과 유아과학교육의 연계

### 1) 자연탐구 영역의 내용 구성

자연탐구 영역의 내용범주는 '탐구과정 즐기기', '생활 속에서 탐구하기', '자연과 더불어 살기'로 이루어져 있으며, 이에 따라 세부내용이 구성되어 있다.

| 내용범주 | 내용 |
|---|---|
| 탐구과정 즐기기 | · 주변 세계와 자연에 대해 지속적으로 호기심을 가진다. |
| | · 궁금한 것을 탐구하는 과정에 즐겁게 참여한다. |
| | · 탐구과정에서 서로 다른 생각에 관심을 가진다. |
| 생활 속에서 탐구하기 | · 물체의 특성과 변화를 여러 가지 방법으로 탐색한다. |
| | · 물체를 세어 수량을 알아본다. |
| | · 물체의 위치와 방향, 모양을 알고 구별한다. |
| | · 일상에서 길이, 무게 등의 속성을 비교한다. |
| | · 주변에서 반복되는 규칙을 찾는다. |
| | · 일상에서 모은 자료를 기준에 따라 분류한다. |
| | · 도구와 기계에 대해 관심을 가진다. |
| 자연과 더불어 살기 | · 주변의 동·식물에 관심을 가진다. |
| | · 생명과 자연환경을 소중히 여긴다. |
| | · 날씨와 계절의 변화를 생활과 관련짓는다. |

### (1) 탐구과정 즐기기

'탐구과정 즐기기'는 유아가 주변 세계와 자연에 대해 지속적으로 호기심을 가지고, 궁금한 것을 탐구하는 과정에 적극적으로 참여하면서 서로 다른 생각에 관심을 갖는 내용이다. 유아는 궁금한 것을 알아보기 위해 탐색하고 탐구하는 과정을 즐긴다. 이에 자신이 관찰한 내용에 대해 더 깊이 있게 받아들이고, 관찰한 사건이나 상황에 대해 올바르게 인식할 수 있는 능력을 기르게 된다. 또한 유아가 주변 세계와 자연에 대해 호기심을 가지고 즐겁게 탐색하는 모습을 반영한다.

궁금한 점을 알아 가기 위해 적극적으로 탐색하거나 관찰하고 실험하는 과정에 참여하는 유아들

'주변 세계와 자연에 대해 지속적으로 호기심을 가진다'

유아가 물질, 물체, 동·식물, 자연현상 등에 호기심을 가지고, 놀이에서 지속적으로 궁금한 것을 찾아가거나 표현하는 내용이다. 일상생활에서 경험하는 주변 세계와 자연에 대해 신기하게 느끼거나 호기심을 가질 수 있는 내용을 포함한다. 예를 들어, 유아는 산책을 나가거나 놀이터에서 발견한 나뭇잎의 색과 모양이 어떠한지 탐색해 보고, 여러 가지 나뭇잎을 모아 손이나 발로 만져 보면서 나뭇잎의 촉감을 느껴 본다. 또한 계절에 따라 나뭇잎이 떨어지거나 색이 변하는 이유 등에 대해 조사하고 관련 활동을 경험하면서 자신의 호기심을 유지하거나 확장시켜 나간다.

'궁금한 것을 탐구하는 과정에 즐겁게 참여한다'

유아는 흥미로운 특성에 대해 관심을 갖고 관찰하거나 또래와 함께 탐구하는 것을 좋아하므로, 관찰, 비교, 분류, 예측, 실험 등의 다양한 탐구과정을 자발적으로 즐기도록 하는 내용이다. 예를 들어, 자동차 굴리기 활동을 하다가 높이가 다른 경사로에서 자동차의 구르는 속도는 어떻게 다른지 예견하고, 또는 크기가 다른 자동차를 굴리면 어디까지 굴러가는지 다양한 방법으로 실험해 보면서 즐거워하는 유아들의 모습을 볼 수 있다.

'탐구과정에서 서로 다른 생각에 관심을 가진다'

탐구하는 과정에서 유아가 자신의 생각을 또래나 교사와 함께 공유하고, 서로 다른 생각에 관심을 가지는 내용이다. 예를 들어, 자동차놀이를 하는 유아들이 흥미 영역에서 종이, 부직포, 비닐, 골판지, 휴지, 테이프, 수건 등으로 경사면이 다른 경사로를 만들어 어떤 경사면에서 자동차가 잘 굴러가는지 흥미롭게 활동을 한다. 이때 유아는 재질이 다른 경사면에서 다양한 방법으로 굴려 보면서 자신의 생각과 또래의 생각이 다를 수 있다는 것을 경험하고, 서로 다른 생각에 관심을 갖게 된다.

비 온 뒤 유아들은 모래 속으로 들어가는 물을 살피며 이야기를 나눈다.
유아는 발밑에 펼쳐진 모래와 물의 변화를 관찰하며 물이 스며드는 것에 호기심을 가진다.

수연 내 발밑의 모래는 물 옷을 입었어.
경록 여긴 내 손이 다 덮어지는 한강이야.
소영 내 모래도 이제 안 보여.
왜 자꾸 없어지지?
가진 모래를 다시 덮어 볼까?
소영 아니야, 이제 숨 쉬고 나오는 모래부터 살살 만져 봐. 부드러워.

### (2) 생활 속에서 탐구하기

'생활 속에서 탐구하기'는 유아가 물체의 특성과 변화를 여러 가지 방법으로 탐색하고, 물체를 세어 수량을 알아보고, 물체의 위치와 방향, 모양을 알고 구별하며, 길이와 무게 등의 속성을 비교하고, 반복되는 규칙을 찾아보고, 모은 자료들을 기준에 따라 분류하며, 도구와 기계에 관심을 가지고 생활 속의 문제를 다양하게 탐구하는 내용이다. 이에 일상의 문제를 과학적 방식으로 탐구하는 유아의 경험을 반영한다.

물질의 변화과정에 매우 흥미를 느끼며 기본 특성을 알아보고 다양한 방법으로 변화시키는 데 관심을 가지는 유아들

#### '물체의 특성과 변화를 여러 가지 방법으로 탐색한다'

유아가 주변에서 쉽게 발견할 수 있는 친숙한 물체나 물질의 크기, 모양, 색, 냄새, 소리, 질감과 같은 기본적 특성에 관심을 갖는 내용이다. 나아가 그 물체나 물질을 자르고 섞는 등 다양한 방법으로 변화시켜 보며, 변화되는 특성과 변화되지 않는 특성이 무엇인지 탐색해 보는 내용이다. 예를 들면, 비밀 상자 속에 굴러가는 물체, 즉 구슬, 다양한 크기의 공, 자동차 모형 등을 넣은 후에 유아가 만져보고 무엇인지 이야기해 보고, 직접 꺼내어서 그 물체의 모양이나 크기, 질감 등의 다양한 특성을 탐색해 본다. 또한 밀가루에 물을 넣어 반죽하는 과정에서 밀가루의 특성을 알아보고 밀가루 반죽의 끈적거리는 특성을 알아 가게 된다.

'도구와 기계에 대해 관심을 가진다'

유아가 일상생활에서 사용하는 다양한 도구와 기계에 관심을 가지고 직접 사용해 보면서, 도구와 기계가 우리의 생활에 어떠한 도움을 주는지에 대해 관심을 가지는 내용이다. 예를 들어, 유아는 스마트 폰으로 색칠하기, 컴퓨터로 지구에 대한 동화를 보거나, 혹은 아파트 엘리베이터를 이용하여 이동하는 경험을 통해 기계의 편리함에 관심을 가지며, 색종이를 자를 때 사용하는 가위 등과 같은 간단한 도구에 대한 관심을 가질 수 있다.

자동차를 간단한 도구나 놀잇감을 연결하여 만들어 보고 도구 개발의 주체가 되는 경험을 한다.

명진 이 작은 것을 타고 어디로 갈까?
정혜 쌩~ 속도 내는 씽씽 자동차는 이걸 붙여서 달려 볼까?
명진 이것도 한번 끼워 보자. 훨씬 잘 달릴 거야.
정혜 요렇게 만능 키를 가지면 세계로 갈 수 있는 거지.

### (3) 자연과 더불어 살기

'자연과 더불어 살기'는 유아가 주변의 동·식물에 대해 관심을 가지고, 생명과 자연환경을 소중히 여기며, 날씨와 계절의 변화를 생활과 관련짓는 내용이다. 유아가 생명과 자연환경의 소중함을 경험하는 내용으로 기존 누리과정에서 사회관계 영역의 세부내용인 '자연과 자원을 아끼는 습관을 기른다'와 자연탐구 영역의 내용인 '생명체와 자연환경 알아보기'와 '자연현상 알아보기'의 세부내용들을 종합하여, 지속 가능한 사회를 위한 삶의 태도를 형성하는 내용으로 구성되었다.

동 · 식물과 자연환경 간의 밀접한 연관성을 이해하고, 함께 살기 좋은 환경에 대해 관심을 가지는 유아들

'주변의 동·식물에 관심을 가진다'

유아가 등·하원, 산책, 바깥놀이터, 교실에서 접할 수 있는 동·식물을 관찰하거나 직접 길러 보면서, 동·식물의 특성에 관심을 가지고 탐구하는 내용이다. 예를 들어, 유아가 주변의 동·식물에 관심을 가질 때 동·식물이 잘 성장할 수 있도록 애정을 가지고 직접 먹이를 주고 돌보면서 생김새, 습성 등을 알아 가는 기회를 제공할 수 있다.

'생명과 자연환경을 소중히 여긴다'

유아가 동·식물뿐만 아니라 동·식물이 살아가기에 좋은 환경에 대해 관심을 가지고, 이들을 생명체로서 소중히 여기는 내용이다. 유아기부터 생명을 존중하고 소중히 다루는 마음을 갖도록 생명체를 돌보는 내용의 문학적 접근이나 극놀이, 가정과 연계한 자연보호 캠페인 등을 계획해 보는 것이 좋다. 예를 들면, 자연물을 가지고 놀이하거나 동·식물원 견학 시 잔디를 밟거나 꽃을 꺾는 행동을 보면서 자연을 소중하게 다루고 보살피고자 하는 마음과 모든 생명체는 서로 영향을 주고받는 존재라는 것을 인식한다.

'날씨와 계절의 변화를 생활과 관련짓는다'

유아가 낮과 밤, 날씨, 계절의 변화를 느끼고, 자연의 변화가 자신의 옷차림, 놀이 등 일상생활에 영향을 준다는 것을 이해하고 적절하게 대처하는 내용이다.

예를 들어, 계절에 따라 달라지는 날씨를 생활 속에서 자연스럽게 느낄 수 있도록 유아와 주변 산책하기, 일기 예보 시청하기, 기상청 방문하기 등 지속적으로 관심을 가지도록 환경을 구성해 준다.

유아는 매일 꽃과 인사를 나눈다. 향기도 맡고 아름다움에 감탄하면서 자연물과 교감을 나눈다.

**미영** 노란 꽃이 나에게 소곤소곤 이야기해.
**지우** 어떤 이야기? 사랑해 고백? 나는 빨간색이 더 환하게 보이는데.
**미영** 이것 봐. 소리도 나. 아샤샤 아샤샤. 활짝 활짝. 색깔도 예쁘고 냄새도 음~ 너무 좋아.

### 2) 자연탐구 영역과 유아과학교육의 연계

자연탐구 영역은 유아들의 탐구하는 과정과 탐구할 내용과 관련되어 있다. 지금까지 살펴본 세부내용을 중심으로 '비누 + 물?! = 비눗방울놀이' 활동을 살펴보고자 한다.

## '비누 + 물?! = 비눗방울놀이'

화장실에 새 비누를 꺼내 놓으면 유아들은 화장실에 있는 시간이 길어지고 3일 정도 지나면 비누를 다 사용한다. 어떻게 된 일일까? 소근소근 화장실에서 이야기 소리가 들려온다.

지우: 이거 봐! 거품 생겼어!

서영: 나도 거품 있어! 하얀색이지?

진희: 히히 만지니까 기분 좋다!

물과 비누를 문지르면 생기는 비누 거품! 비누 거품을 만들다 보면 화장실은 신나는 놀이터가 된다. 교사는 유아들의 비눗방울놀이 제안으로, 실외로 다양한 도구를 준비해서 나간다.

다영: 이것 봐, 비눗방울이 엄청 많이 생겨.

은경: 입으로 후~ 많이 하면 더 많아져.
자꾸자꾸 생겨 히히히.

지은: (비눗방울 막대를 들고 회전하며) 뾰로롱~
나는 방울 공주로 변신!

미진: 나도 나도 공주님으로 변신해야지. 와~ 엄청 예뻐.

우진: 나는 작은 구멍으로 불었더니 아기 비눗방울이 만들어져.
엄청 작아.

다영: 처음보다 커졌네. 왕 비눗방울이야. 자꾸 커~져.

은경: (막대로 비눗방울을 잡으며) 이거 봐라, 내가 잡았어!!

유아는 비눗방울놀이에 즐겁게 참여한다.

우석: 잡았는데 방울이 안 터지네?

미진: 비눗방울이 자꾸 손에 묻어.

지은: 이렇게 쓱쓱 문지르면 하얗게 돼. 비누 같아!

다영: 당연하지. 이거는 비누로 만든 거잖아!

미진: 그럼 비누도 왕 비눗방울 되는 거야?

다음 날 유아는 실외놀이가 없어 실내에서 하는 비눗방울놀이를 교사에게 제안한다.

기철: 선생님, 우리 밖에서 비눗방울 못 해요?

유리: 미세먼지는 언제 좋아져요?

미진: 진짜 교실에서는 못 해요?

지혜: 교실에서 하게 되면 비눗방울이 터져서 다 미끌미끌해질 텐데…

유아들은 장소를 고민하다 교실 주변을 살펴보기로 했다. 공간이 넓고 방해를 받지 않는 곳을 찾아본다.

지은: 선생님, 화장실에서 해요! 화장실에서 하면 물로 씻으면 돼요. 청소하면 되죠.

교사는 고민에 빠진 유아들에게 색 비눗방울 그림에 대해 소개해 준다.

기철: 진짜 색이 나와요.

우석: 이번엔 큰 동그라미로 그려졌어요.

명지: 나는 노란색으로 그려지니까 예뻐.

화정: 퐁퐁 날아서 톡 터지네?

지혜: 내 비눗방울은 펑 터져서 콕콕하고 그려져.

사랑: 이번엔 알록달록 색으로 해야지.

유리: 선생님, 갈색은 잘 안 나와요.

기철: 빨간색은 잘 나와. 한번 해봐.

우석: 우리 더 잘 나오는 색으로 만들어 보자!

지혜: 예쁜 색도 만들어서 하자!

유아들은 비눗방울놀이를 하며 공기의 양에 따라 시시각각 변하는 크고 작은 형태, 터지는 모습, 비누 막대에 붙는 모습, 빛을 받아서 여러 색을 보이는 모습, 색을 더할 때마다 표현되는 다양한 빛깔 등에 호기심을 나타내고 놀이를 지속한다. 유아들은 비눗방울의 변화에 점점 더 관심을 보이기 시작한다.

명지: 선생님, 비눗방울을 크게 만드는 방법은 뭐예요?
지혜: 이것 봐. 비눗방울을 살살 불면 점점 커져!
명희: 물을 많이 하면 커져.
지선: 후~하고 잘 불면?
우석: 후를 많이 하면 돼?
명진: 아니야. 우리가 후-하는 통은 작아서 작은 비눗방울이 되는 거야.
유리: 후-하는 기계가 크면 더 큰 비눗방울 만들 수 있을 거야!
우석: 크게 불려면 어떤 걸 사용해야 되지?

비눗방울을 불며 점차 모양과 크기에 더 민감하게 반응하는 유아들의 모습이 보인다. 유아들은 선생님과 함께 빨대와 모루를 이용해 비눗방울 스틱을 만들기로 한다.

지혜: 나는 네모 모양 만들어야지!
명지: 나는 다이아몬드야!
지유: 세상에 하나뿐인 보석 모양으로 불 거야.
은경: 나는 엄청 큰 모양. 선생님은 별 모양이시죠?
명희: 엄청 크게 만들면 진짜 커다란 비눗방울 만들어지겠지?

유아들은 자신들이 만든 스틱으로 비눗방울을 불어 본다.

명진: 보석 모양이 안 나오네.
지선: 리본 모양도 안 나와.
우석: 이것 봐. 모두 다 동그라미 모양이 됐어!
명희: 내 꺼는 잘 안 불어져. 어떻게 해?
명지: 이거 봐 봐. 여기에 반짝이는 게 생겨야지 불어져.
명희: 그래? 진짜 큰 동그라미랑 작은 동그라미가 됐어!

태주: 왜 그러지? 별 모양도 있으면 좋겠는데….

기찬: 비눗방울이라서 그런가? 방울은 동그라미잖아. 동그라미가 좋은가 봐.

우석: 모양을 크게 만들어도 진짜 커다란 비눗방울이 잘 안 불어져!

명화: 이제 더 큰 거는 못 만드나 봐.

지연: 내가 유튜브에서 봤는데 엄청 큰 왕 비눗방울도 있어. 내 키보다 커.

교사는 유아들과 함께 검색을 통해 대형 비눗방울에 대해 알아본 후, 나무 막대와 끈을 이용해 도구를 만들어 대형 비눗방울을 만들기로 한다.

명진: 안 불어지고 펑 터져요!

지유: 이건 입으로 후~ 하기 힘들어요.

영희: 이거는 입으로 하는 거 아니고 바람이 하는 거야.

혜정: 하나 둘 셋! 또 터졌어!

은실: 끈이 땅에 있으니까 반짝이는 게 사라졌어.

미진: 이번엔 위로 높게 해보자!

우식: 하나 둘 셋! 휙~

기철: 너무 빨리 돌린 것 같은데….

나래: 다시 해보자! 하나 둘 셋! 우와 됐어.

미란: 봐, 대왕 비눗방울이야.

병식: 나도 나도 해볼래.

기준: 그런데 자꾸 터져.

명희: 비눗방울이 왜 빨리 사라지지?

비눗방울을 이용해 놀이하는 과정에서 유아들은 비눗방울의 형태에 관심을 가지고 더 크게 만들기 위해 생각과 경험을 모아 확장해 간다. 또한 비눗방울 도구를 만들며 형태의 변화, 기대, 비눗방울을 잘 부는 방법을 서로 고민하고 새로운 방법을 자연스럽게 공유하는 모습을 보인다.

**• 탐구과정 즐기기**

**주변 세계와 자연에 대해 지속적으로 호기심을 가진다. 궁금한 것을 탐구하는 과정에 즐겁게 참여한다.**

- 비눗방울놀이에 관심을 가지고 비누 거품의 모양을 탐색해 보고, 직접 방울을 불어 보고 여러 비눗방울들이 합쳐져 더 큰 하나의 비눗방울이 되는 과정에 즐겁게 참여한다.

**탐구과정에서 서로 다른 생각에 관심을 가진다.**

- 유아들은 비눗방울을 만드는 과정과 비눗방울의 크기가 다르게 변하는 이유 등에 대해 호기심을 가지고 책이나 인터넷 등의 여러 가지 방법을 활용하여 비눗방울에 대한 정보를 얻고, 서로 다른 유아의 생각과 경험에 관심을 가진다.

**• 생활 속에서 탐구하기**

**물체의 특성과 변화를 여러 가지 방법으로 탐색한다.**

- 비눗방울을 불어 보는 과정에서 비눗방울이 분리되거나 날아가는 모습을 발견하면서 유아들은 비눗방울의 다양한 변화에 흥미를 보인다. 공기의 양에 따라 변하는 크고 작은 형태, 방울이 터지는 모습, 막대에 붙는 모습, 빛을 받아서 여러 가지 색을 보이는 모습, 색을 더할 때마다 표현되는 다양한 빛깔 등에 관심과 호기심을 가지고 탐색한다.

**도구와 기계에 대해 관심을 가진다.**

- 비눗방울을 부는 도구에 대해 관심을 가지며 빨대와 나무 등과 같은 도구를 자세히 탐색하면서 직접 활용해 본다.

**• 자연과 더불어 살기**

**날씨와 계절의 변화를 생활과 관련짓는다.**

- 생활 속에서 자연스러운 대화를 통해 날씨에 관심을 가지고 알아 가게 된다. 특히 비 오는 날, 먼지나 황사가 심한 현상에 대해 지속적으로 관심을 갖는다.

# 움직이는 소리

학번, 이름 :

날짜 :

▶ 다양한 소리를 들어보고 창의적인 과학 활동을 계획해 보세요.

PART

# III

# 유아과학교육의 교수·학습방법

# Chapter 5

## 유아과학교육의 교수·학습방법



### 1. 유아과학교육의 통합적 접근

유아과학교육을 통한 통합적 접근은 과학 활동과 다른 교과 및 영역이 서로 분리되지 않고 활동을 중심으로 상호 유기적인 관련성을 맺도록 연계하는 것을 의미한다(김정원, 전선옥, 이연규, 2014). 개정 누리과정에서는 5개 영역을 통합 방식으로 운영할 수 있도록 하였으며, 유아의 관심과 흥미를 중심으로 과학과 다른 영역이 통합적으로 실천할 수 있도록 하는 것이 바람직하다(교육과학기술부, 보건복지부, 2019a). 영유아는 각 영역이 분리된 내용보다는 통합적 접근을 통해 경험하고 배우는 특성을 가지고 있기 때문에 통합적 접근을 통한 과학교육은 효과적이다(김정희, 문혁준, 권희경, 김민희, 우수정, 조한숙, 2018). 본 내용에서는 놀이, 문학, 요리, 미술, 음악, 창의 활동, STEAM 교육, ICT 기반 등과 연계한 통합적 과학 활동의 내용과 지도 방법을 살펴보고자 한다.

〈유아 과학교육의 통합적 접근〉

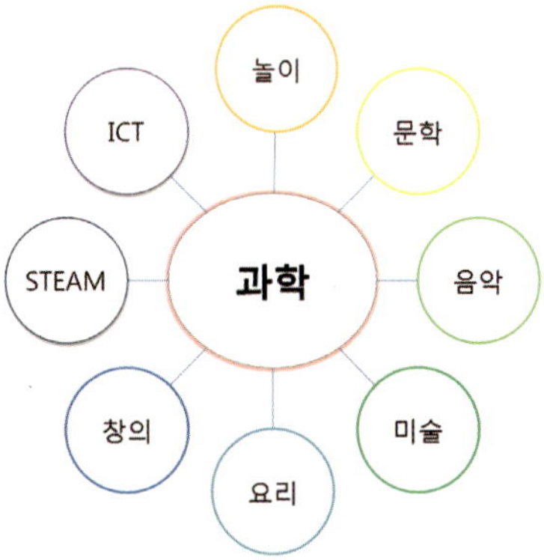


### 1) 놀이에 기초한 과학 활동

유아는 놀이를 통해 삶을 이해하며, 성장하고 발달한다. 유아는 놀이를 통해 신체, 언어, 인지, 정서, 사회성 등의 전인적 발달을 한다. 놀이는 유아들로 하여금 호기심과 흥미를 유발시키고, 놀이 중에 일어나는 다양한 문제를 해결하는 방법을 통해 과학교육이 이루어진다. 따라서 유아과학교육은 놀이를 통해 유아의 호기심을 자극하여 주변의 사물과 자연환경을 탐색하고, 문제를 해결하는 과정을 경험하도록 하면서 과학적 지식과 탐구능력 및 태도를 기를 수 있다.

#### 놀이에 기초한 과학 활동 지도방법

- 유아의 발달 수준과 과학적 흥미, 요구를 고려하여 과학 관련 다양한 도구를 활용할 수 있는 자료를 제공한다.
- 놀이 실행 중에 자연환경 및 물질의 속성 등을 탐색하고 경험할 수 있는 기회를 제공한다.
- 교사는 놀이 중 과학 활동이 지속 및 확장할 수 있도록 계획하고 지원한다.
- 유아가 놀이 중 발생하는 문제상황에서 과학적 지식을 활용하고 탐구할 수 있는 기회를 제공한다.

- 교사는 유아가 발견한 과학적 지식이나 내용을 관찰하고 기록 및 평가하며, 상호작용할 수 있는 기회를 제공한다.
- 물놀이, 모래놀이, 공놀이, 비행기놀이 등의 실내·외 다양한 놀이를 통해 과학 활동과 연계한다.

놀이 중 과학 관련 내용에 관심을 가지는 유아

실외놀이터에서 유아들이 모래놀이를 하던 중 모래에 비친 그림자를 발견한다.

민주 난 모래로 성을 만들 거야.
서율 그럼 내가 모래를 트럭으로 보내 줄게. 무엇으로 모래를 담을까?
찬율 삽으로 담자.
민주 이것 봐. 모래를 담으니 모래 위에 그림이 보여.
서후 그림자가 생겼네. 그런데 모래의 모양에 따라 그림자도 달라.

### 2) 문학 기반 과학 활동

유아는 다양한 문학적 경험을 통해 문학작품의 주제에 대한 관심과 흥미를 가지고 풍부한 활동으로 전개한다. 문학 기반 과학 활동은 과학 개념이 포함된 그림책 등의 문학을 활용한 접근방법으로 유아과학교육의 전개방법에 문학작품을 통합한 방법이다(Anderson, 1981; Barrow & Salesi, 1982). 이러한 방법은 유아들에게 문학적 경험뿐만 아니라 과학과 관련된 활동을 이끌어 낼 수 있는 매개체 역할을 한다. 문학작품의 등장인물, 동·식물, 자연환경에 호기심을 가지고 탐구하며 과학 활동으로 전개할 수 있다. 즉, 문학 기반 과학 활동은 유아들이 과학을 친근하고 쉽게 이해하고, 호기심을 자극하여 과학을 탐구하는 적극적인 태도를 유발할 수 있도록 돕는다.

### 문학 기반 과학 활동 지도방법

- 과학 및 유아의 발달에 적합한 자연환경 및 동·식물 관련 문학작품을 제공한다.
- 문학작품에 등장하는 동물이나 곤충 등의 주인공, 배경 등을 관찰 및 탐구하며 과학 활동과 연계한다.
- 문학 활동을 통해 과학적 언어의 사용과 상호작용의 기회를 촉진한다.
- 문학작품을 감상한 후, 내용에 대해 비교, 예측, 측정 등의 활동으로 확장하여 과학적 탐구활동이 지속될 수 있는 기회를 제공한다.
- 문학작품을 감상하며 자연스럽게 과학 활동이 전개될 수 있는 환경을 제공한다.
- 문학작품의 과학 내용을 찾아보고 과학적 문제해결, 추론과 사고를 확장할 수 있는 기회를 제공한다.

문학을 통하여 과학적 지식과 태도를 형성하는 유아

자신의 몸에 대해 관심을 가지고 있는 유아는 신체에 관한 그림책을 감상한다. 신체 주제의 그림책을 활용하여 신체 부위를 표현한다.

**혜경** 우리 몸속은 어떻게 생겼을까?
**재선** 이 그림책 봐 봐. 우리 몸에는 뼈가 있어. 뼈가 있기 때문에 우리가 이렇게 움직일 수도 있어.
**준호** 신기하게 생겼네. 뼈가 몇 개나 될까?
**혜경** 그럼 이걸 보고 우리 몸을 만들어 보자.

〈문학 기반 과학 활동의 통합적 접근〉

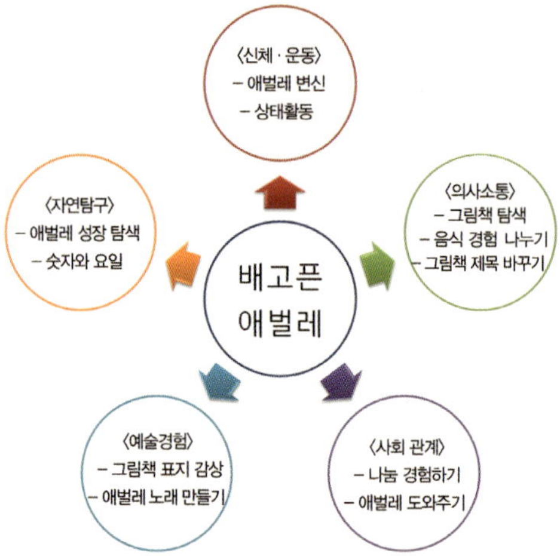


**표 5-1** 유아과학교육을 위한 그림책

| 그림책 | | 저자 | 출판사 | 놀이주제 | 출판연도 |
|---|---|---|---|---|---|
|  | 강아지똥 | 권정생 글/ 정승각 그림 | 길벗어린이 | 흙 | 1996 |
|  | 그림자는 내 친구 | 박정선 글/ 이수지 그림 | 길벗어린이 | 그림자 | 2008 |
|  | 꽃이 핀다 | 백지혜 글/그림 | 보림 | 꽃 | 2007 |
|  | 나무 열매 친구들 | 시모다 도모미 글/그림 | 바다어린이 | 열매 | 2002 |
|  | 낙엽이 속닥속닥 | 한태희 글/그림 | 예림당 | 낙엽 | 2013 |

| | | | | | |
|---|---|---|---|---|---|
|   | 난 나뭇잎 절대 안 해 | 로렌 차일드 글/그림 | 국민서관 | 나뭇잎 | 2006 |
|   | 바람이 불었어 | 팻 허친즈 글/그림 | 시공주니어 | 바람 | 1997 |
|   | 비 오는 날 또 만나자 | 사토우치 아이 글/ 히로노 다카코 그림 | 한림출판사 | 동물 | 2001 |
|   | 씨앗은 어디로 갔을까? | 루스 브라운 글/그림 | 주니어RHK | 씨앗 | 2014 |
|   | 아낌없이 주는 나무 | 쉘 실버스타인 글/그림 | 시공주니어 | 나무 | 2000 |
|   | 얼음은 변덕쟁이 | 안선모 글/ 강윤주 그림 | 한국헤르만 헤세 | 얼음 | 2014 |
|   | 햇빛은 그림 마술사 | 정재은 글/그림 | 통큰세상 | 햇빛 | 2010 |

출처 : 송민서 외(2015) 재인용

### 3) 음악과 과학 통합 활동

유아는 음악을 통해 자신을 자유롭게 표현하며 즐거움을 경험한다. 음악과 과학 통합 활동은 다양한 악기, 소리 등의 음악을 통해 과학적 개념에 대한 이해를 돕는 접근방법이다. 음악 활동은 음악을 탐색, 모방, 실험, 음악을 식별, 조직화, 창조, 재조직, 생산, 개념화하는 단계로 발전한다(이영, 유애열, 1985). 이러한 활동은 과학적 탐구 과정을 경험할 수 있는 기회를 제공한다. 음악 활동은 소리의 길이, 높낮이, 빠름과 느림 등의 음악 개념을 과학적 탐구방법으로 학습할 수 있으며, 표현적 음악을 통해 소리의 생성과 전달 및 수신 등의 과학적 개념을 탐구하는 것이 가능하다. 즉, 음악을 통한 과학 활동은 유아에게 소리, 리듬 등에 대한 물리적 지식을 구성해 나갈 수 있도록 도와준다(DeVries, Zan, Hildebrant, Edmoaston, & Sales, 2007).

### 음악과 과학 통합 활동 지도방법

- 음악 감상을 하며 내용, 소리 등에 대해 탐색하여 과학적 개념을 경험할 수 있는 기회를 제공한다.
- 다양한 악기의 활용을 통해 유아가 소리, 악보 등을 만들고, 연주를 하며 과학 활동으로 전개한다.
- 교사는 소리 탐색, 노래 부르기, 악기 다루기, 음악 감상 등의 활동을 과학 활동으로 확장할 수 있도록 환경을 마련한다.

음악에 맞춰 신체의 움직임에 따라 물체의 변화를 경험하는 유아들

음악에 맞춰 비닐을 활용하여 놀이를 한다. 자유롭게 비닐을 날리며 춤을 추는 유아들은 날리는 힘에 따라 비닐의 모양과 높이가 다른 것을 발견한다.

은주 꽃비가 내리고 있어. 파란색 꽃비.
우민 꽃비를 더 많이 내리게 해보자.
혜수 어? 비닐 모양이 달라졌어. 힘에 따라 다른가?
은주 그런 것 같아. 힘을 세게 해서 날려 봐야지.
재훈 지그재그 모양이 나온다. 더 높이 날려 볼까?

### 4) 미술과 과학 통합 활동

유아는 미술을 하며 재료를 탐색하고, 작품을 표현함으로써 시각적 지각능력과 통합적 발달이 이루어진다. 미술과 과학 통합 활동은 미술 활동을 하는 과정에서 과학적 원리를 경험하는 접근방법이다. 유아들은 과학적 개념을 미술로 표상하고, 미술작품을 제작하는 과정에서 이해한 개념을 더욱 확장시킬 수 있다. 미술 활동 중에 재료의 변화를 관찰하면서 호기심을 자극하고, 궁금증을 해결하기 위해 실험, 예측, 추론 등의 과학적 탐구과정을 경험한다. 또한 유아가 습득한 과학적 지식과 함께 자신의 내재된 감정 등을 미술로 표현함으로써 욕구를 충족하고 만족감, 자신감, 성취감 등을 느끼며 긍정적 자아개념을 형성한다(오종숙, 2003).

#### 미술과 과학 통합 활동 지도방법

- 유아의 발달 수준에 적합한 미술 활동의 제공을 통해 활동 중에 발현되는 과학적 지식과 태도를 기를 수 있도록 지원한다.
- 미술 재료를 탐색하고 변화하는 과정을 통해 물질의 속성을 알고 과학적 탐구능력을 발달시킬 수 있는 기회를 제공한다.
- 미술작품의 감상을 통해 과학적 내용을 발견하고, 비교 및 추론할 수 있는 기회를 가진다.
- 과학 활동 중에 미술 활동으로 확장 및 지원할 수 있는 환경을 마련한다.

미술 활동을 통하여 물질의 속성을 탐색하는 유아들

유아들이 비눗방울로 그림을 그리며, 비눗방울과 색깔의 변화를 관찰하고 있다.

**성훈** 여기 그림에 비눗방울을 불어 보자.
**승희** 물감을 넣어 색깔 비눗방울을 만들어 볼까?
**채호** 좋아. 파란색을 넣으면 파란색 그대로 나올까?
**승희** 불어 보자. 어? 방울이 점점 많아질수록 색깔이 연해지네.
**성훈** 물에 따라 다른 건가? 물감을 더 넣어 볼까?

### 5) 요리 기반 과학 활동

요리는 과학 개념을 포함하는 유익한 활동으로(이기숙, 2000), 유아는 요리 활동을 통해 흥미를 느끼고, 다양한 통합적 활동을 전개할 수 있다. 요리 기반 과학 활동은 과학의 기초 개념을 요리 과정을 통하여 알아 가는 접근방법이다. 유아들은 요리에 필요한 재료를 탐색하면서 모양, 색, 크기, 촉감, 맛 등의 다양한 속성을 알게 되고, 요리를 하는 과정에서 재료의 변화 과정을 관찰하면서 물질의 변화를 경험한다(조진숙, 1998). 또한 조작능력과 감각을 사용하는 활동을 통해서 다양한 과학적 기술을 활용할 뿐만 아니라 풍부한 상호작용을 경험한다. 이를 통하여 유아들은 과학 개념의 습득과 과학적 탐구의 기회를 가지게 된다.

#### 요리 기반 과학 활동 지도방법

- 요리 활동과정에서 열, 물리적·화학적 변화를 경험하며, 과학적 사고 확장의 기회를 제공한다.
- 요리 활동을 통해 음식의 개념, 재료 탐색, 요리하는 과정 등을 통해 과학적 지식 및 탐구 자세를 기를 수 있도록 한다.
- 요리 재료의 변화를 탐색 및 관찰할 수 있는 충분한 시간을 제공하고, 과학 활동으로 전개할 수 있도록 한다.
- 교사는 요리 활동에 필요한 다양한 과학도구를 활용할 수 있도록 환경을 마련한다.

요리 활동을 통해 재료의 상태 변화를 탐색하는 유아

머핀을 만들기 위해 다양한 재료를 탐색한 후, 빵가루에 물을 섞고 있다. 혼합 과정에서 재료의 속성과 변화의 과정을 경험한다.

민주 빵가루는 보들보들해. 계속 만지고 싶어.
찬원 우리가 먹는 빵을 가루로 만들면 이렇게 될까?
재선 그렇지 않을까? 다음에 한번 해보자.
민주 머핀을 만들려면 빵가루에 물을 섞어야 해.
재선 섞으니깐 색깔이 달라지네. 그리고 무거워.

## 6) 창의성 계발을 위한 과학 활동

창의성 계발을 위한 과학 활동은 문제상황이 일어날 때 새롭고 독특한 방식으로 문제를 해결하는 능력으로 창의적 사고 능력을 확장시킬 수 있다. 창의성 계발을 위한 과학 활동은 과정 중심 과학교수방법으로, 일상생활이나 다양한 형태의 과학 활동을 진행하는 과정에서 일어나는 다양한 문제를 발견하고 흥미로운 과학적 질문에 대한 해답을 찾기 위해 과학 실험을 구성하고 실행하는 과정이다(박은주, 2011). 이러한 과학 활동은 유아가 발견한 문제에 다양한 해결방안을 모색하고, 적절한 실험과정을 계획 및 구성하여 해결하는 절차로 이루어진다. 따라서 유아들이 자연현상과 물질의 속성 등에 대해 호기심을 가지고 궁금증을 유발하고, 문제를 발견하여 사고하는 과정을 통해 과학적 개념의 습득 및 탐구능력을 경험할 수 있도록 돕는다.

### 창의성 계발을 위한 과학 활동 지도방법

- 과학 활동 중 문제해결 과정에서 충분한 탐색과 시간의 제공을 통해 창의적 사고를 확장시킬 수 있는 기회를 제공한다.
- 다양한 과학 탐구 활동의 과정에서 유아가 창의적으로 사고하고 추론하며 생각할 수 있는 기회를 확장시킬 수 있도록 지원한다.
- 다양한 영역의 활동에서 유아의 과학적 호기심과 흥미를 유발하고 창의적 활동으로 전개할 수 있도록 환경을 마련한다.
- 교사는 확산적 질문, 토론 등의 활동을 통해 유아가 과학 활동에서 창의성을 촉진시킬 수 있도록 지원한다.
- 유아들이 과학적 탐구와 창의적 사고를 발산할 수 있는 개방적이고 허용적인 분위기를 조성한다.

문제를 해결하는 과정에서 발산적 사고를 하는 유아들

유아들은 폐가전에 관심을 가지고 기계들의 구조 등을 분석하며 탐구한다. 폐가전으로 무엇을 만들 수 있을지 고민하고 창의적으로 설계한다.

---

재민 우리가 사용하는 컴퓨터 안은 이렇게 생겼구나.

시우 이것 봐. 정말 복잡하게 되어 있어.

지율 나사를 더 풀어 볼까?

재훈 우리 이 폐가전을 서로 모아서 새로운 기계를 만들어 보자. 원래 컴퓨터보다 더 멋진 걸로.

## 7) STEAM 기반 과학 활동

유아는 STEAM 활동을 통해 과학, 기술, 수학, 공학, 예술의 다양한 영역의 지식을 활용하여 문제를 해결하는 능력을 함양할 수 있다. STEAM 기반 과학 활동은 과학기술 소양을 바탕으로 예술, 사회 등 다른 교과 영역을 아우르는 통합 접근방식이다. STEAM 활동은 과학기술에 대해 학습자의 흥미와 이해를 높이고 과학기술 기반의 융합적 사고와 문제해결력을 배양할 수 있다(교육과학기술부, 2011). STEAM 기반 과학 활동을 통해 실생활에서 일어나는 문제를 발견하고 스스로 탐구하도록 하며, 실험 및 가설을 세우고 문제를 해결해 나가는 과정의 기회를 제공함으로써 유아들에게 관찰하기, 분류하기, 의사소통하기, 측정하기, 예측하기, 추론하기 등의 과학적 과정기술의 경험을 도울 수 있다(강경희, 2017).

#### STEAM 기반 과학 활동 지도방법

- 과학 활동을 기반으로 복합적 문제를 해결하기 위해 관찰, 분류, 실험을 하는 과정에서 융합이 일어날 수 있도록 지원한다.
- 놀이를 통해 유아의 흥미를 중심으로 융복합 활동이 운영되도록 상황 제시 등의 기회를 제공한다.
- 교사는 STEAM 활동을 통해 유아의 긍정적 정서, 성취감, 흥미 등을 자극하고 과학적 경험을 할 수 있는 기회를 제공한다.
- 일상생활에서 일어나는 문제를 발견하고 과학과 연계하여 다양한 활동이 통합적으로 전개되도록 환경을 마련한다.
- 교사는 과학 활동과정에서 유아들의 경험과 아이디어가 산출되어 표현될 수 있도록 격려하고 지원한다.

STEAM 활동을 통해 예술작품을 완성한 유아

초콜릿을 탐색하는 과정에서 물질을 탐색하고 어떻게 하면 녹을지, 초콜릿이 몇 개인지 등 STEAM을 모두 활용하여 초콜릿의 변화를 알아본다.

**지윤** 초콜릿이 색깔별로 있네. 몇 가지 색이 있을까?
**민우** 알록달록하네. 다섯 가지 색이 있네.
**선후** 초콜릿을 잘라 볼까? 안에는 어떤 색인지?
**민우** 그리고 초콜릿에 물을 넣어 보자.
**선후** 뜨거운 물을 넣으면 더 빨리 녹겠지?
**지윤** 초콜릿이 녹으면서 색도 변해. 예쁘다.

### 8) ICT(정보통신기술) 기반 과학 활동

정보통신기술(ICT)란 기존의 IT 개념에 정보 공유 및 의사소통을 강조한 것으로 정보기술(Information Technology)과 통신기술(Communication Technology)의 합성어이다(한국교육학술정보원, 2000). ICT 기반 과학 활동은 과학적 개념 및 지식을 위해 소프트웨어, 스마트폰, 태블릿 PC, 스마트 TV 등의 다양한 정보통신기술을 활용하는 접근방법이다. 과학 활동과 관련된 ICT를 활용함으로써 유아들의 발달 수준을 고려한 다양한 학습형태의 경험을 통해 사고력, 소통능력, 문제해결력 등에 도움을 주며, 과학적 흥미를 가지게 할 수 있다. 또한, ICT의 정보통신기기는 휴대성, 유용성, 접근성 등의 장점을 가지고 있기 때문에 과학 콘텐츠를 기반으로 유아 중심의 다양한 과학 활동을 전개할 수 있다.

#### ICT 기반 과학 활동 지도방법

- 과학 활동에서 발견된 문제를 해결하는 과정에서 정보 수집, 분석 등을 통해 새로운 정보를 창출할 수 있는 기회를 제공한다.
- 다양한 멀티미디어 요소가 적용된 과학 활동을 통해 유아의 호기심과 흥미를 자극하여 적극적으로 참여하고 표현할 수 있도록 지원한다.
- 시·공간을 초월한 과학 활동을 할 수 있는 풍부한 환경의 제공과, 다양한 경험

과 사고의 폭을 확장할 수 있는 기회를 마련한다.

- 교사는 과학 주제에 적합한 정보통신기술을 활용하여 다양한 수업 활동을 지원하고 정보 공유 및 상호작용을 촉진하는 역할을 한다.

ICT 활동 중 스마트 디바이스를 활용한 과학 활동을 하고 있는 유아들

교사는 스마트 디바이스를 제시하여 유아 자신의 피부에 수분이 얼마큼 있는지 측정하고, 피부에 수분을 주기 위한 방법에 대해 알아본다.

---

여진 선생님, 겨울에는 피부가 너무 말라요.
연아 저도 너무 말라 있어요. 꼭 크림을 발라요.
교사 너희들 피부에 수분이 얼마큼인지 측정해 볼까?
선후 제 피부는 보송해요. 여기 보세요.
여진 선후처럼 수분이 많으려면 어떻게 해야 할까?

## 2. 유아과학교육을 위한 교사 역할

### 1) 교사의 역할

2019 개정 누리과정에서는 교사의 자율성을 강조하고 있다. 교사는 유아의 과학 활동에 대한 의미를 이해하고 지원하며, 유아와 함께 성장하고 배워 나간다. 유아들의 바람직한 과학 활동을 지원하기 위해서 교사는 자율성과 다양성을 기반으로 유아를 관찰하고 지원하며, 유아와 함께 이를 실천해 나가야 한다.

유아과학교육은 과학의 기본 개념 및 지식을 전달하기보다는 놀이를 통해 유아 스스로 과학적 지식을 구성하고 창의적으로 문제를 해결할 수 있는 능력을 길러 주는 것이다. 유아가 스스로 관찰하고 생각하는 과정을 통해 탐구, 실험, 가설검증 등 과학적으로 탐구하는 방식과 태도를 배울 수 있다. 따라서 교사는 유아가 자연스럽게 과학적 경험을 할 수 있도록 탐구 활동이 가능한 환경을 조성해 주고, 유아의 놀이를 관찰하며 격려, 공감 등의 정서적 지원을 하여야 한다. 또한 유아가 능동적으로 탐색하고 발견할 수 있도록 교사는 개방적 질문 등을 통한 상호작용으로 언어적 지원을 도와야 한다(교육과학기술부, 보건복지부, 2019b).

유아의 과학적 사고를 확장시키기 위하여 교사의 역할을 상호작용을 통한 직접적 개입과 자료 제시를 통한 간접적 개입으로 구분하여 제시하였다. 이를 구체적으로 살펴보면 다음과 같다(Cho, Kim, 2001).

## 상호작용을 통한 직접적 개입

### [놀이자로서의 참여 및 새로운 활동 제안]

교사는 유아의 놀이를 관찰하면서 유아가 놀이의 확장이 어려움을 발견하면, 유아 옆에서 병행놀이를 하며 유아 자신의 의도했던 활동으로 자연스럽게 확장할 수 있도록 돕는다. 하지만 교사의 성급한 개입은 유아의 과학적 탐구 및 사고를 방해하기 때문에 교사의 적절한 개입 시기가 중요하다.

### [교사의 질문]

유아는 교사의 발산적 질문을 통해 과학적 사고를 확장시키고, 새로운 지식을 구성해 나간다. 교사의 적절한 질문은 유아의 과학에 대한 관심과 과학적 개념 및 지식을 명료화시키는 데 도움을 준다.

[재실험 권유]

유아의 과학 활동과정에서 교사의 관찰과 재실험의 권유를 통한 피드백은 유아의 과학적 오개념 형성을 방지하고 과학적 지식을 정교화 하는 중요한 요인으로 작용한다.

### 자료 제시를 통한 간접적 개입

[반응적인 자료의 제시]

유아의 행동에 대해 어떠한 반응을 보이는 자료를 제시하는가에 따라 유아의 과학적 사고 확장이 달라진다. 유아의 발달 수준 및 개별적 특징을 파악하고 호기심과 흥미를 유발할 수 있는 과학 자료를 제시하여야 한다.

[자료와 공간의 제공]

교사가 자료와 물리적 공간을 충분히 제공하지 못하면 또래 간의 갈등을 유발하고 과학적 사고의 확장에 방해가 될 수 있다. 유아가 과학 활동을 자유롭게 실행할 수 있도록 적절한 환경의 마련은 중요하다.

[흥미 있는 교수매체의 제시]

교사가 매력적인 자료를 제시하면 유아의 흥미와 참여가 유발되어 과학적 사고의 확장에 도움을 준다. 과학 주제에 적합한 교수매체를 배치함으로써 유아가 놀이 중에 자연스럽게 과학 활동으로 연계되도록 흥미 있는 교수매체를 제시하여야 한다.

교사가 유아과학교육에 대한 바람직한 사고를 가지고 있다고 하더라도 그 사고가 유아의 과학 활동에 실제적으로 적절하게 반영되지 않으면 교육적 효과를 기대하기 어렵다. 교사가 유아의 과학 활동 시 어떠한 역할을 하는가에 따라 유아의 과학적 사고의 확장은 달라진다. 따라서 개별 유아의 특성과 과학 활동의 상황에 따라 적절한 지원을 할 수 있도록, 교사는 지속적으로 자기 평가와 반성적 사고를 통해 유아의 과학적 지식 및 태도 등을 발전시킬 수 있도록 노력하여야 한다.

### 2) 유아과학교육에서 발문하기

#### (1) 교사의 발문

교사의 발문은 유아들이 다양한 과학 활동을 경험하도록 하면서 인지적 갈등을 유도하고 문제해결방법을 찾도록 적절한 질문과 상호작용을 하는 데 매우 중요하다. 교사의 질 높은 발문은 유아의 긍정적 사고 확장과 발달에 영향을 준다. 유아의 과학 활동 중 교사의 적절한 발문은 유아의 탐색 활동을 지속시키고 돕는 데 효과적이며(Ornstein, 2006), 비판적 사고와 합리적 사고, 반성적 사고를 자극하고 확장시킬 수 있다(이성호, 1995).

교사의 발문 유형은 인지-기억적 질문, 수렴적 질문, 확산적 질문, 평가적 질문으로 분류할 수 있다(Gallagher & Aschner, 1963). 이러한 발문 유형 중 인지-기억적 질문과 수렴적 질문은 인지적 난이도가 낮은 수준의 질문으로, 확산적 질문과 평가적 질문은 인지적 난이도가 높은 수준의 질문으로 구분된다(Blosser, 1973). 이러한 발문 유형을 구체적으로 살펴보면 다음과 같다.

**교사의 발문 유형**

**[인지-기억적 질문]**

인지-기억적 질문은 인식, 기계적 암기 및 선택적 회상 등의 과정을 통해 기억한 내용을 단순히 끌어올리는 것으로, 인지-기억적 조작을 요하는 반응을 말한다. 이러한 인지-기억적 질문은 유아가 과학적 내용을 어느 정도 알고 있는지 파악하고 평가할 수 있기 때문에 유아의 과학 활동에 중요한 역할을 한다.

**질문** - 젖은 수건을 말리기 위해 어떤 도구를 사용하였니?
- 물에 넣었을 때 물에 뜨는 물체는 무엇이었니?

[수렴적 질문]

수렴적 질문은 주어진 자료와 통합을 통해 기대되는 결과나 답을 이끌어 내는 것으로, 수렴적 사고를 요하는 반응을 말한다. 유아가 이전에 학습한 과학내용을 단순히 기억하는 것이 아니라 이를 통합하여 구체적으로 설명하는 것이다. 이러한 수렴적 질문은 비교, 대조, 결론, 요약, 이전 자료 설명하기 등이며, 논리적 결론이나 단답형을 요구하는 사실적 질문이다. 따라서 수렴적 질문은 놀이 활동 중에 과학 내용과 관련된 정보에 대해 학습한 뒤, 그 내용을 유아에게 질문함으로써 유아의 과학적 지식을 평가하는 데 유용하다(이춘희, 1997).

**질문** - 설탕과 소금의 다른 점은 무엇이니?
- 햇빛에 있는 얼음은 왜 녹았을까?

[확산적 질문]

확산적 질문은 독창적, 유동적, 주도적, 자발적인 것으로 이전에 가지고 있던 생각을 정교화하고 내재된 사고를 이끌어 내는 확산적 사고를 요하는 반응을 말한다. 이러한 확산적 질문은 새로운 자료와 생각을 확장시키도록 자극하며, 유아 스스로 추론, 해석, 평가하며 다양한 답을 할 수 있는 개방식 질문을 요한다(이춘희, 1997).

**질문** - 얼음을 빨리 녹게 하는 방법은 어떤 것이 있을까?
- 팽이를 빨리 돌릴 수 있는 또 다른 방법은 없을까?

[평가적 질문]

평가적 질문은 판단, 가치와 선택의 문제를 다루는 판단적 특징을 가지고 있는 것으로, 평가적 사고 조작을 요하는 반응을 말한다. 이러한 평가적 질문은 유아가 어떤 물체 등의 현상을 탐구하고 예측하는 과정에서 유아 자신이 이전에 경험한 평가기준이나 판단에 기초하여 답을 이끌어 낼 수 있도록 질문을 하는 것이다.

질문 - 미역을 물속에 넣으면 어떻게 될 것 같니?
- 수건을 빨리 말리기 위해 어떤 방법이 가장 좋다고 생각하니?

인지–기억적 질문과 수렴적 질문은 자료의 이해를 도울 때 사용되며, 확산적 질문과 평가적 질문은 유아의 흥미를 자극하고 동기화 시키며, 통찰, 감식, 태도 등을 발달시킨다. 또한 새로운 아이디어나 주제를 소개하고, 확장된 사고를 통해 지식과 이해를 요구할 때 사용된다(한면희, 김재복, 한안진, 송용의, 1987).

교사는 과학 활동 시 적절한 질문으로 유아를 지원하고, 유아가 질문에 대해 반응을 하였을 때 교사는 유아의 반응에 적절히 상호작용하여야 한다. 이러한 교사의 재반응은 유형에 따라 유아의 사고를 촉진 및 확장시킬 수 있다. 교사의 재반응은 유아의 반응에 대한 단순 긍정 또는 부정, 명료화 요구, 증거 요구, 대답을 확장 설명 그리고 다른 유아에게 질문하기 등 다섯 가지로 분류할 수 있다(조부경, 1986; George, Dietz, Abraham, & Nelson, 1974). 이에 대한 내용을 구체적으로 살펴보면 다음과 같다.

### 교사의 재반응

[단순 긍정 또는 부정]

단순 긍정 또는 부정은 유아의 반응을 있는 그대로 받아들이거나 부정하는 발문이다. 단순 긍정은 유아의 반응에 대해 단순하게 받아들이고 그들의 반응을 있는 그대로 읽어 주는 것이다. 단순 부정은 수용과 유사한 형태로 유아의 반응에 대해 거부 또는 다른 답을 알려 주는 재반응을 말한다.

반응 **긍정** - 그랬구나, 좋은 생각이구나.
- 그렇구나, 나뭇잎이 5장이구나.

**부정** - 다시 한 번 생각해 보면 어떨까?
다른 방법을 생각해 볼 수 있겠니?

[명료화 요구]

명료화 요구는 유아의 반응에 대하여 교사가 구체적인 반응을 요구하는 재반응이다. 교사는 유아가 교사의 질문에 단순히 반응하여 반복하는 것인지, 의미를 알고 반응하는 것인지 확인할 수 있다. 교사는 유아의 반응에 대해 다시 명료화를 요구함으로써 유아의 사고를 정교화 시키는 데 도움을 줄 수 있다.

반응 - 한 번 더 자세하게 이야기해 줄 수 있겠니?
- 그 방법을 다시 한 번 더 설명해 줄 수 있겠니?

[증거 요구]

증거 요구는 유아가 교사의 발문에 반응한 이유를 말하게 하는 반응이다. 어떠한 반응에 대해 적절한 증거가 뒷받침되지 않는다면 그것은 단순한 추측의 형태일 뿐이다. 따라서 교사는 과학 활동 상황에서 상호작용하며 유아에게 증거를 요구함으로써 유아들이 알게 된 현상의 원인이나 근거에 대한 이해를 돕는다.

반응 - 그렇게 생각하는 이유는 무엇이니?
- 왜 그렇게 생각하니?

[대답을 확장 설명]

대답을 확장 설명하는 것은 유아의 반응에 새로운 자료나 정보를 첨가하여 상호작용하거나, 유아의 답이 옳고 그른지에 대한 이유를 제시하는 반응이다.

반응 - 그렇구나, 그늘보다 햇빛에서 얼음이 더 빨리 녹았구나.
- 너의 말대로 동그란 팽이가 더 빨리 돌아가는구나.

[다른 유아에게 질문]

다른 유아에게 질문하는 것은 과학 활동을 하면서 유아와 유아 간에 서로 상호작용하며 반응하고 평가하도록 하는 것으로 이는 유아들 간의 언어적 상호작용과 사고의 확장을 촉진시킨다. 유아와 유아가 서로 수평적인 관계에서 상호작용을 촉진시키는 기회를 제공하는 것은 매우 중요하다.

반응 - 다른 친구의 생각에 대해 어떻게 생각하니?
- 다른 친구들은 어떻게 생각하는지 이야기해 볼까?

## 3. 유아과학교육의 평가

평가는 유아나 집단학습 상황의 문제점을 파악하고 진단하여 해결하며, 교육프로그램의 효과 검증에도 도움이 된다. 특히 과학교육 프로그램의 평가는 프로그램의 질적 수준 및 효과에 긍정적 영향을 주고, 유아들을 과학 활동에 관심을 가지고 참여하게 하며, 활동에 대한 즐거움과 만족감을 주기 위해 진행된다(이원영, 김덕건, 1991; 최인숙, 2000).

2019 개정 누리과정에서 평가는 유아가 중심이 되어 놀이가 살아나는 누리과정의 운영을 되돌아보고 개선해 가는 과정으로 평가의 자율적 시행을 강조하고 있다. 교육과정을 중심으로 유아의 놀이를 관찰하고, 기록하며, 교사의 자율성에 따라 유아의 발달 과정을 통합적·총체적으로 평가하여야 한다.

교사는 유아들의 실제 과학 경험을 평가와 연계하여 이해하고, 일상 속에서 유아의 과학 활동 내용과 교사의 지원 내용을 기록한 계획안 등을 유아 평가 및 누리과정 운영 평가와 연계하여 활용할 수 있다. 평가의 목적, 대상, 방법, 결과의 활용을 바탕으로 자율적으로 실시한다. 효과적인 과학 활동을 위해서는 유아의 과학 활동의 전 과정을 지속적으로 관찰하며, 일화기록 등을 통해 다각도로 평가를 실시해야 한다(Trepanier-Street, McNair & Donegan, 2001).

과학 활동의 평가는 유아의 과학적 개념과 지식, 탐구능력 및 태도의 변화 등을 평가할 수 있다. 유아의 탐구능력은 과학 활동 중에 문제 제기, 관찰, 분류, 측정 등의 과정을 교사가 자연스럽게 평가하고, 유아의 반응과 상호작용 등은 관찰을 통해 지속적으로 평가하는 것이 바람직하다. 과학적 태도는 유아가 과학적으로 사고하려는 경향으로, 과학을 탐구하는 자세, 마음가짐, 문제해결을 위한 합리적 방법 등을 포함한다. 과학적 태도는 일상생활의 다양한 경험을 통해 습득하기 때문에 교사는 개별 유아를 지속적으로 관찰하며, 다양한 측면에서 평가하는 것이 필요하다(김정희 등, 2018). 이를 바탕으로 신은수와 김은정(1994)은 과학 활동의 평가를 다음과 같이 설명하였다.

#### 유아과학교육의 평가에서 고려해야 할 사항

- 개별 유아의 흥미, 발달적 특성, 선행 경험, 사전 지식 및 내적 동기 상태 등을 파악한다.
- 과학 활동이 실시되고 있는 동안에 유아의 과학적 행동과 언어적 상호작용을 일화기록이나 행동관찰목록표 등을 활용하여 관찰하고 평가한다.
- 유아의 과학적 개념의 지식 정도를 평가하기 위해 면담을 통한 질문, 이야기 나누기의 관찰기록, 활동 결과물이나 포트폴리오 등의 기록과 수집을 통하여 교사가 자율적으로 평가한다.

# 유아와 함께하는 교사 이야기

학번, 이름 :

날짜 :

▶ 유아들이 다양한 놀이를 하고 있어요. 이 상황에서 교사로서 어떠한 지원을 할 수 있을까요?

실외놀이터에서 유아들이 모래놀이를 하던 중 모래에 비친 그림자를 발견한다.

민주: 난 모래로 성을 만들 거야.
선후: 그럼 내가 모래를 트럭으로 보내 줄게. 무엇으로 모래를 담을까?
찬율: 삽으로 담자.
민주: 이것 봐. 모래를 담으니 모래 위에 그림이 보여.
선후: 그림자가 생겼네. 그런데 모래의 모양에 따라 그림자도 달라.

초콜릿을 탐색하는 과정에서 물질을 탐색하고 어떻게 하면 녹을지, 초콜릿이 몇 개인지 등 STEAM을 모두 활용하여 초콜릿의 변화를 알아본다.

지울: 초콜릿이 색깔별로 있네. 몇 가지 색이 있을까?
민우: 알록달록하네. 다섯 가지 색이 있네.
선후: 초콜릿을 잘라 볼까? 안에는 어떤 색인지?
민우: 그리고 초콜릿에 물을 넣어 보자.
선후: 뜨거운 물을 넣으면 더 빨리 녹겠지?
지율: 초콜릿이 녹으면서 색도 변해. 예쁘다.

# Chapter 6

# 유아과학교육의 환경



## 1. 과학 영역의 환경 구성

유아는 본능적으로 일상의 다양한 환경과 현상에 흥미를 보이며 끊임없이 주위를 탐색하고 궁금증을 해결해 가는 능동적인 탐색자이며, 타고난 문제해결자이다. 따라서 유아들에게 흥미를 자극하는 풍부한 환경을 마련해 주고, 능동적으로 탐구하고 실험해 볼 수 있는 과학적인 경험을 제공하여 유아가 스스로 문제를 해결하며 과학에 대한 긍정적인 태도를 형성하도록 적극적인 지원이 필요하다(김정주, 박형신, 2008).

유아에게 있어 과학 활동은 전체적인 맥락 안에서 다른 활동과 상호연관성을 가지면서 이루어지므로 유아과학교육을 위한 환경은 다른 영역에 비해 환경적 요인이 차지하는 비중이 상당히 크다(김옥경, 2007; 이원영, 김덕건, 1991). 또한 개정 누리과정 자연탐구 내용 중 '생활 속에서 탐구하기'에서도 유아기는 과학적 지식 습득보다 주변의 다양한 사물과 상호작용하며 호기심을 가지고 끊임없이 탐구하는 태도의 형성을 위한 환경적 지원이 매우 중요하다고 하였다.

## 1) 물리적 환경 구성

### (1) 과학 영역의 개념

과학 영역은 과학적 탐구를 위한 다양한 실험재료 및 도구, 실물로 된 관찰자료, 과학교재 등을 별도의 영역에 모아 교실 내에 배치한 곳을 말한다. 과학 영역은 교사가 중심이 되어 계획하고 실시하는 대집단 활동과는 달리, 개별이나 소집단 형태로 진행되기 때문에 유아 스스로가 주체가 되어 보다 능동적으로 활동을 진행할 수 있는 이점이 있다. 특히 놀이시간에 이루어지는 과학 활동은 유아가 교사와 함께 진행하던 대·소집단 과학 활동을 자신만의 활동으로 재구성하여 놀이를 확장할 수 있다.

과학 활동은 과학 영역뿐만 아니라 실내외 곳곳에서 유아들의 탐구가 이루어진다. 따라서 과학 영역의 준비된 영역과 더불어 바깥놀이 영역을 포함하여 쌓기놀이 영역, 미술 영역, 수·조작 영역 등의 흥미 영역과 과학 영역을 명확히 구분하기보다는, 유아의 과학 활동의 흐름에 따라 자연스럽게 영역을 확장, 이동하며 효과적인 과학 활동이 이루어질 수 있도록 과학 영역에 제한이나 한계를 두지 않는 것이 바람직하다.

### (2) 과학 영역의 환경 구성 원리

과학교육을 위한 교실 내의 환경은 매력적이며 안전하게 구성되어야 한다. 교실 내의 과학 영역은 교실의 크기와 유아의 수에 따라 영향을 받을 수 있으며, 이루어지는 활동에 따라 필요한 환경이 다를 수 있으므로 융통성 있게 운영하는 것이 중요하다(Howe, Jones, 1999).

과학 영역은 교사가 과학 활동들이 유기적으로 일어날 수 있도록 유아가 흥미를 가질 만한 것들을 환경으로 구성하여 주기도 하고, 유아가 진행하는 과학 활동에 필요한 것들은 다른 영역의 것이라도 과학 영역 안으로 옮겨 주기도 한다. 그리고 교사는 다른 유아의 영향을 받아 과학적 흥미나 호기심을 가지게 된 유아들 간에 상호작용할 수 있도록 환경을 구성해야 하므로 과학 영역을 구성하는 데는 어려움이 따른다.

소집단 형태의 과학 활동

개별 형태의 과학 활동

유아교육기관에서 이루어지는 과학 활동을 위한 환경 구성의 원리는 다음과 같다(한유미, 2010).

### 과학 활동을 위한 환경 구성의 원리

- **안전성의 원리** : 과학 활동을 위한 환경 구성 시 최우선해야 하는 것은 안전이다. 유아가 탐색을 하는 과정에서 위험에 노출되기 쉬우므로 과학 환경을 제공할 때 각종 설비 및 장비, 자료의 안선성을 충분해 고려하고, 유아에게 사전에 지켜야 할 규칙을 숙지해야 한다. 또한 실험도구의 모서리가 날카롭지 않은지, 무독성인지, 쉽게 깨지는 자료는 아닌지 고려해야 한다.

불을 다루는 '비가 만들어지는 과정을 알아보는 실험'에서 규칙을 지키는 유아

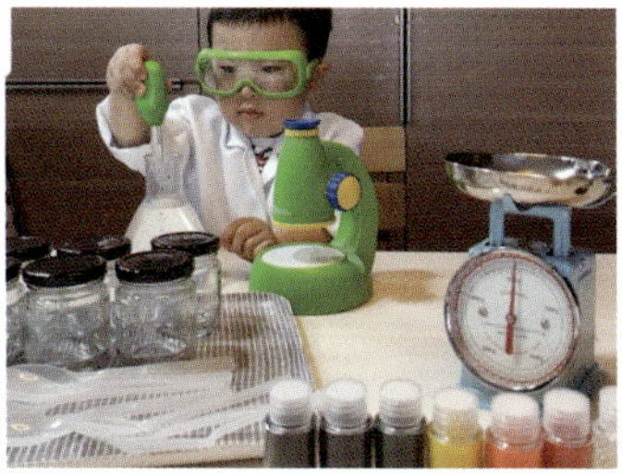

보호안경을 착용하고 물질의 화학적 반응을 알아보는 유아

- **심미성의 원리** : 유아를 둘러싼 실내, 실외, 자연환경 등 과학 활동을 위한 모든 환경에서 심미감을 느낄 수 있어야 한다. 유아가 과학 활동을 하는 공간 및 교수매체의 색채, 조명, 가구의 배치 등의 아름다운 조화가 유아의 과학 활동 결과물에 영향을 줄 수 있다. 유아는 아름답게 보이는 사물에 대해 더 큰 호기심과 매력을 느끼고 관찰하고자 하는 욕구를 느낀다.

색채가 다양하고 모양이 매력적인 실험도구로 다양한 실험을 하는 유아

- **포괄성의 원리** : 과학 활동을 위한 환경 구성에서 특별한 욕구를 가진 유아도 참여하고 경험할 수 있도록 구성되어야 한다. 예를 들어, 휠체어를 탄 유아가 과학 활동에 참여할 수 있도록 공간과 통로를 넓게 하고, 실험하는 책상을 넓게 구성한다. 모든 유아가 과학적 경험을 할 수 있도록 환경을 구성해야 한다.

교실에서 흙 탐색을 요구하는 유아를 위한 환경 구성

벽의 높은 곳에 전구 설치를 원하는 유아를 위한 환경 구성

교실 바닥에서 밀가루놀이를 원하는 유아를 위한 환경 구성

- **발달적합성의 원리** : 유아의 발달 특성을 고려하여 감각적 경험, 관찰 및 탐구의 기회를 충분히 제공할 수 있는 환경으로 구성해야 한다. 유아는 일회적인 관찰이나 탐색, 실험을 통해 단편적인 사실이나 개념을 습득하기보다는 지속

적으로 관찰하고 탐색하고 반복적으로 실험하는 과정을 통해 스스로 지식을 구성하고 심화하고 확장해 나가게 된다.

개별적으로 탐색 위주의 과학 활동을 하는 만 3세 유아

자연현상을 관찰, 비교, 추론하는 만 4세 유아들

알게 된 것을 표상하는 만 5세 유아

- **통합성의 원리** : 과학 활동을 위한 환경은 과학 영역에 한정되는 것이 아니라 다른 흥미 영역의 활동을 수행하는 가운데 과학적 경험이 통합될 수 있도록 구성되어야 한다. 예를 들어, 나뭇잎, 솔방울, 조약돌, 나무껍질 등과 같은 자연물을 관찰하고 탐색하는 과학 활동을 하는 동시에 콜라주 기법을 활용한 미술작품 활동 구성을 할 수 있다(이순형 외, 2011).

과학과 미술의 통합 활동으로 홀치기염색 실험을 하여 손수건 디자인을 하는 유아

과학과 미술의 통합 활동으로 마블링 그림을 만들어 보는 유아

유아교육기관에서 과학 영역을 구성하는 원리는 다음과 같다(한유미, 2010).

## 과학 영역의 환경 구성 원리

- 소집단으로 활동할 경우 4~5명의 유아가 활동할 수 있도록 가구를 배열하며, 더 많은 유아가 참여할 경우 다른 영역과 통합하거나 더 넓은 장소로 이동하여 영역 구성을 확장해 준다.
- 공간의 융통성을 위해 고정된 가구보다는 이동식 가구를 사용하고, 바닥재도 물이나 재료를 흘리기 쉬우므로 세척이 쉽도록 깔개를 깔거나 젖어도 신속히 닦을 수 있는 재질이 좋다.
- 너무 큰 책상은 유아들의 상호작용에 방해가 될 수 있으므로 작은 책상을 사용하는 것이 좋다. 관찰이 필요한 경우 낮은 탁자를 사용하여 과학 활동을 용이하게 한다.
- 유아가 조사해 온 자료나 유아가 흥미를 보여서 가지고 온 물건을 관찰할 수 있는 공간을 마련해 주고, 유아의 흥미나 과학 활동의 흐름을 고려하여 자료를 적절히 배치 및 교체한다.
- 교실에서 식물과 동물을 동시에 기르는 경우 자연채광이 가능한 창가에 위치하면서도 음지 식물이나 동물을 위해 그늘이 필요할 경우 커튼이나 블라인드를 활용하여 햇빛의 양을 조절할 수 있도록 구성한다.
- 유아가 쉽게 관찰할 수 있는 환경을 구성해 주며, 생명체를 대하는 것이므로 유아들이 생명을 존중하는 태도를 형성할 수 있도록 잘 돌볼 수 있는 환경을 제공한다.
- 유아의 흥미에 따라 이루어지는 다양한 과학 활동을 위해 자료나 정보를 얻을 수 있는 과학책이나 교재를 준비한다.
- 자, 저울, 눈금 비커, 투명한 컵, 계량컵, 온도계, 초시계 등 과학 활동에 사용되는 다양한 측정도구를 준비해 두고, 이를 유아가 쉽게 사용하기 편리하도록 수납하며, 유아가 자유롭게 사용할 수 있도록 한다.
- 유아들이 서로의 경험을 공유할 수 있도록 기록에 필요한 자료를 준비해 주며, 그러한 경험을 함께 볼 수 있도록 기록물을 모아 둘 수 있는 파일이나 게시판을 만들어 준다.

- 교사는 유아가 사용할 실험재료나 도구를 제공할 때 분실되거나 파손된 것이 없는지 항상 확인하고, 소모품은 필요할 때마다 즉시 보충해 주며, 유아의 흥미와 요구를 반영하여 과학 영역을 함께 구성해 가는 방향으로 운영해야 한다.

과학 영역 환경 구성의 예

## 2) 실외 환경 구성

과학 활동은 실내에서만 할 수 있는 것이 아니며 실외에서도 활발하게 이루어질 수 있다. 특히 실외 환경에서 이루어지는 과학 활동은 놀이를 통해 새로운 것에 도전하고 탐색하는 자유를 만끽할 수 있다는 점에서 실외 환경은 유아의 자발성과 흥미를 중심으로 자연스럽게 과학 활동이 이루어질 수 있는 중요한 공간이다. 또한 실내 과학 영역에서 제한되었던 활동이나 협소한 공간적 제약 등으로 적용하지 못했던 다양한 과학 활동도 할 수 있다. 따라서 실외에서 이루어지는 과학 활동은 실물로 제공되는 자연물과 자연현상을 적극적으로 탐색할 수 있도록 도와주며, 그 외 사계절의 변화, 날씨 탐구, 주변의 자연환경과 생태계를 탐색하고 관찰할 수 있는 환경이 제공되어야 한다.

실외 환경 속에서 자유롭게 과학 활동을 하는 유아들

### 실외 과학 활동을 위한 교수매체 지원 방법

- **동물 기르기 영역** : 실외 환경에 동물의 서식지를 마련하여 직접 동물을 기를 수 있게 한다. 유아는 동물을 관찰하고 직접 돌보며 성장하는 과정을 지켜보는 가운데 자연의 모든 생명체에 대한 친근감을 가지고 생명을 존중하는 태도를 기르게 된다. 날아가는 새의 움직임, 물고기가 헤엄치는 모습, 개미가 기어다니는 모습 등에 큰 관심을 보이며, 감각을 집중하여 탐색하게 된다.

- **식물 기르기 영역** : 체험학습장이나 실외에서 직접 씨를 뿌리고 물을 주며 꽃이나 채소를 기르는 경험을 제공한다. 식물 기르기 영역의 한쪽에는 꽃삽, 팻말, 물뿌리개 등을 상시 비치해 두고 유아가 자유롭게 활동할 수 있게 한다. 식물은 작은 꽃이나 풀에서부터 큰 나무까지 다양하게 조성하는 것이 좋으나, 독성이 있거나 가시가 있는 것은 제외해야 한다.

실외 동 · 식물 기르기 영역

- **대근육 활동 영역** : 미끄럼틀, 시소, 그네 등 다양한 놀이시설을 통해 대근육 활동을 할 수 있는 공간에서는 균형과 방향, 속도, 마찰, 무게, 수평, 속도, 진

자운동, 중력과 같은 물리적 개념을 적용해 보는 실험을 진행할 수 있다. 대근육 활동 영역은 안전사고 위험이 크기 때문에 모래, 나무껍질, 우레탄 등과 같은 충격흡수재가 반드시 제공되어야 한다.

대근육 활동 영역

- **물·모래놀이 영역** : 물과 모래의 특성 등을 경험할 수 있고, 물과 모래의 감촉을 느끼며 자연물을 몸으로 느낄 수 있는 물·모래놀이 장소를 제공한다. 즉, 물의 증발, 보존개념, 측정 능력, 물에 뜨는 것과 가라앉는 것, 물의 흐름 등을 경험할 수 있으며, 모래놀이를 통해 젖은 모래와 마른 모래의 특성, 보존개념, 측정 능력 등을 경험할 수 있다. 물·모래놀이 영역에서는 컵, 깔때기, 소꿉놀이 도구, 호스관 등 놀이도구를 제공하고, 충분한 공간도 확보한다. 물의 미끄러운 성질로 인해 사고가 발생할 수 있으니 바닥의 소재를 고려해야 한다.

물 · 모래놀이 영역

실외 환경을 활용한 과학 활동의 다양한 적용 방법을 제시하면 다음과 같다(안현정, 2011).

## 실외 과학 활동의 적용

- 강한 향이 나는 화합물을 만들거나 가루가 많이 날리는 활동을 할 때 실외에서 한다면, 교사와 유아 모두 더 편안한 상태로 부담 없이 적극적으로 활동할 수 있다.

가루 날림이 심한 재료를 이용한 과학실험을 실외에서 진행하는 유아

- 교실에서 실험했던 자석과 관련된 실험 활동을 실외놀이터로 확장하여, 미끄럼틀, 손잡이, 돌, 나무 등에 붙여 보는 활동으로 확장하여 전개할 수 있다.

과학 영역에서 하던 양팔저울 실험을 실외놀이터에서 시소를 통해 확장하여 적용해 보는 유아

- 텃밭이나 화단, 동물 사육장 등은 유아들에게 자연을 경험하며 날씨와 계절에 따른 식물의 성장과 자연의 변화 등을 경험하기에 좋은 장소이다. 나무의 둘레를 재어 보거나 열매가 있는 나무의 성장을 관찰하며, 나무마다 다르게 생긴 잎의 모양을 관찰하거나 다양한 식물을 심어 식물의 모양과 색 등을 관찰하고 비교하며 분류해 볼 수 있다.

◦ 텃밭과 체험학습장에서 식물을 심어 보고 수확해 보는 유아

- 실외놀이터에서 기어오르고 매달리며 달리고 뛰는 신체활동을 통해 중력의 힘, 균형잡기, 속도 조절하기, 다양한 재질로 이루어진 공간을 만져 보고 밟아 보기 등을 경험할 수 있다.

◦ 실외놀이터에서 높은 곳에서 아래로 내려오면서 중력의 힘을 몸으로 체험하는 유아

- 여러 가지 도구를 활용하여 모래나 밀가루 등 물질의 특성을 관찰하고, 특히 물을 함께 제공해 주면 다양한 과학 활동으로 전개된다.

◦ 전분 가루에 물을 넣어 탐색하기

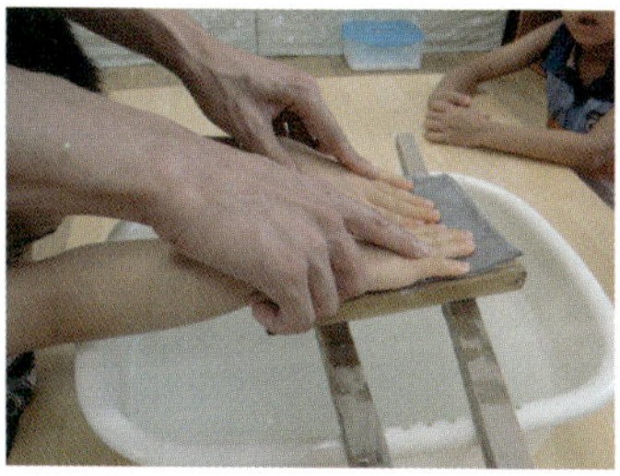

◦ 우유팩에 물을 넣어 재활용 종이 만들기

### 3) 심리적 환경 구성

유아들의 과학 활동에서 중요한 것은 자유로운 탐색과 자발적인 참여를 활성화하는 것이다. 이를 위해서는 적절한 심리적 환경이 마련되어져야 한다. 심리적 환경이 허용적이고 지지적인 분위기일 때, 유아의 과학적 능력의 향상과 효율성이 높아지고 유아는 과학적 탐구에 몰입할 수 있는 힘을 얻는다(Harlan, 1997).

과학 활동은 교사 중심적이거나 권위적이기보다, 유아의 호기심으로부터 시작하여 실제적인 경험과 탐구로부터 끌어낸 활동이 자율적으로 진행될 수 있도록 해야 한다. 활동 중에 일어나는 실수와 실패에 대해서도 인정하고 기다려 줄 수 있는 허용적인 모습을 보여야 하고, 안전한 분위기를 만들기 위하여 과학 활동의 재료를 안전하게 사용하는 바람직한 습관을 갖도록 해야 한다. 또한 최소한의 규칙을 유아와 함께 세워 효율성과 안전을 지킬 수 있는 분위기를 조성하며, 자신의 생각을 표현할 수 있도록 개방적인 분위기, 몰입에 방해받지 않고 활동을 흥미롭게 지속시킬 수 있는 안전한 분위기를 제공해야 한다.

Feldhusen과 Treffinger(1994)가 제시한 과학교육의 심리적 환경 조성 방법은 다음과 같다(조형숙 외, 2010).

- 유아의 독특한 아이디어를 지지하고 존중한다.
- 활동과정에서 유아의 아이디어와 관심을 많이 반영한다.
- 유아가 창의적인 아이디어를 생산하고 확장시킬 수 있는 충분한 시간을 제공한다.
- 유아 간, 유아와 교사 간에 상호존중하고 수용할 수 있는 분위기를 만든다.
- 다른 영역에서도 과학 활동이 이루어질 수 있다는 것을 인식하도록 한다.
- 교사는 다양한 학습자료의 공급자, 관리자가 되어 유아가 여러 가지 과학적 탐색을 할 수 있는 방향을 모색, 격려해 준다.
- 유아의 말을 주의 깊게 듣고, 유아와 함께 웃기도 하여 탐구적 사고를 할 수 있는 자유와 안전감을 제공한다.

- 유아에게 선택할 기회를 주고, 결정을 내릴 때도 유아가 참여하도록 한다.
- 모든 유아가 참여하도록 격려하고, 유아의 생각을 적극적으로 지지함으로써 수업참여의 중요성을 일깨워 준다.

유아의 과학적 능력 및 아름다움을 느낄 수 있는 과학 환경

## 2. 개정 누리과정의 과학 영역 환경 구성 방향

2019 개정 누리과정(2020)에서 제시한 과학 영역 환경 구성의 방향은 다음과 같다.

### 1) 과학 영역을 융통성 있게 배치 : 영역 간의 통합

유아교사는 유아교육기관의 교육철학이나 교실의 물리적 구조, 유아의 연령, 흥미 등에 따라 자율성을 가지고 융통성 있게 과학 영역을 구성할 수 있다.

유아의 자발적인 과학 활동을 위한 과학 영역은 유아의 다양한 과학 활동을 지원할 수 있도록 공간을 융통성 있게 구성하여 운영해야 한다. 즉, 유아가 진행하는 과학 활동의 주제나 내용 및 활동의 범위에 따라 다른 영역과 통합된 공간이 필요하기도 하고, 분리된 작은 공간이 필요하기도 하므로 유아의 흥미와 과학 활동의 흐름에 따라 과학 영역을 융통성 있고 적절하게 조정하도록 한다.

과학 영역과 미술 영역을 통합하여 팽이의 움직임을 탐색하는 유아

과학 영역과 음률 영역을 통합하여 소리와 관련된 실험을 하는 유아

### 2) 과학 활동 공간을 폭넓게 적용

과학 활동을 과학 영역에만 배치하고 놀이 인원수를 제한하거나 활동 공간이 좁아서 과학 활동을 원활하게 진행할 수 없다면, 유아의 활동 흐름은 흐트러지거나 중단될 수 있다. 따라서 유아교사는 유아의 과학 활동의 흐름을 주의 깊게 관찰한 후 좁은 공간이 과학 활동을 방해하는 요소로 판단되거나 유아가 더 넓은 활동 공간이 필요하다고 자발적으로 요청할 때, 교실 천장, 바닥 등을 활용하거나 유아의 관심이 적은 자료를 치우고 가구의 배치를 달리하여 활동 공간을 폭넓게 만들어 줄 필요가 있다.

교실의 천장, 바닥을 활용하여 과학 활동 공간을 폭넓게 활용하는 유아들

### 3) 유아 주도권을 가진 과학 활동 공간 배치

유아교사는 유아의 과학 활동의 흐름을 관찰하면서 자연스럽게 유아가 스스로 활동 공간을 배치하게 하거나 변경하도록 허용하게 되면, 유아는 교실 전체가 자신의 공간이라는 생각을 자연스럽게 하게 된다. 때로는 과학 활동이 진행될 때 어떤 유아는 조용한 혼자만의 활동 공간이 필요할 수도 있고, 공간 구성이 지나치게 자주 바뀌는 것을 싫어할 수도 있으므로 활동이 소집단으로 진행되는지, 개별적으로 진행되는지 등을 고려하여 유아가 과학 활동 공간 배치의 주도권을 가질 수 있도록 존중되는 환경을 제공해야 한다.

추가 실험을 위해 자신이 원하는 공간으로 이동하여 무게중심 잡기 실험을 하는 유아

교실 바닥으로 이동하여 자신이 만든 공을 입으로 굴려 보는 유아

### 4) 의외의 과학 활동 공간을 허용

유아는 놀이를 하다가 스스로 찾아낸 공간, 즉 우연히 발견한 공간에서 활동하는 것을 더 좋아하므로 이를 인정해 주고 격려할 때, 과학 활동은 더 심화 발전된 활동으로 확장될 수 있다. 그러므로 유아교사는 안전한 공간이라면 교실 외에도 실외놀이터, 체험학습장, 현관 입구, 복도, 교실과 교실 사이의 공유 공간, 계단 등에서도 유아의 과학 활동이 진행되는 것을 허용해야 한다. 특히 계단이나 강당 등의 공간은 이동 및 공유의 공간이기도 하지만 때로는 유아들에게 공간에 대한 새로운 시각과 관점에서 재해석되어 유아들에게 특별한 과학 활동의 경험을 제공하는 공간이 되기도 한다.

세면대로 이동하여 물질의 상태 변화 실험을 하는 유아

바깥놀이에서 꽃을 다양한 방법으로 탐색하여 변화시켜 보는 유아

교실에서 만든 비누액체를 외부 복도로 가지고 나가 비눗방울 만들기 활동을 하는 유아

## 3. 유아 과학 활동을 위한 교수매체

과학 영역의 효율적인 운영을 위해서 과학 활동을 위한 기본 시설과 일상생활에서 직접 접할 수 있는 동·식물, 여러 가지 물체와 물질, 일반적인 도구와 기계, 측정도구, 안전도구 등 다양한 자료가 필요하다. 과학 영역에서는 유아가 여러 가지 물체의 속성을 탐색하고, 탐구과정의 즐거움을 경험할 수 있으므로 유아교사는 과학 영역에 과학 활동의 주제에 따른 개별 유아의 연령 및 흥미를 고려한

다양한 과학 교수매체를 마련해야 한다. 또한 유아들이 과학 활동에 활용할 수 있는 자료와 도구에는 한계가 없으며(이원영, 김덕건, 1991), 유아는 주변의 거의 모든 것을 자신이 원하는 과학 활동에 활용할 수 있기 때문에 사용하는 과학재료에 한계를 두어서는 안 된다(김옥경, 1997). 따라서 유아의 관심과 흥미를 유발하고, 활동을 통해 탐구하게 하며, 지식과 경험을 확대시켜 줄 수 있는 주변의 모든 것을 자료와 도구로 사용하고자 하는 열린 마음으로 유아에게 안전한 환경을 구성해 주어야 한다.

### 과학 활동을 위한 교수매체 지원 방법

- 과학 활동을 위해 필요한 자료와 도구는 유아의 발달이나 연령, 활동의 종류와 수준에 따라 다르게 제공한다.
- 과학실험도구나 재료를 사용하는 방법을 살펴보고 위험한 요소를 미리 제거한다.
- 활동에 필요한 자료와 도구는 일반적인 것과 활동의 주제에 의해 특별히 제공해 주어야 하는 것으로 구분하여 제공한다.
- 과학 영역에서 일반적인 자료와 도구를 활용할 때에 교사는 같은 자료라도 유아가 사용하고자 하는 과학 활동의 목적, 주제 및 흐름에 따라 다양한 방법으로 활용하는 것을 격려한다.
- 자료나 도구를 제공함에 있어 유아가 다루기 어렵거나, 수가 부족하여 활동이 지연되거나 유아의 흥미를 떨어뜨리지 않도록 충분히 제공하며, 한정된 자료와 도구는 함께 나누어 쓰도록 한다.

라정숙, 김명애, 김영주(2010)와 신은수 외(2006)에서 제시한 과학 활동을 촉진하는 적절한 교수매체는 다음과 같다.

**표 6-1** 과학 활동을 촉진하는 적절한 교수매체

| 분류 | 자료와 도구 |
| --- | --- |
| 일반적인 도구 | 돋보기(돋보기가 작은 것을 크게 볼 수 있음을 알게 하는 자료와 함께 제시), 프리즘, 집게, 도르래, 여러 종류의 플라스틱 용기(병, 컵 등), 가위, 건전지(전구, 전선, 전기가 통하는 물질과 아닌 것 등과 함께 제시), 손전등, 거울(손거울, 작은 거울, 큰 거울, 오목거울, 볼록거울, 만화경, 잠망경 등), 자석(자석에 붙는 것과 붙지 않는 것을 실험할 도구와 함께 제시, 다양한 크기와 모양의 자석과 쇠구슬 등을 함께 제시), 체반(교실 내 모래놀이에 함께 제시하거나 다양한 곡식 등 체로 쳐 볼 수 있는 자료와 함께 제시), 스포이트, 호스, 분무기, 나침반, 진자, 다양한 천과 가죽 조각 등 |
| 측정도구 | 길이 측정도구 (클립, 일정한 길이의 실이나 끈, 줄자, 막대 자 등)<br>무게 측정도구(양팔저울, 앉은뱅이저울, 전자저울 등)<br>부피 측정도구 (다양한 크기의 계량스푼, 비커, 그릇, 병, 주방도구 등)<br>시간 측정도구(타이머, 시계, 모래시계 등)<br>온도 측정도구 (수은 온도계, 이마 체온계 등) |
| 목공도구 | 목공놀이 탁자, 망치, 장도리, 못, 나무 조각, 보안경, 면장갑, 다양한 크기의 볼트와 너트, 드라이버와 나사 등 |
| 특수도구 | 현미경, 루페, 망원경, 디지털 카메라, 녹음기, 청진기 등 |
| 일반적인 자료 | 종이, 공책, 연필, 색연필, 견출지, 신문, 옷핀, 클립, 집게, 스프링, 고무줄, 이쑤시개, 수세미, 빨대, 테이프, 면봉, 스펀지, 솔, 걸레, 솜, 모래종이, 거름종이, 풍선, 실, 스테이플러, 나무로 된 것, 주방용품, 자석에 붙는 것 붙지 않는 것, 물에 뜨는 것 뜨지 않는 것 등 |
| 그 밖에 필요한 자료 | 식물, 동물, 곤충 도감이나 표본, 과학 관련 게시물이나 도서 등 그림과 사진자료, 시청각자료, 동 · 식물 기르기 등 |

출처 : 안현정(2011) 재인용

과학 영역에서 일반적인 자료와 도구를 활용할 때에 교사는 같은 자료라도 유아가 사용하고자 하는 목적에 따라 다양한 방법으로 활용하는 것을 격려해야 한다. 또한 자료나 도구를 제공함에 있어 유아가 다루기 어렵거나 수가 부족하여 활동이 지연되거나 유아의 흥미를 떨어뜨리지 않도록 충분한 환경을 준비하며, 서로 자료와 도구를 나누어 쓰고 함께 정리정돈 할 수 있도록 지도해야 할 것이다.

열매, 과일, 자연물 등의 실물자료를 탐색하는 유아

식물자료-개운죽을 관찰하는 유아

식물자료-옥수수를 관찰하는 유아

동물자료-장수풍뎅이를 관찰하는 유아

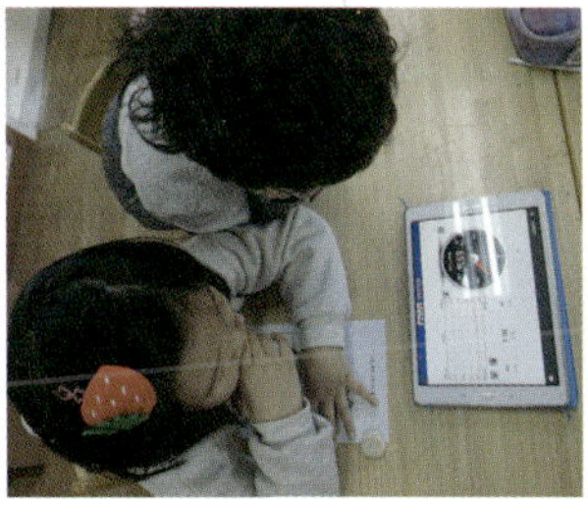

측정을 위한 도구-소리의 강도를 측정하는 유아

여러 가지 물질자료-다양한 화학변화를 일으키는 유아

일반적인 도구 및 기계=자석의 힘을 비교해 보는 유아

측정을 위한 도구-저울을 이용하여 얼음의 질량을 측정하는 유아

'면봉'을 활용하여 손가락뼈를 구성해 보는 유아

'비닐장갑'을 활용하여 우유를 담고 짜 보는 실험을 하는 유아

일상생활 도구를 활용하여 과학실험을 하는 유아

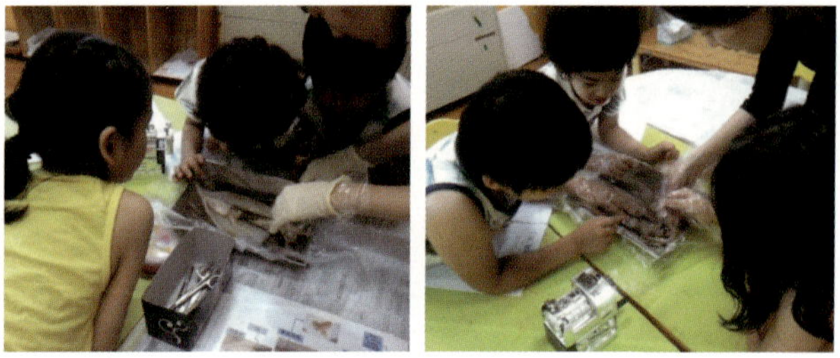

안전을 위한 도구-비닐장갑을 끼고 오징어를 해부하는 유아

2019 개정 누리과정에서는 기존의 교수매체를 새롭게 활용하는 방법을 강조하고 있다. 기존에 유아들이 일반적인 방법으로 가지고 활동하던 흥미 영역별, 생활 주제별 교수매체를 창의적으로 과학 활동에 활용할 수 있다. 따라서 유아교사는 유아가 기존의 매체를 새로운 방식으로 활용하거나 과학 활동에 적용하는 것을 허용하고 격려해야 한다.

개정 누리과정에서 추구하는 놀이 중심 교육과정에 따르면, 과학 활동의 주제를 미리 정해 주는 것을 지양하므로 교수매체 역시 주제에 맞추어 먼저 제시하지 않도록 한다. 따라서 과학 활동을 위한 매체를 과학 영역이나 생활주제에 따라 분류하고 제시하던 기존의 보관방법을 넘어서 매체별로 또는 매체의 종류별로 분류하여 유아들이 적절한 때에 필요한 교수매체를 효과적으로 잘 활용할 수 있도록 한다.

매체 종류별로 분류한 자료 구성의 예

재료에 제한을 두지 않고 다양한 자료를 이용한 과학 활동

# 함께하는 우리 교실

학번, 이름 :

날짜 :

▶ 동물이라는 주제로 놀이를 하고 있어요. 우리 교실은 어떠한 환경 구성이 되어 있을까요?

# Chapter 7

## 놀이에 기초한 유아과학교육



## 1. 놀이 중심 과학교육의 이해

### 1) 놀이 중심 과학교육의 개념

개정 누리과정은 유아 중심·놀이 중심으로 유아들이 열린 공간에서 인간, 동·식물, 자연이 뿜어내는 기호에 자신의 독특한 방식으로 반응할 수 있는 놀이–되기의 시간과 유아들이 자유롭게 놀이할 수 있는 권리가 존중되는 교육을 강조한다(임부연, 2018). 탐구적인 성향을 지닌 유아는 내적 동기인 흥미로 시작된 과학활동에 참여하면서 능동적인 탐색이 이루어진다. 또한 과학적 능력을 지속할 수 있는 환경 속에서 주변의 사물과 자연현상에 대하여 교육적 가치를 발견하고, 놀이를 통한 배움이 실현되는 기회를 가진다.

Root–Bernstein(2007)은 과학적 원리를 발견하여 유추를 가능하게 하는 놀이를 강조하였다. '놀이'는 유아가 과학적 문제상황에 대해 흥미를 갖고 몰입하며, 자발적인 실험을 통해 주변 사물과 현상을 탐색하도록 이끌고, 과학에 대한 개념들을 유아 스스로 경험하는 가장 효과적인 학습의 방법이다(김미경, 2020). 즉, 유아는 놀이하는 과정을 통해 과학적 문제상황에 감정이입하여 문제를 인식하고,

자신이 생각한 방법대로 문제를 해결해 나간다는 것이다. 뿐만 아니라, 놀이는 유아의 동기 유발, 즐거움, 몰입, 자신감 및 실행과정에 대한 반성적 사고를 가능하게 한다(이연승, 2016).

자발적인 놀이를 통해 과학적 원리를 이해하는 유아

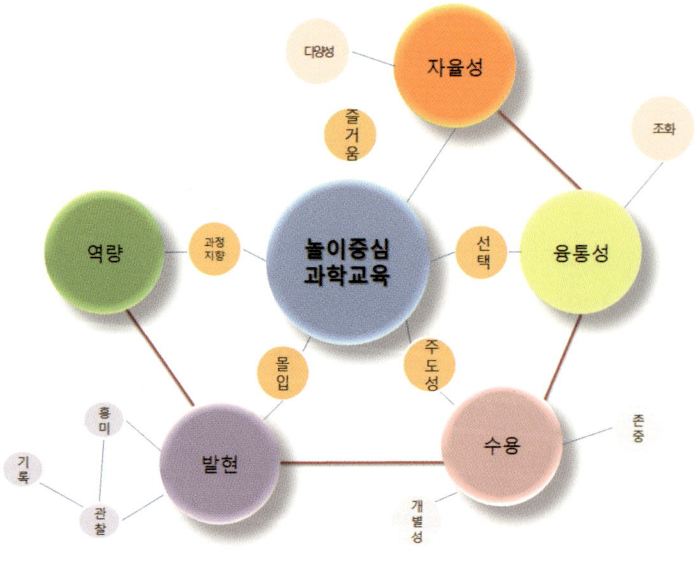


**[그림 7-1]** 놀이 중심 과학교육

'놀이 중심 교육'이란 유아가 놀이를 통해 스스로 지식을 재구성해 가는 과정을 강조하는 교육이다. 즉, 유아는 일상생활과 놀이를 통한 탐색과정에서 사물이나 현상을 충분히 관찰하고 다양한 변인과 속성을 발견하면서 과학적 지식을 구성하게 된다. 이러한 자유로운 분위기는 유아의 과학적 호기심을 불러일으키고, 유아는 주도적으로 놀이를 변화시키고 응용하면서 의미 있는 배움을 경험한다.

놀이 중심 과학교육은 유아로 하여금 주체성을 갖게 하고 즐거움과 활동에 집중하는 경험을 제공하므로 개별 유아를 존중하고, 자신의 일상이나 경험이 반영되어 자기효능감을 높일 수 있다(김혜진, 2019). 특히 놀이를 통한 과학교육은 유아의 자발적인 참여와 과학적 사고력을 키우며 탐구능력에 도움이 된다(김경희, 2005; 김동영, 2008; 김미경, 2020; 김명희, 2010; 김은미, 김은정, 2017; 이소정, 2012).

### 2) 놀이 중심 과학교육의 교수·학습방법

유아과학교육은 과학지식과 기술보다는 과학적 태도를 포함하는 과학적 소양을 기르는 내용을 강조하고 있으므로 놀이 중심 교수·학습 원리와 방법에 기초하여 실행되어야 한다.

놀이 중심 과학교육의 접근방법은 다음과 같다(김현경 외, 2017).

#### 놀이 중심 과학교육의 접근방법

- **유아의 흥미와 발달 수준을 고려한다.** 유아의 생활과 과학은 밀접한 관계가 있으므로 과학에 대한 흥미를 고려하는 것이 중요하다. 유아가 일상생활에서 경험한 것이나 놀이에 흥미를 느낄 때 격려 받게 되면 의미 있는 참여가 이루어진다. 유아의 주도적인 놀이 참여가 이루어질 때 흥미도 높게 나타난다는 점(고영미, 2013; 고영미, 백은주, 2014)을 고려한다면 교사의 개입은 최소화하고 적절한 발문으로 유아의 호기심을 이끌어 주어야 한다.

- **과학의 과정을 다양하게 경험할 수 있도록 한다.** 유아가 활동을 통해 스스로 의미를 깨닫고 다양한 과학놀이에 참여할 때 탐구하는 태도를 기르게 되며, 의미 있는 과학의 과정을 경험할 수 있게 된다. 즉, 과학놀이에서 관찰하기, 측정하기, 토론하기, 예측하기, 실험하기 등의 방법을 다양하게 활용하여 풍부한 활동이 되도록 한다.

- **자유롭게 탐색할 수 있는 태도를 격려한다.** 교사는 유아가 자유로운 탐색을 하고 적절한 대안을 찾도록 다양한 재료를 제공하고, 과학놀이 과정에서 유아가 다른 선택을 하거나 실수를 하더라도 격려한다. 또한 유아는 과학적으로 사고할 수 있는 편안한 분위기에서 자신감과 도전 의식을 기르므로, 마음껏 탐색하는 과정에서의 소음과 자율성을 인정한다.

- **자유놀이를 통해 과학적 탐구 활동이 통합적으로 이루어지도록 한다.** 유아의 특성과 개성에 맞는 놀이가 통합적으로 이루어지도록 하는 것은 유아의 이해를 돕고 흥미를 유지하는 장점이 있다. 유아들이 충분한 탐색을 하고 스스로 놀이를 찾아갈 수 있도록 통합적인 탐구 활동을 구성하여 과학적 사고를 확장시켜 준다.

- **유아가 직접 조작하거나 경험할 수 있는 놀이를 통한 과학놀이를 격려한다.** 유아가 다양한 감각기관을 활용하여 직접 만져 보거나 관찰한 것을 이야기하거나 실물자료, 구체물을 직접 조작하면서 놀이에 참여할 때 교사는 그것을 지지하고 격려한다. 단순히 결과를 도출하는 것보다 직접 체험해 보는 놀이를 통해 유아의 학습효과를 높일 수 있다.

모래놀이를 통해 흙을 탐색하는 유아

밀가루놀이를 통해 물을 넣었을 때 밀가루의 변화를 관찰하는 유아

물놀이를 통해 다양한 과학 실험으로 확장시키는 유아들

## 놀이 중심 과학교육의 교수·학습 단계

놀이 중심 과학교육의 교수·학습 과정은 탐색하기, 탐구하기, 의사소통하기의 3단계이다. 탐색하기는 자유놀이 단계이며, 탐구하기는 문제를 제기하고 해결하는 단계이며, 의사소통하기는 표상하고 공유하는 단계이다.

놀이 중심 과학교육의 교수·학습 단계에 대한 구체적인 설명은 다음과 같다(고선아, 2014).

| 탐색하기 | 탐구하기 | | | 의사소통하기 | | |
|---|---|---|---|---|---|---|
| 자유놀이 | 문제제기 | | 해결하기 | 표상하기 | | 공유하기 |
| 다양한 소재를 활용하여 자유놀이하기 ➡ | 제기된 과학 문제에 적극적 관심 갖기 ➡ | | 탐색, 조작, 실험을 통해 창의적으로 문제해결하기 ➡ | 탐구과정을 회상하며 친구들과 함께 과학신문 만들기 ➡ | | 과학신문을 통해 다른 반 친구들 및 부모님과 과학탐구과정 공유하기 |

출처 : 고선아(2014)

**[그림 7-2]** 놀이 중심 과학교육의 교수·학습 단계

놀이 중심 과학교육의 교수 전략에 대한 구체적인 설명은 다음과 같다(고선아, 2014).

**표 7-1** 놀이 중심 과학교육의 교수 전략

| 구분 | 내용 |
|---|---|
| 창의적 사고 촉진 전략 | – 확산적 사고를 촉진하는 질문하기<br>– 수렴적 사고를 촉진하는 질문하기<br>– 토의 기회 제공하기 |
| 호기심 증진 전략 | – 충분한 탐색 시간 제공하기<br>– 구체적 상황과 실물자료 제공하기<br>– 인지적 갈등 유발하기 |
| 적극적 탐구 유도 전략 | – 문제 제기하기<br>– 다양하게 집단 구성하기<br>– 건전한 경쟁 유도하기<br>– 과학과정기술 활용 제안하기 |

### 3) 놀이 중심 과학교육의 교육내용

놀이 중심 과학교육의 내용 체계는 다음과 같다.

**표 7-2 놀이 중심 과학교육의 내용 체계**

| 범주 | 교육내용 |
|---|---|
| 지식 | • 생명과학: 식물의 특징과 성장 이해하기<br>• 물리과학: 물체와 물질의 특성 이해하기, 물체의 움직임 이해하기, 물질의 변화 이해하기, 실내 · 외 놀이기구 및 도구에 관해 이해하기<br>• 지구과학: 자연물에 대해 이해하기, 자연현상에 대해 이해하기 |
| 기술 | • 과학과정기술: 예측하기, 관찰하기, 분류하기, 측정하기, 의사소통하기<br>• 창의적 문제해결<br>: 확산적 사고<br>· 유창성: 과학문제를 다양하게 해결하기<br>· 융통성: 과학문제를 여러 가지 방법으로 해결하기<br>· 독창성: 과학문제를 참신하고 독특하게 해결하기<br>· 상상력: 과학문제의 해결방법 및 결과를 예상하기<br>: 수렴적 사고 |
| 태도 | • 호기심<br>: 주변 사물과 환경에 과학적 관심 갖기<br>: 주변 사물과 환경에 대한 과학적 관심 지속하기<br>: 주변 사물과 환경을 다양한 방법으로 탐색하기<br>: 주변 사물과 환경에 대해 적극적으로 질문하기 |

출처 : 고선아(2014) 재구성

<table>
<tr><th rowspan="3">소재</th><th rowspan="3">활동명</th><th colspan="4">활동방법</th><th colspan="3">교육내용</th></tr>
<tr><th rowspan="2">탐색하기<br>(자유놀이)</th><th rowspan="2">탐구하기<br>(문제제기→해결하기)</th><th colspan="2" rowspan="2">의사소통</th><th>지식</th><th rowspan="2">기술</th><th rowspan="2">태도</th></tr>
<tr><th>주요 개념</th></tr>
<tr><td rowspan="4">물</td><td rowspan="2">물에 둥둥 떠요</td><td rowspan="4">• 물에 뜨거나 가라앉는 사물 발견하기<br>• 물놀이도구를 이용하여 놀이하기</td><td>물에 가라앉은 것을 띄우려면?(물에 뜬 것을 가라앉히려면?)</td><td rowspan="10">■ 표상하기</td><td rowspan="10">■ 공유하기</td><td rowspan="2">밀도, 부력</td><td rowspan="10">■ 과학과정기술<br>■ 창의적문제해결</td><td rowspan="10">■ 호기심</td></tr>
<tr><td>• 가라앉는 것을 뜨게 하기 위한 방법, 뜬 것을 가라앉게 하는 방법 찾기</td></tr>
<tr><td rowspan="2">물의 힘을 찾아라</td><td>물의 힘을 세게 하려면?</td><td rowspan="2">물의 힘</td></tr>
<tr><td>• 물의 양, 물이 나오는 구멍의 크기, 물이 떨어지는 높이, 물을 뿌리는 거리 등에 따른 물의 힘의 차이를 실험해 보기</td></tr>
<tr><td rowspan="4">햇빛</td><td rowspan="2">그림자를 바꿔라</td><td rowspan="4">• 햇빛 관찰하기<br>• 그림자 탐색하기<br>• 실외에서 그림자 찾기<br>• 그림자 관찰하기<br>• 신체를 이용하거나 친구와 협력하여 그림자 만들기</td><td>내 그림자를 바꾸려면?</td><td rowspan="2">빛과 그림자</td></tr>
<tr><td>• 그림자의 모양과 크기 바꾸기, 내 몸에서 그림자를 떨어뜨리는 방법 찾기</td></tr>
<tr><td rowspan="2">그림자를 디자인 해요</td><td>색깔 그림자를 만들려면?</td><td rowspan="2">그림자와 색 (투명과 불투명)</td></tr>
<tr><td>• 그림자에 색깔 옷을 입히는 방법 찾기(그림자가 생기는 것, 안 생기는 것 찾기)<br>• 투명우산으로 투명, 불투명 표현하기</td></tr>
<tr><td rowspan="2">낙하산</td><td rowspan="2">내 맘대로 낙하산</td><td rowspan="2">• 낙하산 놀이하기<br>• 낙하산을 위, 아래로 떨어뜨리기<br>• 낙하산에 물건 매달아 던져 보기</td><td>낙하산이 느리게 내려오려면?</td><td rowspan="2">공기 저항과 운동</td></tr>
<tr><td>• 낙하산의 재질 및 모양, 매단 물건의 무게 등에 변화를 주어 낙하산의 떨어지는 속도 실험하기</td></tr>
</table>

<table>
<tr><th rowspan="3">소재</th><th rowspan="3">활동명</th><th colspan="4">활동방법</th><th colspan="3">교육내용</th></tr>
<tr><th rowspan="2">탐색하기<br>(자유놀이)</th><th rowspan="2">탐구하기<br>(문제제기→해결하기)</th><th rowspan="2" colspan="2">의사소통</th><th>지식</th><th rowspan="2">기술</th><th rowspan="2">태도</th></tr>
<tr><th>주요 개념</th></tr>
<tr><td rowspan="2">나뭇잎</td><td rowspan="2">자연의 색을 찾아서</td><td rowspan="2">• 낙엽 모으기<br>• 낙엽 뿌리기<br>• 낙엽 쌓기<br>• 낙엽 위에서 구르기<br>• 낙엽으로 소꿉놀이 하기</td><td>낙엽과 똑같은 색깔을 만들려면?</td><td rowspan="8">■ 표상하기</td><td rowspan="8">■ 공유하기</td><td rowspan="2">색의 혼합</td><td rowspan="8">■ 과학과정기술<br><br>■ 창의적문제해결</td><td rowspan="8">■ 호기심</td></tr>
<tr><td>• 다양한 색의 물감을 혼합하여 낙엽의 색깔을 만들어 보기</td></tr>
<tr><td rowspan="2">돌</td><td rowspan="2">돌탑을 쌓아요</td><td rowspan="2">• 돌로 구성물 만들기<br>• 팽이놀이 하기<br>• 소꿉놀이 하기<br>• 돌 부수기</td><td>돌을 높게 쌓으려면?</td><td rowspan="2">균형 잡기</td></tr>
<tr><td>• 다양한 돌을 관찰하고 색다른 방법으로 돌탑 쌓아보기<br>• 가장 높이 돌을 쌓을 수 있는 방법 찾아보기</td></tr>
<tr><td rowspan="2">종이비행기</td><td rowspan="2">멀리 날아라</td><td rowspan="2">• 종이비행기를 접어 날려 보기</td><td>가장 멀리(오랫동안) 나는 종이비행기는?</td><td rowspan="2">추진력과 운동</td></tr>
<tr><td>• 종이비행기를 다양하게 접어 비행거리, 비행시간 측정해 보기<br>• 종이비행기를 다양한 방법으로 날려 보기</td></tr>
<tr><td rowspan="2">미끄럼틀</td><td rowspan="2">쌩 내려오는 미끄럼틀</td><td rowspan="2">• 새로운 방법으로 미끄럼틀 놀이하기<br>• 미끄럼틀에서 다양한 물체 내려보내기</td><td>미끄럼틀에서 빨리 내려오려면?</td><td rowspan="2">마찰력과 운동</td></tr>
<tr><td>• 미끄럼틀을 가장 빠르게 내려올 수 있는 방법 찾아보기<br>• 물체의 재질, 무게, 모양 등에 따른 내려오는 속도 실험하기</td></tr>
</table>

<table>
<tr><th rowspan="3">소재</th><th rowspan="3">활동명</th><th colspan="4">활동방법</th><th colspan="3">교육내용</th></tr>
<tr><th rowspan="2">탐색하기<br>(자유놀이)</th><th rowspan="2">탐구하기<br>(문제제기→해결하기)</th><th rowspan="2" colspan="2">의사소통</th><th>지식</th><th rowspan="2">기술</th><th rowspan="2">태도</th></tr>
<tr><th>주요 개념</th></tr>
<tr><td rowspan="2">공</td><td rowspan="2">높이 높이 올라라</td><td rowspan="2">• 공으로 놀이하기<br>• 공 높이 차기<br>• 공 던지고 받기<br>• 공 굴리기</td><td>공을 높이 튀어 오르게 하려면?</td><td rowspan="8">■ 표상하기</td><td rowspan="8">■ 공유하기</td><td rowspan="2">탄성력과 운동</td><td rowspan="8">■ 과학과정기술<br>■ 창의적문제해결</td><td rowspan="8">■ 호기심</td></tr>
<tr><td>• 같은 바닥면에서 다양한 공을 튀겨 보는 실험하기<br>• 바닥면에 따라 공의 튀기는 정도 실험하기</td></tr>
<tr><td rowspan="4">지레</td><td rowspan="2">균형을 잡아요</td><td rowspan="4">• 지레로 비탈면 만들어 모래 뿌리기, 놀잇감 굴리기<br>• 시소놀이를 통해 무게에 대한 개념 변화 경험하기</td><td>지레의 균형을 유지하려면?</td><td rowspan="2">힘과 균형</td></tr>
<tr><td>• 지레의 받침점을 옮기면서 균형잡기<br>• 받침점과 작용점의 거리에 따른 힘의 차이 실험하기</td></tr>
<tr><td rowspan="2">가벼워졌어요</td><td>지레를 이용하여 무거운 물건을 쉽게 드는 방법은?</td><td rowspan="2">힘과 일</td></tr>
<tr><td>• 나무막대의 길이, 힘점의 위치에 따라 물건을 드는 힘의 차이 실험하기</td></tr>
<tr><td rowspan="2">열매, 돌</td><td rowspan="2">빙빙 돌아라</td><td rowspan="2">• 돌멩이, 열매로 소꿉놀이하기<br>• 열매 까기</td><td>가장 오랫동안 돌아가는 팽이는?</td><td rowspan="2">회전과 마찰력</td></tr>
<tr><td>• 바닥에 떨어진 열매, 돌멩이를 팽이처럼 돌려보며 잘 돌아가는 조건 찾아보기</td></tr>
</table>

출처 : 고선아(2014)

## 2. 놀이에 기초한 유아과학교육

유아과학교육은 놀이를 하는 과정 중에 호기심을 가지고 다양한 문제를 해결하는 방법을 경험하고 습득하면서 이루어져야 한다(엄기영, 1994). 바람직한 유아과학교육을 위해서는 놀이를 통하여 과학적 기초능력과 태도를 기를 수 있는 기회를 제공하여야 한다. 따라서 놀이에 기초한 유아과학교육은 유아가 놀이를 하는 과정에 유아의 흥미와 발달 수준에 적합한 과학 활동을 균형 있게 제공하여 다양한 과학적 경험을 하도록 하는 것이 필요하다. 본 내용에서는 쌓기놀이, 감각·조작놀이, 자연물놀이, 신체표현놀이, 모래놀이, 물놀이, 전통놀이 등을 통한 유아과학교육의 내용을 살펴보고자 한다.

### 1) 쌓기놀이와 과학교육

쌓기놀이는 모양, 색, 크기, 질감이 다른 다양한 종류의 블록을 이용하여 유아가 생각하는 것을 구성해 보는 놀이이다(오미영, 이은미, 송윤이, 황은순, 2016). 블록은 물체의 유사성과 관계성을 가지고 서로 연결되는 특성을 가진 도구로, 유아들은 쌓기놀이를 통해 다양한 블록을 탐색하며 관찰, 비교, 분류, 추론 등의 탐구과정을 경험하고 과학적 사고를 형성해 나간다(Cartwright, 1988; Leeb-Lundberg, 1996; Moffitt, 1996). 또한 쌓기놀이를 하면서 유아들은 블록뿐만 아니라 사람, 동물 등의 다양한 매체를 사용하여 구성물을 만들어 나간다. 이러한 과정에서 유아들은 물체의 속성과 변형을 경험하고 과학적 기초지식을 습득하는 기회를 가진다. 따라서 쌓기놀이과정에서 유아의 과학 활동을 이끌어 내기 위해서는 과학 주제와 연관된 블록 및 다양한 매체를 제공하고 경험할 수 있는 기회를 마련하여야 한다.

쌓기놀이: 어느 길로 나갈까요?

나무 블록을 쌓아 보고 늘어놓고 연결하면서 자유롭게 집을 구성한다.

**민지** 달팽이 집을 지읍시다. 점점 길게 지읍시다~ 이곳 봐라. 길다란 집이다.
**현준** 달팽이가 답답하겠다. 문을 열어야지.
**민지** 여긴 문이 없는데…좋아, 이걸 이렇게 옮기고 뻥뻥 뚫린 길도 만들어서 시원한 바람도 들어오게 할까?
**현준** 어~ 이건 미로 같은데… 어디로 나가야 하지?
**민지** 잘 봐. 이쪽 저쪽 다 가능해. 위에서 보면 나가는 문도 보일걸.

유아는 다양한 형태의 구조물을 만들면서 균형을 잡기 위해 집중한다.

### 2) 감각·조작놀이와 과학교육

감각놀이란 시각, 청각, 후각, 촉각, 미각 등의 오감을 통하여 주변의 세계를 탐색하고 사물과 사물의 관계를 알고 지식을 축적해 나가는 놀이이다(Lynch & Simpson, 2004). 조작놀이는 유아가 소근육 활동을 통해 퍼즐이나 구슬 꿰기, 도미노 등의 놀잇감을 조작하는 놀이이다(이숙재, 2009). 유아는 오감을 이용하여 경험하며 여러 가지 물질을 탐색하고, 놀이를 통해 사물의 속성에 대해 파악하고 이해한다(Gainsley, 2011). 그리고 손과 손가락 등의 조작을 통하여 감각을 체험하고 주변 세계에 대한 개념을 형성하며, 과학적 기초 능력을 발달시켜 나간다. 감각·조작놀이의 경험을 통해 유아는 자연스럽게 사물에 주의를 기울이고 자극을 받으며, 과학 내용과 관련된 질감, 온도 등에 대한 지식을 습득할 수 있다. 따라서 감각·조작놀이를 통해서 물질과 사물의 변화를 관찰하며, 과학적 탐구능력을 기를 수 있는 환경을 제공하여야 한다.

감각 · 조작놀이: 만지고, 느끼며 만들어요.

유아는 나무, 백업, 뽕뽕이 등을 가지고 감각놀이를 한다.

---

**정은** 폭신폭신하네?

**혜민** 그리고 색깔도 알록달록하고 예뻐. 난 포근해.

**승준** 그런데 나무는 달라. 딱딱해. 모양도 달라.

**혜민** 이건 길어. 그리고 요리조리 움직여.

**승준** 이거 다 다르니깐 각각 맞추기 해보자.

---

유아들은 각각의 물체들을 퍼즐처럼 끼워 맞추며 조작놀이를 통해 물체의 변화를 경험한다. 그리고 퍼즐이 된 물체 위를 걷고 만지며 다시 감각놀이를 실행한다.

---

**정은** 이거 이렇게 모양 바뀌어도 느낌이 똑같을까?

**혜민** 난 양말 벗고 걸어 봐야지. 여기 위에.

### 3) 자연물놀이와 과학교육

자연물놀이는 흙, 햇빛, 나무, 돌 등 자연에서 얻을 수 있는 자연물 소재의 놀잇감으로 놀이하는 것을 말한다(채순미, 2015). 유아들은 자연환경과 주변 사물에 관심과 호기심을 가지고 탐색한다. 자연물을 탐색하고 놀이하는 과정에서 생명체, 자연현상 등의 자연환경을 감상하고, 관찰 및 실험 등의 과학적 탐구 활동을 통하여 문제해결능력과 실생활에 필요한 과학적 기술 및 개념을 습득하는 기회를 가진다(오미영 외, 2016). 따라서 유아들이 자연물을 자유롭게 탐색하고 놀이로 확장할 수 있도록 자연환경을 경험할 수 있는 기회와 충분한 시간을 제공하여야 한다.

자연물놀이: 멀리 멀리 날아라!

바깥놀이를 하며 유아들은 자연환경 속의 자연물을 탐색하고, 나뭇잎으로 놀이를 한다.

**선후** 나뭇잎 진짜 많아. 색과 모양도 다르고.
**주원** 냄새도 맡아 볼래. 우리 나뭇잎 날려 볼까?
**소희** 입으로 불어서 날리자. 시작!
**재민** 근데 입으로 세게 부니깐, 머리 아파.

유아들은 나뭇잎을 날리는 방법에 대해 고민한다.

**소희** 바람을 가지고 올까?
**주원** 활처럼 날려 볼까? 지난번 양궁처럼.

교사는 유아들이 나뭇잎으로 활을 만들어 양궁놀이를 할 수 있도록 지원한다.

### 4) 신체표현놀이와 과학교육

신체표현놀이는 유아가 신체를 통하여 자신의 경험, 느낌 및 생각을 표현하는 놀이이다. 유아는 신체의 움직임을 통하여 주변 환경을 인식하고 정보를 획득한다(김미진, 2008). 그리고 신체표현 과정에서 유아는 자신의 몸에 집중하고 자아를 인식하며, 복합적으로 자신의 몸을 활용할 수 있는 능력을 기른다(김은심,

1997). 이를 통하여 유아는 주변 세계와 관계를 형성하는 기회를 가지고 자연스럽게 과학적 태도를 경험하게 된다. 또한 과학 내용과 관련된 다양한 탐구 대상 및 상황 제시, 충분한 탐색 과정을 통한 신체표현놀이는 유아의 과학적 개념을 구체화시키고, 과학적 지식을 형성하는 데 도움을 준다(정상은, 2018).

신체표현놀이: 즐겁게 춤을 추다가 그대로 멈춰라!

유아들은 색깔 천 위에서 신체표현놀이를 한다. 바닥과 달리 몸이 자유롭게 움직이지 않는 것을 신기해하며 즐겁게 놀이한다.

---

**수현** 이번엔 우리가 들어갈게 너희들이 천을 잡아.

**지애** 여기 위에 들어가니 우리 마음대로 움직일 수가 없어. 왜 이렇지?

**원희** 이게 바닥이 평평하지 않아서. 근데 이것 너무 웃겨. 정말 재밌어.

**상현** 우리 마음대로 몸을 움직여도 다르게 움직여져.

---

유아들은 자신의 신체 변화를 경험하며, 어떻게 하면 원하는 대로 자기 자신을 조절할 수 있을지에 대해 고민한다.

### 5) 모래놀이와 과학교육

모래놀이는 모래를 주재료로 이용하여 하는 놀이이다(박찬옥, 김영중, 정남미, 임경애, 2002). 모래놀이는 모래와 함께 다양한 재료를 연결하여 유아 자신이 원하는 대로 자유롭게 표현하는 놀이로서(주현정, 2019), 유아들은 모래놀이를 하는 과정에서 성을 쌓기도 하고, 터널을 만들기도 하며 모래에 대해 탐색하는 기회를 가진다. 또한 모래에 물을 혼합하여 모래의 변화를 경험하면서 과학적 지식을 획득한다. 즉, 모래놀이는 여러 가지 형태로 변형과 조작이 쉽고, 도구를 활용하여 실험 및 비교가 가능하기 때문에, 다양한 매체와 연계하여 다양한 놀이를 전개할 수 있는 기회를 제공하여야 한다(이유현, 2016).

모래놀이: 내가 만든 모래성

유아들은 모래의 특성을 경험하며 모래놀이를 한다.

**유진** 밀가루랑은 달라.
**혜주** 밀가루처럼 부드럽지는 않은데 손에 붙지도 않아. 그리고 소리도 재미있어.
**서준** 우리 성을 만들자. 공주님과 왕자님이 사는 성.
**혜주** 그런데 이거 모양 만들어서 성 쌓고 싶은데.

유아들은 모래성을 쌓기 위해 물체와 물질을 혼합하며 모래놀이를 한다.

**서준** 이 컵으로 만들자. 이거 모양 나와.
**유진** 우리가 손으로 쌓으면 이 모양 안 나오는데.
**혜주** 그리고 여기에 물도 넣으면 더 잘 쌓아져.

### 6) 물놀이와 과학교육

물놀이는 언제 어디서나 즐겁게 활용 가능한 놀이이다. 유아는 일상생활 속에서 물을 경험하면서 과학적 호기심을 자극하고, 실험을 통해 과학적 문제해결능력을 찾아간다. 또한 유아는 물놀이를 하는 과정에서 물을 탐색하고 실험하며 과학적 지식을 구성해 나가며, 정서적 안정과 함께 과학적 탐구에 몰입할 수 있는 기회를 가진다. 물놀이는 물뿐만 아니라 다양한 도구를 활용하여 과학 내용과 연계할 수 있기 때문에 유아가 물놀이를 통하여 과학적 탐구능력과 사고를 확장할 수 있도록 환경을 제공하는 것이 중요하다(윤순아, 2010).

물놀이: 둥둥 뜨는 물풍선

다양한 도구를 가지고 물놀이를 하던 유아들은 물에 뜨고 가라앉는 것에 대해 이야기한다.

**지우** 무거운 물건은 물에 가라앉지?
**재훈** 그래. 그때 가위도 가라앉고, 지우개도 그랬지.
**소민** 공은 떴잖아. 가벼워서.
**세진** 지난번에 우리 물풍선놀이 했잖아. 그건 어떨까?
**지우** 물풍선 만들어서 물에 올려 보자.
**수민** 큰 풍선, 작은 풍선 다 가져오자.

유아들은 다양한 물풍선을 만들어 실험을 한다.

### 7) 전통놀이와 과학교육

전통놀이는 우리 생활과 연관되어 있으며 우리 민족의 전통적인 가치와 조상들의 삶과 생활, 얼을 담고 있어 교육적으로 의의가 있는 놀이이다. 또한 놀이과정에서 자연스럽게 과학적 탐구활동을 경험하고 스스로 문제를 해결해 나갈 수 있는 능동적인 활동이다(심윤정, 2010). 전통놀이는 물리적 지식 활동 구성 과정에서 과정 중심 과학교육을 증진시킬 뿐만 아니라 유아의 질적인 사고변화에 적합한 활동이며(민행난, 문미옥, 2003), 전통놀이를 통한 과학 활동으로 과학 지식과 과학적 태도 신장, 유아의 문제해결 능력과 호기심 향상에 긍정적인 영향을 미친다(심윤정, 2010). 즉, 유아들은 전통놀이과정에서 일어나는 과학 현상에 대해 호기심을 가지면서 전통놀이 속에 숨겨진 과학적 개념이나 원리를 발견한다.

전통놀이: 멀리 던져 보자!

투호를 가지고 전통놀이를 하던 유아들은 거리에 따라 다르게 던져지는 현상에 대해 발견한다.

---

소영 나는 너보다 손이 작으니까 더 가까이에서 던져 볼게.
경록 아니, 몸이 크다고 잘 던지는 게 아니야. 통에서 가까우면 훨씬 잘 던져지지.
소영 그럼 통 가까이에서 살살 던져도 잘 들어가?
경록 살살 던지면 떨어지지 않을까? 힘을 주어야지 더 잘 들어가지.
소영 그럼 가까이에서 힘주어서 던져 보자. 우리 팀이 이길려면 활쏘기처럼 힘을 주는 거야.
경록 활쏘기? 힘주고 당기면 활은 다시 되돌아오는데 괜찮을까? 다르게 한번 해보자.

---

유아들은 여러 가지 방법으로 투호를 던져 본다.

# 휴지를 이용한 재미있는 과학놀이

학번, 이름 :

날짜 :

▶ 휴지를 이용한 다양한 영역의 놀이를 만들어 보세요.

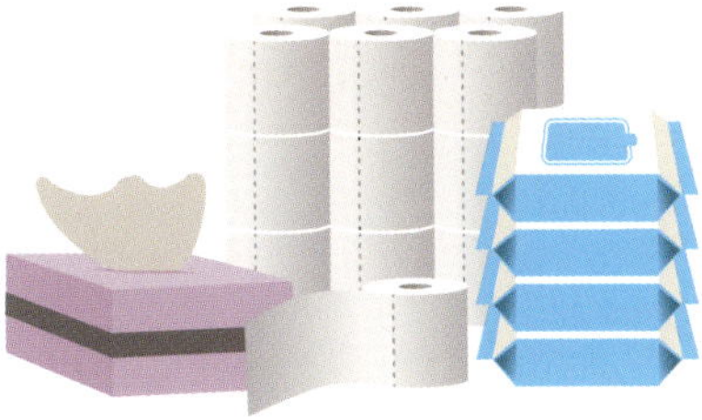

# Chapter 8

## 창의성 계발을 위한 유아과학교육



## 1. 창의성 계발방법의 이해

### 1) 창의성 기법

창의성 기법은 어떤 유형의 사고를 위해 의도적이고 계획적으로 사용하는 사고의 절차 또는 도구이다(김영채, 2013). 창의성 기법은 어떠한 문제를 해결하거나 창의적 태도를 갖기 위해 사용하는 창의성 훈련도구로, 새로운 아이디어를 생산하고 조합하는 데 필요한 기법이다. 과학 활동과정에서 창의성 기법의 활용을 통해 발산적 사고를 하며, 문제에 대한 다양한 해결책을 찾아갈 수 있다. 과학 활동에서 새롭고 다양한 아이디어의 생성을 위해 창의성 기법의 활용은 도움을 준다.

과학 활동과정 중에 다양한 문제를 새롭게 해결하기 위해서는 문제와 상황에 적합한 창의성 기법을 선택하고 활용하는 것이 좋다. 유아과학교육을 위한 다양한 창의성 기법을 구체적으로 살펴보면 다음과 같다(전경원, 2014).

## 브레인스토밍

브레인스토밍은 '두뇌폭풍'이라는 의미로, 정해진 주제를 중심으로 생각나는 아이디어를 내는 기술이다. 즉, 문제를 해결하는 단계에서 빠른 시간에 많은 아이디어를 생성하는 아이디어 발상법이다. 브레인스토밍의 주제는 생각을 자유롭게 할 수 있도록 광범위해야 하며, 유아를 대상으로 진행할 때는 소집단별로 운영하는 것이 유익하다. 브레인스토밍이 끝난 후에는 평가시간을 통해 서로의 아이디어를 공유하고 확장하여 최종 아이디어를 선택하는 데 도움을 주도록 한다.

브레인스토밍: 종이로 어떤 놀이를 할 수 있을까?

종이접기를 하던 유아들은 색종이로 무엇을 할 수 있을지에 대해 이야기한다.

민주 나는 색종이로 강아지 접을 거야.
혜민 종이접기 말고 다른 것도 할 수 있어.
승희 종이 찢기도 하고. 선생님, 우리 지난번에 했잖아요.

교사는 유아들과 함께 종이로 무엇을 할 수 있을지에 대해 브레인스토밍한다.

교사 우리 이 종이로 할 수 있는 놀이는 무엇이 있을까?
주원 비행기 접어요.
혜민 그럼 난 배를 접어서 띄울래.
민주 난 그림 그리기.
승희 못 쓰는 종이는 구겨요. 구겨서 공놀이 하자.
주원 종이를 구겨서 불어 보자. 공으로 만들어서.

유아들은 브레인스토밍을 통해 종이로 놀이할 수 있는 다양한 아이디어를 생성한다. 그리고 생성된 아이디어를 통해 다양한 놀이를 실행한다.

## PMI

PMI(Plus–Minus–Interest) 기법은 아이디어의 장단점을 살펴보는 데 사용한다. 더하기(Plus)는 생성 및 실행될 아이디어에 대한 긍정적인 부분, 빼기(Minus)는 아이디어에 대한 부정적인 부분, 결과(Interest)는 모든 점을 포괄할 수 있는 흥미로운 점을 의미하는 것으로, 새로운 아이디어를 생성하여 기록하는 것이다. 기록한 내용은 서로 비교하여 점수를 부여하고 가장 점수가 높은 아이디어를 선택하는 것으로, 브레인스토밍에서 생성된 아이디어 중에서 가장 유용한 아이디어를 선택하는 데 활용 가능한 기법이다.

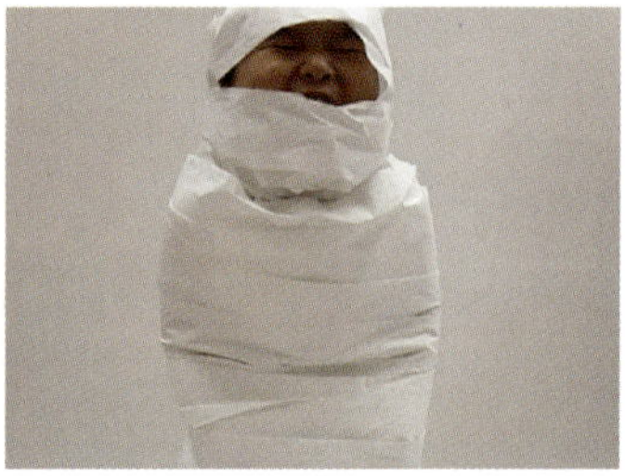

PMI: 어떤 방법이 가장 좋을까?

휴지에 대해 탐색하던 유아들은 '휴지'를 주제로 PMI 활동을 한다.

- **교사** 휴지의 장점과 단점은 무엇일까?
- **아영** 우리를 깨끗하게 해줘요.
- **경민** 더러운 책상을 닦아 줘요.
- **혜진** 손도 닦을 수 있어요.
- **민주** 그런데 젖으면 쓸 수 없어요.
- **선민** 아껴써야 해요.
- **교사** 휴지의 새롭고 흥미로운 점을 생각해 볼까?
- **경민** 휴지로 지난번에 물감놀이 했어요.
- **선민** 흡수됐어요. 그래서 색깔이 변했어요.
- **아영** 휴지로 기차놀이도 할 수 있어요.
- **민주** 그것도 할 수 있어! 미라처럼 하는 것.
- **혜진** 그것 휴지처럼 생겼잖아.
- **경민** 우리 한번 해볼까?

놀이 실행 전, 교사는 휴지를 소중히 다뤄야 하는 이유와 정리 방법에 대해 이야기하였다. 유아들은 휴지로 흥미롭게 놀이할 수 있는 방법에 대해 아이디어를 나누고, 놀이를 실행한다.

## 색다른 용도법

색다른 용도법은 사물 등의 원래의 용도 외에 색다른 용도로 사용할 수 있는 방법을 찾아보는 것이다. 주변에서 사용하는 물건을 원래의 용도가 아닌 새로운 방법으로 사용할 수 있도록 아이디어를 생성하는 기법으로, 처음에는 친숙하고 간단한 물건으로 시작하고, 활동이 익숙해지면 복잡하고 어려운 것으로 확장하도록 한다. 유아에게 친숙한 사물을 제시하고, 브레인스토밍을 통해 사물에 대한 아이디어를 떠올리게 한다. 생성된 아이디어는 서로 탐색하고 공유하며, 가장 독특하고 새로운 아이디어에 대해서는 색다른 용도로 사용할 수 있도록 실행에 옮기는 활동으로 전개할 수 있다.

색다른 용도법: 빨대를 색다른 용도로 어떻게 사용할 수 있을까?

미술놀이를 하던 유아들은 재료로 있는 빨대로 무엇을 만들까 고민을 한다.

---

**정민** 어? 오늘은 색깔 빨대가 있어.
**세훈** 음료수 만들 때 끼우자.
**혜민** 그거 말고 다르게. 난 다른 거 만들래.
**수연** 빨대로 어떤 다른 것?
**정민** 지난번에 빨대도 소리 나던데.
**세훈** 그럼 나는 빨대로 피리 만들어야지.
**혜민** 나도 나도.

---

유아들은 빨대를 색다르게 사용할 수 있는 방법에 대해 창의적으로 생각하고 만들기를 한다.

---

**정민** 빨대가 피리가 되었네.
**수연** 우와~ 컵 나무 되었어. 빨대에 열매가 자라.

### 강제결합법

강제결합법은 서로 관계가 없는 사물들을 결합시키는 활동으로, 연관성이 전혀 없는 것을 억지로 관계를 맺게 하는 방법이다. 유아들의 주변 환경과 연관된 사물이나 단어들을 무작위로 선택하여, 이 중에서 두 개 이상을 억지로 연결하여 새로운 아이디어를 생각해 보는 것이다. 강제결합법은 활동 주제와 관련된 사물이나 단어를 사용하여 주제에 대한 흥미와 관심을 유발할 수 있다.

강제결합법: 우리 서로 합체해 볼까?

물감과 물로 색의 변화에 대해 경험한 유아들은 물감과 무엇을 섞을 수 있을까에 대해 이야기한다.

---

**재민** 물감에 물 많이 섞으면 색깔이 연해져.
**선후** 물 말고 다른 것 섞어 볼까?
**지은** 물 말고 다른 것? 어떻게?
**선후** 지난번에 우리 소금으로도 그림 그렸잖아.
**재한** 맞아. 그럼 이번엔 무엇을 섞어 볼까?
**보연** 어제 요리할 때 사용한 물엿 섞어 볼까?
**지은** 좋아. 그렇게 서로 섞으면 어떻게 될까?
**재민** 우리 그때 계란도 있었잖아. 계란의 노른자와 흰자를 따로 섞어 볼래?
**선후** 우리 한번 다 같이 해보자.

---

유아들은 물감과 섞을 수 있는 다른 물질들은 무엇이 있을까 고민하고, 생성된 아이디어로 물감과 다양한 물질을 강제결합한다.

---

**재민** 물이랑 또 다르네?
**지은** 물과 물엿을 섞으니 끈적해.
**보연** 색도 달라졌어.

## 스캠퍼(SCAMPER)

스캠퍼(SCAMPER)는 일곱 단어의 약자로 S(대치), C(결합), A(조정), M(수정, 확대, 축소), P(다른 용도), E(제거), R(재정리, 반대)로 구성되어 있다. 스캠퍼는 정해진 사물이나 문제에 대해 그것을 기존과 다르게 변형시키는 아이디어를 생성하는 방법으로, 상상력을 발현할 수 있도록 도와주는 체크리스트이다. 스캠퍼는 주어진 문제를 순서에 따라 아이디어를 전개해 나가기 때문에 쉽게 활용할 수 있다. 또한, 유아들에게 우리 주변에 스캠퍼로 활용된 사물들에는 어떤 것이 있는지 찾아보는 경험을 갖는 기회를 제공하는 것이 필요하다.

스캠퍼: 통통 배를 다르게 변신시켜요!

종이배를 접어 물에 띄우는 경험을 한 유아들은 종이배가 물 위에서 금방 젖고, 빨리 가지 않는 문제를 제기하였다. 유아들은 배가 젖지 않고, 빨리 갈 수 있는 방법에 대해 아이디어를 생성한다.

---

**승민** 배가 젖어서 속상해. 다른 방법 없을까?
**영지** 종이배를 다르게 만들어 보자.
**선후** 종이를 다른 걸로 바꿔 보자. 난 두꺼운 마분지로 해볼래. 깃발도 더 높게 할 거야.
**재민** 난 나무로 만들래. 바퀴도 만들어야지.
**소연** 나는 동그랗게 만들어봐야지. 그럼 바퀴처럼 굴러서 빨리 갈 수도 있으니까.

---

유아들은 스캠퍼 기법을 사용하여 종이배를 다르게 변형시키며, 새로운 배를 만든다.

---

**소연** 우리 모두 다른 배가 되었네.
**승민** 그럼 우리 물 위에 띄워 보자.
**영지** 시합하자! 어느 배가 제일 잘 뜨고 빨리 가는지.

### 2) 창의성 계발의 구성요소

창의성 계발을 위한 구성요소는 창의적 활동의 기본이 되는 요소를 구분하여 제시하는 것으로, 인지적 요소와 정의적 요소로 구분된다(박예원, 2015). 인지적 요소는 창의적 사고 기능으로 유창성, 융통성, 독창성, 정교성 등이 있고(Guilford, 1967), 정의적 요소는 창의적 사고 성향으로 호기심, 몰입, 일에 대한 집중, 낙관성, 위험 등의 구성요소가 있다(Torrance, 1990). 최근에는 창의성 구성요소를 포괄적인 통합적 관점에서 구분하기도 하는데, 지적 능력, 지식, 사고유형, 개인적 특성, 환경, 동기 등을 포함한 요소(Sternberg & Lubart, 1991), 지능 등의 생물학적 요소, 도전정신 및 모호성에 대한 인내 등의 개인적 성향, 가족 및 환경 등의 미시 사회적 환경, 이웃이나 직장, 사회적·정치적 환경 등의 거시 사회적 환경으로 구분하여 제시하고 있다.

이를 바탕으로 창의성의 구성요소는 창의적 사고 기능의 인지적 요소, 창의적 사고 성향의 정의적 요소로 구분할 수 있다. 구체적으로 살펴보면 다음과 같다.

#### 창의적 사고 기능

창의적 사고 기능은 인지적 요소로, 유창성, 융통성, 독창성, 정교성 등을 포함한다.

- **유창성** : 특정 상황에서 아이디어의 풍부함과 관련된 양적 능력으로 정해진 시간 내에 문제나 주제에 대해 가능한 많은 아이디어를 생성하는 것이다.
- **융통성** : 고정적인 방식이나 시각, 관점을 변화시켜 다양하고 광범위한 아이디어를 산출해 내는 능력으로, 문제에 대한 의미를 새롭게 발견하고, 해결책을 구하는 것을 의미한다.
- **독창성** : 기존의 사고에서 벗어나 독특한 아이디어를 생성하는 능력으로, 창의적 사고의 궁극적인 목표이며, 창의적 사고 요인 중 가장 높은 수준에 해당된다.
- **정교성** : 아이디어에 새로운 표상을 만드는 능력으로 문제의 해결방안에 대한

아이디어를 보완하여 정교하게 다듬는 것으로, 창의적 사고의 원동력이다(김영채, 2013; Torrance, 1990).

**표 8-1** 창의적 사고 기능의 구성요소

| 구성요소 | 내용 |
|---|---|
| 유창성 | 특정한 문제상황에서 가능한 많은 아이디어를 생성해 내는 능력<br>- 이 나뭇잎과 비슷한 것들을 모두 찾아보자.<br>- 종이를 붙이는 것에는 어떤 것들이 있을까? |
| 융통성 | 고정적인 사고방식의 관점을 변화시켜 다양한 해결책을 찾는 능력<br>- 물을 냉장고에 넣는 것 말고 얼릴 수 있는 다른 방법은 없을까?<br>- 스티로폼 공을 띄울 수 있는 또 다른 방법은 무엇이 있을까? |
| 독창성 | 기존의 아이디어를 새롭고 독특한 아이디어로 산출하는 능력<br>- 비눗방울을 동그랗게 말고, 다른 모양의 비눗방울을 만들려면 어떻게 하면 될까?<br>- 물에 뜨는 물건을 가라앉게 하는 방법, 물에 가라앉는 물건을 뜨게 하는 방법은 없을까? |
| 정교성 | 아이디어를 정교하게 다듬어 가치 있는 것으로 발전시키는 능력<br>- 자동문의 단점을 보완할 수 있는 방법은 어떤 것이 있을까?<br>- 자동차의 속도를 높이려면 길을 어떤 모양으로 만들어야 할까? |

### 창의적 사고 성향

창의적 사고 성향은 정의성 요소로 창의적인 사람이 지니고 있는 공통된 특성이나 성향을 의미하며, 자발성, 호기심, 집착성, 개방성 등을 포함한다.

- **자발성** : 문제상황이나 활동에서 적극적으로 참여하려는 태도이다.
- **호기심** : 일상생활이나 주변 환경을 탐구하며 호기심을 가지고 탐구하려는 태도이다.
- **집착성** : 문제를 해결하기 위해 포기하지 않고 인내를 가지고 해결하려고 노력하는 태도이다.
- **개방성** : 자신의 주장을 변경하거나 다른 의견도 기꺼이 수용하여 새로운 아이디어를 추구하려는 개방적인 태도이다.

**표 8-2** 창의적 사고 성향의 구성요소

| 구성요소 | 내용 |
|---|---|
| 자발성 | 유아가 문제해결에 적극적이며, 자발적으로 임하여 참여하는 태도<br>- 나뭇잎 색이 왜 변하는지 궁금하구나. 함께 알아보자.<br>- 비눗방울을 어떻게 하면 크게 불 수 있는지 내가 보여줄게. |
| 호기심 | 새롭고 신기한 것을 호기심을 가지고 탐구하려는 태도<br>- 스티로폼 공은 왜 물에 뜨지?<br>- 고드름이 생겼어. 겨울에 고드름이 생기는 이유는 무엇일까? |
| 집착성 | 해결되지 않은 문제를 지속적으로 해결하려고 노력하는 태도<br>- 공이 떨어지지 않도록 다른 방법으로도 계속 해보자.<br>- 물이 길을 따라 내려오지 않아. 다른 방법으로 길을 만들어 보자. |
| 개방성 | 예측한 결과 이외의 새로운 결과에 대해 수용하고 찾으려는 태도<br>- 이 방법으로는 바퀴가 잘 움직이지 않았어. 네가 생각한 방법으로 만들어 보자.<br>- 내 방법으로는 종이가 나무에 붙지 않았어. 다른 의견을 듣고 싶어. |

## 2. 창의성 계발을 위한 유아과학교육

일상생활에서 일어나는 다양한 문제를 해결하기 위한 능력, 자신의 생각을 창의적으로 표현할 수 있는 능력을 함양하는 것은 첨단과학기술 시대의 중요한 과제이다. 인간은 누구나 창의적 잠재능력을 가지고 태어나며, 특히 유아기는 다양한 활동을 통해 창의성을 신장시킬 수 있다(Guilford, 1967). 유아는 생활 속의 다양한 경험을 통해 새로운 변화를 알아가고, 그것을 해석함으로써 세상을 이해하며, 새로운 문제를 해결할 수 있다. 유아는 반복적인 경험을 통해 탐색하며 더욱 향상된 지식을 구성해 가면서 창의성을 발달시킨다. 이러한 창의적 능력은 개인의 자아실현과 우리가 사는 사회를 새롭게 발전시키는 원동력이 된다.

유아들은 과학 활동 중에 과학적 문제를 해결하기 위해서 문제 인식, 가설설정, 실험설계, 관찰 및 자료수집, 결과 해석, 결론의 도출 과정을 거친다(조연순, 조석희, 홍용희, 김정효, 1996). 이러한 과학 활동은 창의적 문제해결 과정과 유사하며, 창의성과 관련성이 높다(장경혜, 1994; 조연순 외, 1996; Torrance, 1990). 또한 주변 환경을 탐색하며 호기심과 다양한 의문을 제기함으로써 능동적으로 문제를 해결할 수 있는 동기를 제공한다(Forman, Kuschner, 1977). 이에 유아는 과학 활동을 통하여 합리적 사고능력과 창의적 문제해결능력을 증진시킨다.

2019 개정 누리과정에서는 유아의 자율성과 창의성 신장을 추구하며, 자연과 생명을 존중하고 창의적 사고로 지속 가능한 사회를 만들어 갈 수 있는 역량을 갖춘 사람이 필요함을 제시하고 있다. 이에 유아는 호기심을 가지고 주변 세계를 탐색하고 탐구하며, 재미있는 상상을 해 나가고, 자신만의 방식으로 놀이를 변형하고 창조하면서 창의성을 기른다(교육과학기술부, 보건복지부, 2019). 따라서 유아는 과학 활동을 통해 창의적으로 사고하고 탐구하며, 문제를 해결하는 데 필요한 기초 소양을 함양함으로써 미래사회의 핵심역량을 갖출 수 있다.

### 1) 창의성 계발을 위한 유아과학교육의 원리

창의성 계발을 위한 유아과학교육은 과학적 문제를 해결하기 위해 유아가 다양하고 새로운 방법을 창안하고 관찰, 분류, 측정, 예측, 토의하기 등의 과학적 탐구기술을 적용하고 실행하여(김미진, 2010), 개방성, 협동심, 정직성 등의 과학적 탐구태도를 함양하는 활동이다. 이에 따른 창의성 계발을 위한 유아과학교육의 원리를 살펴보면, 개방의 원리, 수용의 원리, 자율성의 원리, 사고 존중의 원리, 개별화의 원리, 다양한 경험의 원리 등이 있다(신건권, 2001).

**표 8-3** 창의성 계발을 위한 유아과학교육의 원리

| 원리 | 내용 |
|---|---|
| 개방의 원리 | 주변 환경에서 자연스럽게 과학적 탐구를 할 수 있는 개방적 환경과 새로운 생각을 창안할 수 있는 기회 제공하기 |
| 수용의 원리 | 문제해결 과정에서 유용하고 적절한 해결방법을 위해 타인의 의견을 수용하고 아이디어가 발전할 수 있도록 지원하기 |
| 자율성의 원리 | 주변을 탐색하는 과정에서 유아 스스로 문제의식을 가지고 참여할 수 있도록 자율성을 존중하기 |
| 사고 존중의 원리 | 과학적 탐구과정에서 발현된 유아의 사고를 존중하고 타인의 사고를 존중할 수 있도록 지원하기 |
| 개별화의 원리 | 유아의 개별적 특성을 인정하고 창의적 사고로 문제를 해결할 수 있도록 개별 유아를 존중하기 |
| 다양한 경험의 원리 | 다양한 놀이 환경에서 과학을 이해하고 활용할 수 있는 경험의 기회 제공하기 |

### 2) 창의성 계발을 위한 유아과학교육의 방법

효과적인 과학교육을 위해서는 과학 교수·학습방법, 자료 준비, 교사 역할 등 다양한 요소를 구체적으로 고려하여야 한다(교육과학기술부, 보건복지부, 2013; 방인옥, 1997; 신건권, 2001; 전경원, 2014; Copley, 1992).

창의성 계발을 위한 유아과학교육의 방법을 구체적으로 살펴보면 다음과 같다.

#### 창의적 과학 환경의 제공

정서적 지지를 주는 환경

창의성 계발을 위한 유아과학교육을 위해서는 유아의 새롭고 독특한 사고를 격려하고 존중하며, 지지할 수 있는 환경을 제공해 주어야 한다. 교사의 정서적 지지와 안정감을 주는 환경

은 유아의 기발하고 독특한 사고를 확장시키고, 또래 간의 상호작용을 풍부하게 하며, 다양한 아이디어를 생성할 수 있는 기회를 준다.

### 유아과학교육의 내용

창의성 계발을 위한 유아과학교육의 내용은 유아의 호기심을 자극하고, 스스로 탐색하고 직접 조작 및 관찰이 가능한 내용이어야 한다. 교사는 유아의 놀이과정 중에 유아가 관심 및 흥미 있어 하는 것을 과학 내용과 연계하여 이루어지도록 지원하여야 한다. 또한 유아의 다양한 반응과 방법이 적용 가능한 개방적인 과학 주제와 내용을 선정하여 유아의 창의성을 증진시킬 수 있도록 도모해야 한다.

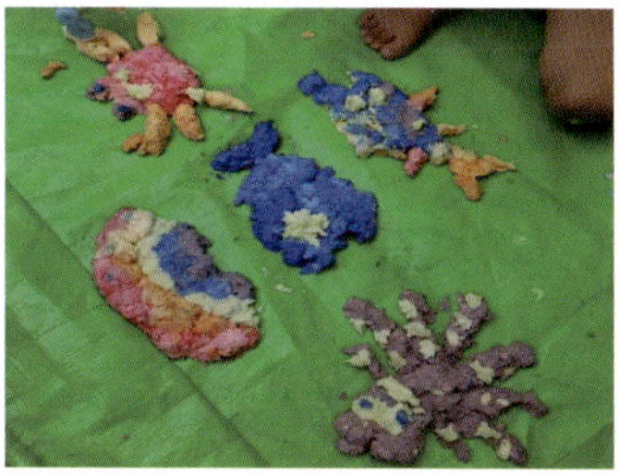

흥미 있는 재료를 이용한 과학교육 내용

### 유아과학교육의 교수매체

창의성 계발을 위한 유아과학교육의 교수매체는 목적에 따라 다양하고 독특한 방법으로 활용 가능하며, 개방적이고 비구조화된 자료가 적절하다(김효진, 2005). 교사는 놀이 활동 중에 흥미와 호기심을 유발하고, 다양한 발견과 사고를 확장시킬 수 있는 교구 및 자료를 제공함으로써 유아의 과학적 사고와 개념의 형성 및 과학적 탐구를 도울 수 있다.

호기심을 자극하는 교수매체

### 유아과학교육의 집단 구성

창의성 계발을 위한 유아과학교육의 집단 구성은 과학 활동의 주제 및 상황 등에 따라 융통성을 가지고 유동성 있게 구성하는 것이 중요하다. 탐색과정 중에 유아들이 자신의 생각을 다양한 방식으로 탐구하고 적용해 볼 수 있도록 개별 활동을 구성하는 것이 적절하며, 문제에 대한 해결방안을 모색하는 활동에서는 유아들 간의 상호작용과 협력이 필요하므로 소집단 등을 구성할 수 있다(김미진, 2010).

주제에 적합한 집단의 구성

### 유아과학교육의 활동 시간

창의성 계발을 위한 유아과학교육의 활동은 유아에게 반복적·지속적 경험을 위해 충분한 시간을 제공하여야 한다. 유아가 자신의 아이디어를 실행하고 결과를 도출하기 위해서는 반복적이고 지속적인 경험이 필요하며, 과학 활동을 성급하게 종결하지 않도록 충분한 시간의 제공이 필요하다(김미진, 2010).

지속적인 탐색 시간

### 교사의 창의적인 발문

창의성 계발을 위한 유아과학교육의 교사 발문은 유아의 사고를 확장하고 발전시키는 데 중요한 역할을 한다. 놀이과정 중에 과학 내용과 관련된 교사의 개방적이고 확산적인 질문은 유아의 확산적 사고로 발전한다. 특히 교사의 개방적이고 확산적·수렴적 발문은 유아의 창의성과 과학적 탐구능력 및 태도를 기르는 데 도움을 준다. 또한 문제해결 과정에서 수렴적 질문을 함으로써 유아는 과학적 지식을 학습하고 과학적 탐구능력을 신장시킨다.

탐구하려는 본성을 자극하는 교사의 확산적 질문

### 풍부한 상호작용

창의적 사고 계발을 위한 풍부한 상호작용

창의성 계발을 위한 유아과학교육의 활동과정에서의 풍부한 상호작용은 유아의 창의성 계발에 중요한 역할을 한다. 과학 활동과정에서 교사는 유아를 관찰하며 유아 스스로 사고할 수 있도록 기다려 주고, 유아와의 상호작용을 통해 창의성을 지원해 주어야 한다. 유아가 문제를 해결하는 과정에서 목표에 도달했을 때, 이에 그치지 않고 다른 방법을 모색하고 사고를 확장할 수 있도록 격려하여야 한다. 또한 유아가 시행착오를 반복할 경우, 이에 대해 반응하고 다른 관점에서 생각하고 새로운 방법을 창안하여 실행할 수 있도록 조력해 주어야 한다(김미진, 2010).

유아과학교육에서 유아의 창의성 증진을 위해서는 교사의 개방적 태도와 유연성, 주변 세계에 대한 민감성을 가지고 탐구하며, 이러한 경험을 유아들과 함께 공유함으로써 유아의 창의성을 격려하는 것이 필요하다(신건권, 2001).

창의성 계발을 위한 유아과학교육의 지도방법을 구체적으로 제시하면 다음과 같다(김형재 외, 2015 재인용).

- 놀이과정 중에 자연스럽게 전개되는 다양한 과학 활동을 유아 스스로 선택하고 참여할 수 있도록 개방적 분위기를 제공한다.
- 개별 또는 소집단으로 활동을 진행하고, 또래 간의 상호작용을 격려하며, 협력의 중요성을 인식하게 한다.
- 유아 중심의 토론 및 토의가 원활하게 진행되도록 지원하고, 토의 활동 시 다른 사람의 의견을 존중하고, 자신의 생각이나 의견을 명확히 표현하는 태도를 가지도록 한다.
- 교사는 놀이과정 중에 과학 주제와 관련된 과학적 지식이나 내용을 소개하여 유아의 과학적 호기심과 흥미를 유발한다.

- 유아가 자연환경과 생명을 아끼고 존중하는 태도를 가지도록 지도하고, 생태계 및 환경 보전에 관심을 가질 수 있도록 안내한다.
- 과학 활동의 마무리 단계에서 실험 결과와 과학 작품을 공유함으로써 자신을 표현하고 타인을 이해할 수 있는 기회를 제공한다.
- 실험 활동 후 발생하는 오염원이나 폐기물을 바르게 처리하는 방법을 함께 모색하고, 실천하여 오염시키지 않도록 유의하여 지도한다.

〈빛과 그림자를 활용하여 창의적 사고를 하는 과학 활동〉

실외에서 그림자놀이를 하며 다양한 모양을 만든 유아들은 교실에 들어와서도 그림자에 대한 관심이 지속된다.

재민 얘들아, 교실에서는 그림자가 별로 없어.
선후 해님 때문인가?

교사는 그림자에 흥미를 가지고 있는 유아들을 위해 OHP를 활용한 그림자놀이를 제안하고 창의성이 증진될 수 있는 환경을 지원한다.

찬율 교실에 있는 물건으로도 그림자가 만들어져.
세훈 이것으로 우리 모양 만들어 보자.
지우 네모 도넛이다. 이건 수도꼭지 같아.
선후 진짜 그러네. 난 이렇게 만들어야지.

유아들은 교실에 있는 다양한 교구를 OHP 위에 올리고 창의적 사고를 하며 그림자놀이를 확장한다.

재민 근데 이거 올리면 그림자 색이 바뀌어.
찬율 그럼 색을 서로 겹쳐 볼까?
지우 어? 색이 변했네. 새로운 색 만들어 봐야지.

# 종이컵의 색다른 변신

학번, 이름 :

날짜 :

▶ 종이컵을 컵 용도 외에 사용할 수 있는 방법에는 무엇이 있을까요?
그림을 그리고 설명해 보세요.

# Chapter 9

## STEAM 기반 유아과학교육



## 1. STEAM 교육의 이해

### 1) STEAM의 개념

STEAM이란 과학(Science), 기술(Technology), 공학(Engineering), 미술(Art), 수학(Mathematics)이 융합된 형태로, 기존의 각 분야의 틀에서 완전히 벗어나 전체적인 입장에서 창의적이고 문제해결능력을 가진 인재를 양성하기 위한 교수방법이다. STEAM 교육은 미국의 교육에서부터 시작되었고, 우리나라에서는 2011년 교육과학기술부에서 STEAM 교육으로 명명하였다.

STEAM에 대한 개념은 연구자에 따라 다양하다. 학자에 따른 다양한 STEAM의 개념은 다음과 같다.

**표 9-1** 학자에 따른 융합인재교육(STEAM)의 다양한 정의

| 학자 | 정의 |
|---|---|
| 교육과학기술부 (2011) | 융합인재교육(STEAM)은 과학기술에 대한 학생들의 흥미, 이해를 높이고 과학기술 기반의 융합적 사고(STEAM literacy)와 문제해결력을 배양하는 교육 |
| 백윤수 등 (2012) | 융합인재교육(STEAM)은 4C-STEAM으로 창의적 설계(Creative Design)와 감성적 체험(Emotional Touch)을 통해 과학기술과 관련된 다양한 분야의 융합적 지식, 과정, 본성에 대한 흥미와 이해를 높여 창의적이고 종합적으로 문제를 해결할 수 있는 융합적 소양(STEAM literacy)을 갖춘 인재를 양성하는 교육으로, 창의성(Creativity), 소통(Communication), 융합(Convergence), 배려(Caring)를 추구한다. |
| 김진수 (2012a) | STEAM 교육이란 과학, 기술, 공학, 예술, 수학의 과목 또는 내용을 통합하여 가르침으로써 과학기술에 대한 학생들의 흥미, 이해력을 높이고 창의적 문제해결력을 기를 수 있는 융합인재교육이라고 정의하며, 융합인재교육이라고 부른다. |
| Jerome Bruner (1960) | 지식의 구조(Structure of knowledge)를 강조하였는데, 교과의 교육과정은 학문의 중요한 원리를 알 수 있도록 기본적인 지식의 이해를 중심으로 하여야 한다고 하였다. 그 후 학문 중심, 교육과정 중심으로 교과의 분화를 강조, 교과(학문) 간에 통합을 하려는 입장으로 전개되었다. |

출처 : 김진수(2013)에서 재인용

## 2) STEAM 교육의 필요성

21세기는 다양성을 존중하는 시대이면서 동시에 융합과학기술을 요구하는 시대이다. 다니엘 핑크(2012)는 『새로운 미래가 온다』에서 과거 정보화시대는 좌뇌형 재능을 갖춘 지식근로자들이 주도하였다면, 미래사회는 창작을 하는 사람, 타인에게 공감능력을 가진 사람, 예술가, 발명가, 디자이너, 스토리텔러 등 수준높은 공감과 소통능력을 필요로 하는 하이컨셉, 하이터치시대라고 하였다. 이처럼 미래사회는 창의적인 아이디어와 과학기술 경쟁력이 곧 국가 경쟁력으로 이어지기 때문에 STEAM의 중요성은 더욱 강조되고 있다. 이러한 사회적 요구에 따라 교육부에서는 분절된 교과 학문의 유능성보다는 종합적인 사고력과 통합적 문제해결력

을 갖춘 창의적인 인재양성을 강조하고 있다(이영애, 2015).

STEAM의 대표적인 산출물로는 전 세계적으로 많이 사용되고 있는 '아이폰'을 들 수 있다. 스티브 잡스가 최첨단 기술에만 집중했다면 감성적 예술과 디자인을 가진 아이폰은 탄생하지 못했을 것이다. 또한 제임스 캐머런이 제작하여 개봉 당시 폭풍적인 인기를 누렸던 영화 ≪아바타≫가 있다. 세계 최초 4D로 제작된 아바타는 로마신화의 인문학적 상상력과 인간 감성을 바탕으로 최첨단 과학기술이 융합된 예술작품이다.

대표적인 STEAM 산출물

과학 분야에서 자연현상은 다양한 과학적 개념과 관련되어 있고, 여러 측면에서 상호 유기적 관계로 연관되어 있으므로 과학교과에서 통합적 접근, 특히 STEAM 교육의 적용은 반드시 필요하다(최병순 외, 1997). STEAM 기반 과학수업은 과학과 관련된 자기효능감을 상승시키고, 과학에 대한 흥미, 과학학습 및 활동과 과학과 관련된 직업에 대한 흥미, 과학과 관련된 태도 영역에서 긍정적인 영향을 미친다(박혜원, 신영준, 2012). 따라서 STEAM 기반 유아과학교육은 과학과 다양한 분야의 정보를 접목하고 학문 간, 지식 간 융합을 통해 주어진 문제를 보다 창의적으로 해결할 수 있는 창의성과 융합적 소양을 기르는 데 그 가치가 높다.

### 3) STEAM 교육의 교육적 의의

STEAM 교육에 대한 교육적 의의는 다음과 같다.

**STEAM 교육의 교육적 의의**

- 유아는 이질적 영역을 융합하며 상상하고 계획하여 만들고 수정하고 다시 재구성해보는 STEAM 교육을 통해 창의성이 계발된다.
- 유아는 STEAM 교육의 예술표현과정에서 실제 사용되는 생활도구, 전자기기, 첨단기기 등의 다양한 기계와 도구를 사용해 봄으로써 최첨단환경에 잘 적응할 수 있는 능력을 기른다.
- 유아는 STEAM 교육을 통해 산출물이 만들어지는 과정에서 실제적인 문제해결의 경험을 하게 되므로 문제해결력을 기른다.
- STEAM 교육은 유아들 간의 자연스러운 소통과 협력의 경험을 제공한다.
- STEAM 교육은 유아가 과학기술공학 중심으로 실생활의 문제를 해결할 뿐만 아니라 예술적 성향을 갖추고 상상력을 발휘하여 문제를 해결할 수 있는 사람, 즉 'Imaginer'로 성장할 수 있도록 돕는다(Surel, 207; Watson, & Watson, 2013).

### 4) STEAM 교육의 특성

STEAM 교육 강화를 위한 과학기술에 대한 흥미와 이해를 높이고 융합적 사고와 문제해결능력을 배양할 수 있도록 학습내용을 핵심역량 위주로 재구조화해야 한다. 즉, 체험, 탐구활동 및 과목 간 연계를 강화하고, 예술적 기법을 접목시키며 기술 및 공학 관련 내용을 도입하여 적용해야 한다.

최근 스마트폰, 태블릿 PC, 스마트 TV 등 스마트형 인프라와 이를 활용한 소셜 네트워킹, 체감형 실습을 통한 가상현실 등과 같은 스마트형 소프트웨어 기술이 급격히 발전하고 있다. 이에 최근 유아를 위한 최첨단 과학기술을 적용한 유아과학관 및 유아체험현장 등이 전국적으로 생겨나고 있으며, 태블릿 PC를 비롯하여 로봇, 드론, 코딩 교수매체, 스마트 디바이스 등의 ICT 교수매체가 개발되어 시중에 쏟아지고 있다. 따라서 유아교육현장에서는 STEAM 교육의 활용 및 용이성을 위해 유아교사가 흥미와 학습 효과가 높은 ICT 매체의 선정 및 적용을 위한 안목을 갖추어야 한다.

STEAM 교육에 적용 가능한 최첨단 ICT 매체

4D로 그림자와 빛을 탐색할 수 있는 라이트 룸

빛의 혼합을 탐색할 수 있고 칸마다 다른 소리가 나 몸으로 작곡을 할 수 있는 4D 공간 룸

최첨단 ICT 기술을 적용한 유아를 위한 환경

### 5) STEAM의 이론 모형

STEAM 교육의 대표적인 이론 모형인 김진수의 STEAM 모형과 백윤수의 4C-STEAM 모형은 다음과 같다.

#### (1) 김진수의 STEAM 교육 이론

김진수(2012)가 개발한 STEAM 통합 모형, 교과별 STEAM 유형은 다음과 같다.

**STEAM 통합 모형**

STEAM 통합 모형은 다학문적 통합(multidisciplinary integration), 간학문적 통합(interdisciplinary integration), 탈학문적 통합(transdisciplinary integration)의 형태가 있다.

- **[모형 1] 다학문적 통합으로 연계형** : 하나의 주제를 개별 학문 측면에 다양하게 다룸으로 한 주제에 대한 통합적 접근이다.
- **[모형 2] 간학문적 통합으로 통합형** : 여러 학문에 공통으로 포함된 주제를 선정함으로서 개발 학문간 경계를 구분하기 어렵다는 특징이 있다.
- **[모형 3] 탈학문적 통합으로 융합형** : 사회문제, 기능 등 학문 외적인 주제를 다루며, 결과적으로 학문의 경계가 완전히 없어지는 통합 방법이다(김진수, 2011).

출처 : 김진수(2012)에서 재인용

**[그림 9-1]** STEAM 교육을 위한 '김진수의 통합 모형'

### 교과별 STEAM 유형

교과별 STEAM 유형은 연계형을 교과별로 세분화하여 나타내는 것으로 김진수(2012)는 각 프로그램 명칭을 범주화하여 S-STEAM(과학 중심), T-STEAM(기술 중심), E-STEAM(공학 중심), A-STEAM(예술 중심), M-STEAM(수학 중심), CHA-STEAM(창의적 체험활동 중심)으로 나누었다.

**표 9-2** STEAM 교육을 위한 '김진수의 교과별 STEAM 유형'

| 중심되는 교과(내용) | 연계 유형 | 중심되는 교과(내용) | 연계 유형 |
|---|---|---|---|
| (a)<br>과학 교과 중심<br>S-STEAM | 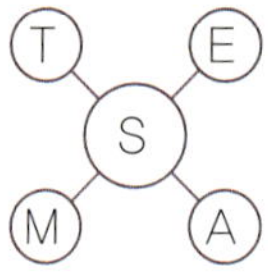 | (d)<br>예술 교과 중심<br>A-STEAM | 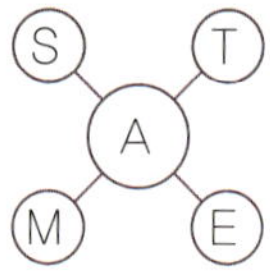 |
| (b)<br>기술 교과 중심<br>T-STEAM | 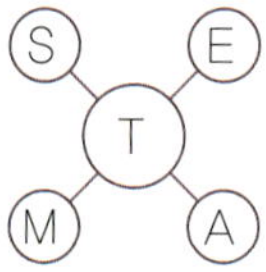 | (e)<br>수학 교과 중심<br>M-STEAM | 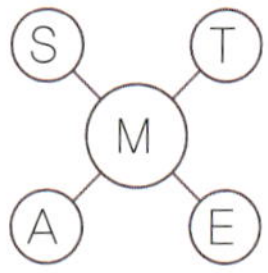 |
| (c)<br>공학 교과 중심<br>E-STEAM | 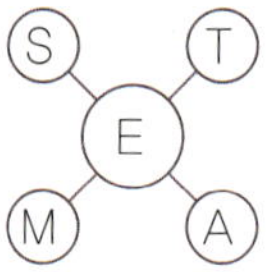 | (f)<br>창의적 체험활동<br>수업 중심<br>CHA-STEAM | 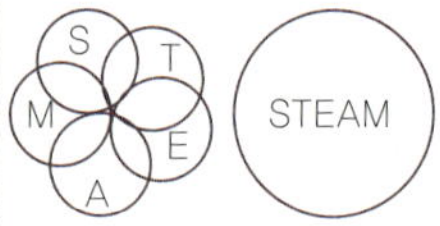 |

출처 : 김진수(2012)에서 재인용

#### (2) 백윤수의 4C-STEAM 교육 이론

### 백윤수의 4C-STEAM이론

백윤수(2012)는 STEAM의 핵심 역량을 '배려(Caring), 창의(Creativity), 소통(Communication), 융합(Convergence)'으로 정의하고, 이를 기반으로 4C-STEAM을 제시하였다. 4C-STEAM 내용은 다음과 같다.

표 9-3 백윤수의 4C-STEAM 이론

| 요소 | 하위요인 |
|---|---|
| 배려 | 자기애, 자신감, 자아정체감, 자아효능감, 타인을 위한 배려, 타인 존중, 다문화 이해 등과 같은 사회적 감성학습(SEL) 요소 포함. |
| 창의 | 창의력, 문제해결력, 문제확인능력, 정보수집능력, 정보분석능력, 의사결정능력, 평가능력 등 요소 포함<br>교과 및 학문 영역에서 기초적, 중점적인 역량으로 기존의 문제해결능력을 포함. |
| 소통 | 언어적 소통, 시청각적 소통, 학문적 능력, 글로벌 소통능력, 소통하는 태도, 협력하는 요소 |
| 융합 | STEAM 융합 지식 이해, STEAM 융합 지식 설계 능력, STEAM 융합 지식 활동 및 응용능력.<br>STEAM 외의 맥락적 지식(언어, 사회, 문화, 윤리, 경제) 이해를 포함. |

출처 : 백윤수(2012)에서 재인용

4C-STEAM의 교육목표는 다음과 같다.

- 과학, 기술, 공학, 예술, 수학 분야의 융합적 지식과 개념을 이해하고, 실생활 문제를 적용한다.
- 종합적인 문제해결과 창의적 사고와 설계방법을 학습하고 다양한 창출에 기여한다.
- 과학, 기술, 공학 등에 대한 흥미와 호기심을 기르고 긍정적 태도를 함양한다.
- 배려, 의사소통, 개방성, 다양성, 협동심과 같은 사회성과 인성을 기른다.

## 2. STEAM 기반 유아과학교육

유아교육현장은 전인적 통합교육을 교육방침으로 유아교육을 실천하기 때문에 교육과정이나 환경, 교사교육 측면에서 초·중·고등 교육보다 STEAM을 실행하기 비교적 쉬운 환경적 요인을 갖추고 있다.

STEAM 교육은 유아의 발달 수준에 적합한 활동을 제공할 뿐 아니라 학습 효과를 극대화 시킬 수 있기에 최근 유아교육현장에서 더욱 더 그 중요성이 강조되고 있다. 이에 유아의 창의적 사고력, 과학적 문제해결력, 융합적 사고력의 발달을 도모하기 위한 STEAM 기반 유아과학교육 프로그램이 적용되고 있다.

### 1) STEAM과 유아교육 분야의 관련성

STEAM과 유아교육 분야의 공통적인 부분은 다음과 같다.

- 유아들의 삶은 통합적, 총체적이기 때문에 유아들은 통합적인 전체로 자신의 경험을 재구성하며 살아간다(Bredekamp, 1997; 마지순, 2001, 재인용). 통합은 가장 직접적으로 연결될 수 있는 개념으로, 유아교육에서의 통합은 교육과정 운영의 기본적인 요소라는 점은 STEAM의 본질이 융합이라는 것과 밀접해 있다.
- 유아교육은 유아의 발달적 특성을 고려하여 일상생활 속에서 일어나는 문제상황이나 놀이를 통해 학습할 수 있다. 따라서 교실 안과 밖, 자연, 지역사회 등

실제적인 문제해결능력을 함양하고자 하는 STEAM은 유아교육과 밀접하게 상호 연결된다.

- 스스로 문제상황을 인식하여 문제해결방법을 찾도록 하는 유아과학교육의 대표적인 이론인 구성주의 접근 역시 STEAM과 유사한 접근방법이다. 즉, 교사는 안내자, 관찰자, 협력자, 학습의 동료이며, 현실적이고 상호적인 환경과 수업들, 맥락적 주제들, 방법, 기술의 발전, 비고츠키 비계발달과 근접발달 학습이론에 근거한 적용, 문제해결학습, 가드너의 다중지능이론 등이 STEAM의 본질을 설명하는 데 관련성 높다(김정효, 2012).
- 2019 개정 누리과정에서도 신체운동·건강, 의사소통, 사회관계, 예술경험, 자연탐구의 5개 영역을 중심으로 구성하지만, 각 영역이 통합적으로 이루어지는 것을 강조하고 있다. 즉, 5개 영역에 걸쳐 유아의 주도적인 경험, 즉 유아 중심, 놀이 중심의 통합적 운영이 이루어지도록 하였다(교육부, 2020). 과학, 기술, 공학, 수학, 예술을 각각의 개별적 분야로 볼 것이 아니라 교과 간의 상호 의사소통과 협력을 바탕으로 한 통합적인 접근이 무엇보다 중요하다는 STEAM의 교육원리와 일치한다.

## 2) STEAM 기반 유아과학교육 프로그램

### (1) STEAM 기반 유아과학교육의 목적

STEAM 기반 과학교육의 목적은 과학기술에 대한 흥미와 이해, 융합적 사고, 문제해결력 증진을 통해 STEAM에서 '실생활에서의 문제해결력을 배양한다.'는 점에서 기존의 과학교육과 차별성을 갖는다(교육과학기술부, 2011).

### (2) STEAM 기반 과학교육 프로그램의 구성요소

**표 9-4** 융합인재교육(STEAM) 기반 과학 프로그램의 STEAM 구성요인

| 구성요인 | 의미 | 내용 영역 | 발문 예시 |
|---|---|---|---|
| 과학<br>(S) | 자연적으로 존재하고 어떠한 것이 영향을 미칠 수 있는 것 | 물리, 화학, 생물, 지구과학, 우주과학, 생명공학, 생체의학, 생화학(과학에 대한 본성, 개념, 역사, 과정, 탐구) | - 어떻게 변화할까?<br>- 관찰, 탐색해 보자<br>- 원리를 알아볼까? |
| 기술<br>(T) | 과학의 원리를 이용하여 생활에 필요로 하는 것을 만들어 내는 것 | 기술의 본성, 디자인, 기술과 사회, 기술세계능력, 세계 디자인, 생명공학과 생체의학(농업, 의학, 건설, 제조, 정보와 의사소통, 힘과 에너지, 운동) | - 입체적으로 표현해 보려면 어떻게 할까?<br>- 어떤 모습으로 변화할 수 있을까?<br>- (무게중심, 그림자)를 어떻게 만들 수 있을까? |
| 공학<br>(E) | 수학, 과학을 기본으로 창의적이고 논리적인 사고를 기술에 활용하여, 세상에 기여할 수 있는 것을 창조하는 것 | 항공우주산업, 농업, 건축, 화학, 토목, 전기, 컴퓨터, 환경, 유체, 재료, 산업/시스템, 조선공학, 광업, 기계, 해양, 핵 | - 전기, 전자용품을 어떻게 만들 수 있을까?<br>- 어떤 전개도가 만들어질까?<br>- 에너지가 없다면 어떻게 될까? |
| 예술<br>(A) | 사회가 어떻게 발전하여 영향을 미치는가를 과거, 현재, 미래에서의 관습과 사고방식을 통해 의사소통하고 이해하는 것 | 신체(스포츠, 댄스, 행위예술 등), 순수미술(회화, 조각 등), 응용미술(사물조작을 위한 물리적 기술), 언어(의사소통과 관련된 학문), 인문학(사회, 교육, 철학, 신학, 정치, 심리, 역사) | - 어떤 움직임을 표현해 볼 수 있을까?<br>- 친구의 작품을 이야기해 볼까?<br>- 어떤 디자인으로 표현해 볼 수 있을까? |
| 수학<br>(M) | 사물을 계산, 측정하는 언어로 과학과 기술, 일상생활 등의 구조, 순서, 관계등을 다루는 것 | 수와 연산, 기하학, 대수, 측정, 데이터 분석과 확률, 추론과 증명, 문제해결, 의사소통(통신) | - 어떤 도형을 찾을 수 있을까?<br>- 어떤 순서대로 반복되고 있을까? |

출처 : 김진수(2011a)와 김형재 외(2016) 재인용

### (3) STEAM 기반 유아과학교육 프로그램 모형

STEAM 교수·학습방법에서 놀이를 중심으로 교수·학습 활동이 이루어지도록 한다는 내용과 유아의 흥미를 중심으로 활동을 선택하고 지속할 수 있도록 해야 한다는 내용은 동기유발, 즐거움과 몰입, 그에 따른 성취의 경험 및 자신의 실행 과정에 대한 실행 및 반성적 사고를 기반으로 한다(교육과학기술부, 2013).

STEAM 기반 유아과학교육 프로그램 모형의 과학적 문제해결 과정 3단계는 다음 같다.

- [1**단계**] **상황 제시** : 학습 전반을 아우르는 포괄적 상황이나 해결해야 할 과제가 제시. 학습자가 활동을 자기 문제로 인식. 상황 제시, 문제, 설계의 제한점, 도전 핵심내용

- [2**단계**] **창의적 설계** : 주어진 제약 조건 속에서 필요한 것을 만들어 내기 위해서 시스템, 요소, 프로세스를 고안하는 창의적 문제해결과정의 단계. 문제의 정의, 설계의 계획, 아이디어 선정, 제작의 실제로 구성

- [2**단계**] **감성적 체험** : 스스로 문제를 해결하는 과정에서 몰입과 성공의 경험을 통해 흥미를 느끼고 새로운 도전의 동기를 얻는 단계. 학습자의 성공 경험, 학습에 대한 흥미, 성취감, 자신감 등 적절한 보상과 격려, 교사의 피드백도 포함

- [3**단계**] **문제해결에 대한 결론 짓기** : 문제해결에 대한 최종 결론을 내리는 단계. 학습자 스스로 평가. 자신이 발견한 점 친구들과 공유

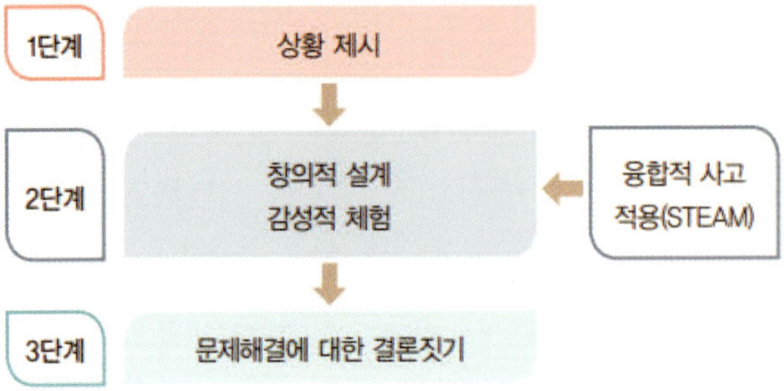


출처 : 조형숙(2013) 재구성

**[그림 9-2]** STEAM 기반 유아과학교육 프로그램 모형: 과학적 문제해결 3단계

조형숙 외(2018)는 기존의 STEAM 교육 방향 및 준거 틀을 수정·보완하고 상황 제시, 창의적 설계, 감성적 체험으로 이루어진 교수·학습과정을 구체적으로 밝혔다(서울특별시교육청유아교육진흥원, 2018).

| | |
|---|---|
| 상황 제시 | - 유아가 일상생활 속에서 경험할 법한 과학기술 관련 문제상황 제시<br>- 주도적으로 문제를 해결하고자 동기와 관심 유발<br>- 스토리텔링, 이야기나누기, 동요, 실물 탐색하기, 동영상 등으로 전개 |
| 창의적 설계 | - 상황 제시 단계에서 인식한 문제를 해결하기 위해 창의적인 문제해결 방법 모색<br>- 문제를 해결하기 위한 아이디어를 공유하고 평면 혹은 입체적인 설계도 구안<br>- 흥미 영역 및 Maker Space에서 유아의 설계 아이디어가 실물로 제작되는 과정에서 S, T, E, A, M 요소의 융합적 경험 발생<br>- 설계와 실험, 피드백과 결과 공유를 복합적으로 수행 |
| 감성적 체험 | - 창의적 설계의 최종 결과물 공유<br>- 전시, 발표, 공연 등 다양한 형태로 최종 결과물 공유<br>- 성공적인 경험을 통해 제기되는 새로운 문제에 도전하고자 하는 욕구 발생 |

출처 : 서울특별시교육청유아교육진흥원, 2018

**[그림 9-3]** 누리과정 내실화를 위한 STEAM교육 프로그램의 교수 · 학습과정

### (4) STEAM 기반 유아과학교육 프로그램 교수매체

STEAM 기반 유아과학교육 프로그램 적용을 위한 교수매체로서 T(기술)와 E(공학)를 보완하기 위한 적절한 도구와 기계, 스마트 디바이스의 예는 다음과 같다.

**표 9-5** STEAM 기반 유아과학교육 프로그램 적용을 위한 교수매체

| | | |
|---|---|---|
| <br>수분 측정기 | <br>스마트 금속탐지기 | <br>염도 측정기 |
| <br>스마트 돋보기 | <br>스마트 심박계 | <br>스마트 카메라 |
| <br>전자저울 | 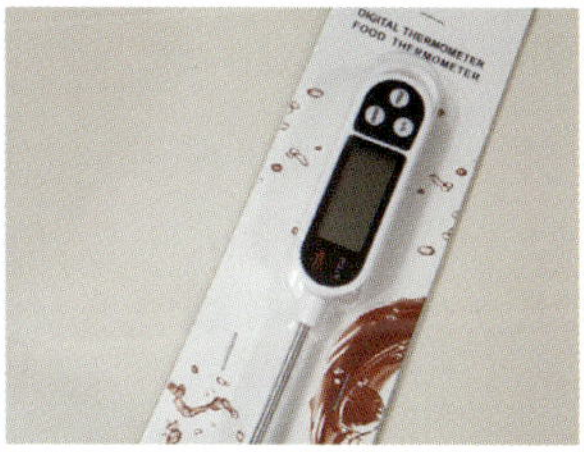<br>전자온도계 | 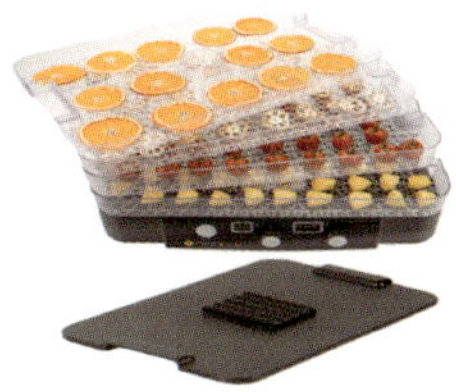<br>과일건조기 |
| <br>마스크팩 제조기 | <br>금속탐지기 | <br>당도 측정기 |

### (5) STEAM 기반 유아과학교육 프로그램 활동내용

STEAM 기반 유아과학교육 프로그램 활동내용의 예시는 다음과 같다.

#### 활동명 : 맞춤형 천연 마스크 팩을 만들어 보아요

[얼굴 분석 스마트 디바이스, 수분 측정 스마트 다바이스]

| S | T | E | A | M |
|---|---|---|---|---|
| 마스크 시트 관찰 및 탐색 천연재료 상태 변화, 수분의 변화 | 마스크 시트지 맞춤형 설계, 마스크 팩 만드는 기계 활용 | 얼굴 인식 스마트 디바이스를 활용한 얼굴 구조분석 및 전개도 제작, 수분 측정 스마트 디바이스 | 창의적인 마스크 시트지 디자인, 천연재료의 색 변화 및 혼합 | 얼굴 크기 및 길이 측정, 수분 측정 |

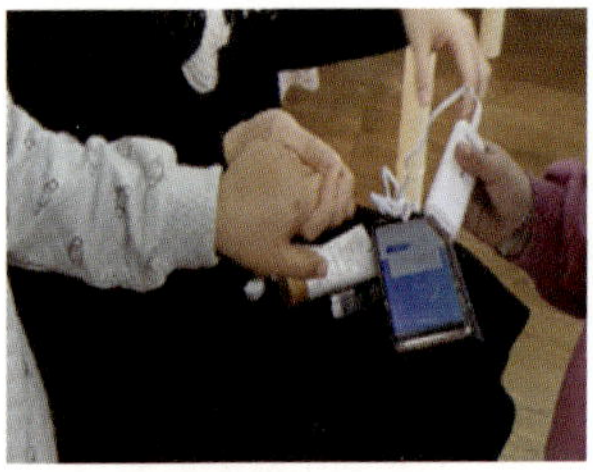

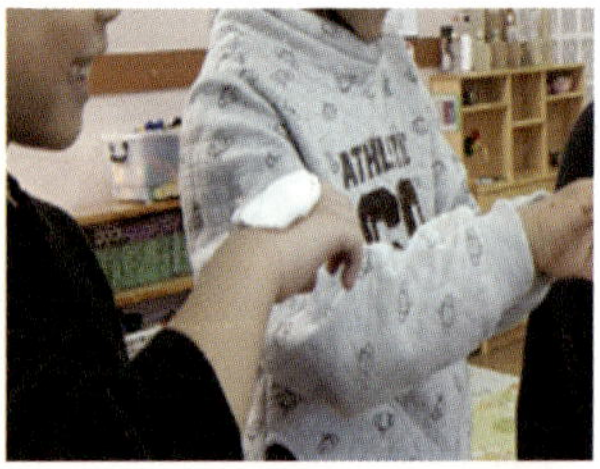

유아들은 다양한 마스크 시트를 탐색한 후 마스크 팩 만드는 기계를 활용하여 자신들이 원하는 재료로 새로운 모양의 마스크 팩을 만들기를 원하였다. 유아들은 친구들과 자신들이 원하는 마스크 팩의 모양과 색깔에 대한 생각을 나누었다.

**윤채** 얘들아 이거 봐~, 여기에 마스크 팩 있어. 만져 보니 찐득찐득해 ~
**지훈** 풀처럼 끈적하네. 근데 이건 젤리처럼 생겼어.
**민지** 이 마스크 시트는 검정색이야. 포장지에 보니 숯이 들어 있어서 그런가 봐.
**지훈** 숯이 들어간 마스크 팩을 하면 얼굴이 숯처럼 검게 변할 것 같아.
**윤채** 그럼 여기 있는 금색 마스크 팩 하면 얼굴이 금으로 될 것 같아?
**민지** 그렇게 변하면 재미있을 것 같아. 마스크 시트를 가면처럼 쓰는 거지.
**지훈** 그럼, 저기 있는 마스크 팩 만드는 기계로 우리가 원하는 모양 마스크 팩 만들어 보자.
**민지** 난 예쁜 공주 그림 마스크 팩 만들고 싶어.
**지훈** 난 아이언맨 마스크 팩.
**윤채** 우리 얼굴에 맞아야 하니까, 우리 얼굴부터 한번 살펴보자.
**지훈** 내 얼굴은 동그라니깐 동그란 모양으로 만들고, 윤채는 조금 기다란 모양으로 만드는 게 좋겠어.
**민지** 어떤 재료 넣어서 만들어 볼까?
**지훈** 난 아이언맨 마스크 팩이니까 빨간색으로 하고 싶어! 토마토 주스 넣어 봐야겠다.
**윤채** 난 토마토 싫어… 달콤한 딸기 넣고 싶어.

## 활동명 : N극과 S극 놀이

[금속 탐지기, 자석 감지기/나침반 스마트 디바이스, Walk Band 스마트 디바이스]

- **S** 자석의 성질 및 원리
- **T** 금속탐지기로 자석의 변화
- **E** 금속탐지기, 자석 앱 스마트 디바이스 활용
- **A** 자석의 움직임 표현하기, N극과 S극 놀이하기
- **M** 자석으로 물건 구별하기

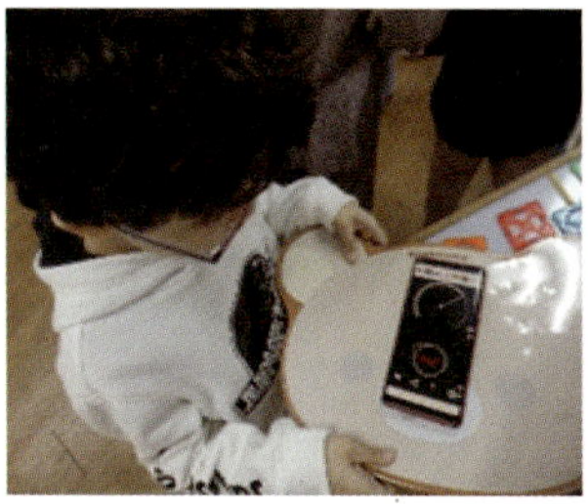

유아들은 칠판에 붙은 글자모양 자석으로 놀이를 하며 자석에 관심을 가지기 시작하였다. 교사는 유아들을 위해 다양한 모양의 자석을 제공해 주며, 유아들이 자석을 탐색할 수 있도록 지원하였다.

지원 자석으로 글자 만들어 볼까? 내 이름 써 볼까?
가람 우리반 써 보자.
솔림 나도 같이 하자. 어 .. 그런데 이 자석은 왜 안 붙지?
지원 칠판이 자꾸 자석 밀어내서 안 붙네.
가람 자석 안 붙어서 글씨 못 만들겠다. 나는 선생님이 준 자석 가지고 놀이할래. 얘들아, 이거 봐 ~ 서로 다른 색은 붙는데, 같은 색은 막 밀어내.
지원 아 ~ 이거 자석 같은 색이었나 봐.
솔림 근데, 이 자석에는 색이 없어서 잘 모르겠는걸.
지원 자석 앱으로 한번 확인해 보자. 그러면 어떻게 되는 건지 알 수 있을 것 같아.
가람 오오 ~ 좋아. 난 빨간색 ~ N극으로 변신 ~
솔림 난 도망가야지 ~ 파란색 ~ S극으로 변신!
지원 난 너희들한테 다 붙어 버려야지 ~ 클립으로 변신!

다양한 모양의 자석을 탐색하던 유아들은 쇠에 붙는 자석의 성질, 다른 극끼리는 붙지만 같은 극끼리는 밀어내는 자석의 성질을 발견하였고, 이러한 발견은 자석의 움직임을 표현해 보는 신체 활동으로 이어졌다.

### 활동명 : 나는야 소리 디자이너~

[자연의 소리 앱 스마트 디바이스, 새소리 앱 스마트 디바이스,
소음측정기 앱 스마트 디바이스, 음성 변조기 앱 스마트 디바이스]

- **S** 소리의 원리, 소리의 변화
- **T** 다양한 소리 찾기
- **E** 자연의 소리/소음측정기 앱 스마트 디바이스 활용
- **A** 소리괴물 감상, 창의적인 표현하기
- **M** 데시벨 그래프 작성하기

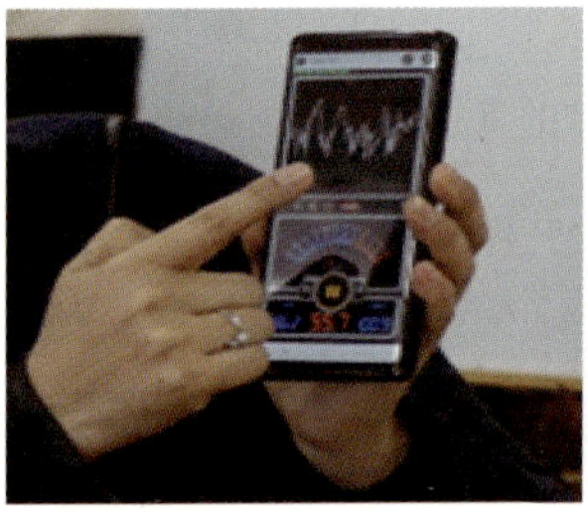

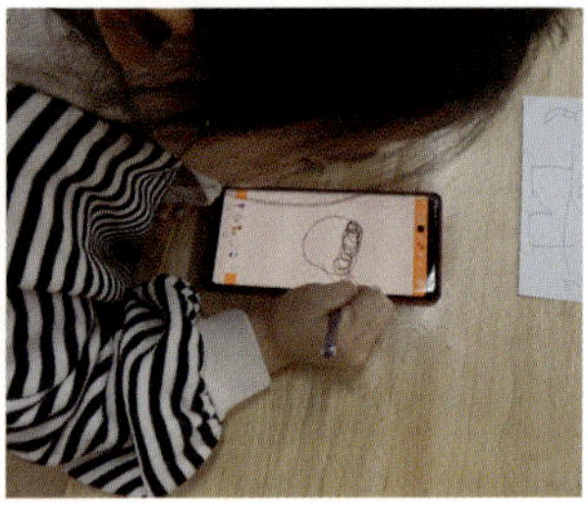

친구들의 놀이 소리가 너무 시끄러워서 책 읽기가 힘들다는 윤슬이의 이야기에 '소리'를 주제로 유아들이 탐색할 수 있는 기회를 제공하였다. 먼저, 소음측정기를 교실에 비치하여 유아들이 교실에서 나는 여러 가지 소음의 정도를 측정해 볼 수 있도록 하였다.

---

**윤슬** 내가 여기서 책을 읽는데 너무 시끄러워 집중할 수가 없었어. 그런데, 저기 선생님 옆에 가니 좀 조용한 것 같더라.

**단비** 진짜 그런지 한번 알아볼까? 소음측정기로 측정해 보자.

**윤슬** 측정하기 전에 어디가 가장 시끄러운지 한번 생각해 보고 시작하자.

**구슬** 음, 난 저기 쌓기 영역이 가장 시끄러울 것 같고, 그 다음은 저기 음률 영역!

**단비** 그럼 지금부터 시작한다.

**민정** 어 ~ 신기해. 난 쌓기 영역이 가장 시끄러운데, 소음측정기에는 음률 영역이 가장 시끄럽게 나오네.

**윤슬** 민정이가 쌓기 영역 친구들이 놀이하는 소리가 싫었나 봐. 가장 시끄럽게 생각한 걸 보니.

**단비** 이거 다른 친구들도 볼 수 있게 그래프로 그려 놓자.

**민정** 좋아. 이건 쌓기 영역 그래프고, 이건 음률 영역 그래프. 이걸 보면 음률 영역에서 놀이하는 친구들이 조금 조용히 해줄 것 같아.

**단비** 쌓기 영역 친구들 소리는 꼭! 소리 괴물같아.

**구슬** 소리괴물? 그거 재미있겠다. 우리 소리괴물 그림으로 한번 그려 볼까?

**윤슬** 난 잔소리 하는 잔소리 괴물 그려 봐야지.

**단비** 난 아침에 자는데 시끄러웠던 알람소리 괴물 그려 볼래.

# STEAM 기반 유아 과학 활동 만들기

학번, 이름 :

날짜 :

스마트 디바이스를 활용한 STEAM 기반 유아 과학 활동을 만들어 보세요.

▶ 어떤 스마트 디바이스를 활용할 것인가요?

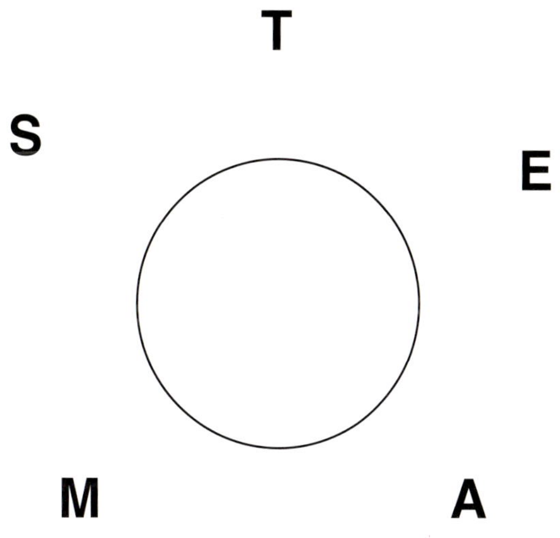

PART

# IV

# 유아과학교육의 실제

# Chapter 10

## 놀이 중심 누리과정에 기초한 유아 과학활동의 실제



## 1 모래놀이 과학

### 놀이터에서 만난 모래

바깥놀이터에는 모래가 있다. 놀이터에서 만나는 모래는 그야말로 매력적인 매체이다. 날씨에 따라 변하는 모래가 때로는 날려서 친구들 몸에 뿌려지기도 한다. 모래성을 쌓아 보고 싶어 하는 유아는 쉽게 무너지는 모래의 속성에 변화를 주고자 작은 그릇과 바구니를 들고 수돗가로 향한다. 그러면 가볍기만 한 모래가 물을

만나 무거워지면서 모래 길도 만들어 내고, 두꺼비집도 만들고, 생일 케이크를 만들기도 한다. 더워지는 날씨 등의 문제로 인해, 모래놀이터를 사용하기 전에 교사는 바닥에 촉촉하게 물을 뿌려 주었다.

### 물을 만난 모래의 변신

물을 만난 모래의 움직임에 반응을 보이는 유아들

모래 재료에 물을 더해 케이크를 만드는 유아들

재미를 더해주는 물이 부족하지 않게 하는 방법을 고민하는 유아들

모래놀이터에 있는 놀이기구를 이어 물길을 만들어보는 유아들

"물이랑 모래가 만나니까 찐득찐득해."
"질퍽질퍽해."
"꼭 그거 같다. 그거! 음…??"
"진흙?"
"갯벌?"
"응, 갯벌!"
"갯벌 봤어?"
"음.. 응."
"뭐라고?"
"아니. 갯벌노래 같아서 히히."
"우리 말랑한 흙으로 뭐 하지?"
"모양 찍기 하자! 진짜 잘 돼!"

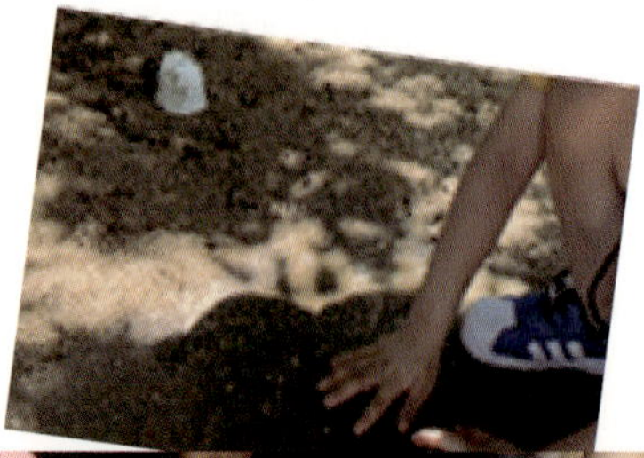

"모래는 물을 좋아해."
"그래서 물 많이 먹어."
"물이 자꾸 (땅속에) 들어가니까
계속 필요해요."
"물하고 놀고 싶어서."
"모래가 시원해졌네."
"모래 물놀이 하자."
"물이 가득한 거가 좋아."
"모래 물놀이는 깨끗한 발로 해야지."
"모래가 그냥 있을까?"

"물웅덩이라고?"
"여긴 바다가 되었어!"
"첨벙첨벙"
"물이 왜 계속 흐르지?"
"음… (물이)많이 나와서 물이 흙 색깔이야."
"발이랑 손이랑 계속 첨벙하니까
더 더 진해진다!"
"가만히 있어 볼까?"
"그래그래."
"어? 여기 오지 마. 우리 기다리는 중이야!"
"그냥 기다리는 중이야." (시간이 조금 흐른 후)
"우와 깨끗해졌어!"
"다시 만져 볼까?"
"또 흙 색깔이네. 히히,
신기하다 우리 또 해보자!"

놀이터에서 만난 모래와
놀이터에서 만난 물은
어떤 사이일까?
모래가 더? 물이 더?
누가 더 재미있나?

"선생님, 물 주세요."
"물 가지러 갈 꺼예요."
"선생님, 이것 봐요. 내가 만들었어요."
"생일 축하합니다~ 생일 축하합니다."
"나는 길 만들었어요."

"이거 봐! 모래가 점점 사라진다."
"물이 모래를 삼키면 내가 출동할 거야."
" 모래 자동차도 출발~."
" 우리 물 더 가져와서 놀자."
"모래야~ 물 만나러 가자."

모래를 변화시킨 물에 흥미를 가진 유아들은 물과의 경험을 이야기하기 시작했다. 점점 모래를 순식간에 변하게 해주는 물이 모래놀이터에서 꼭 필요한 존재가 되었다.

## 2 물놀이 과학

### 저절로 노는 물!

유아들은 모래놀이터에 뿌려지는 물 속에서 무지개를 발견하고, 물이 만들어 주는 무지개에 흥미로워한다.

"물이 무지개를 만들었어."

"와~ 해님도 같이 있어서 그런 거야~"

"물은 엄청 신기해!!"

"깨끗하고 신기한 빛도 발사해. 좋은거 말야."

바깥놀이 시간 유아들은

"더운데 물놀이 해요? 안 해요?"

"더워서 선생님이 그거 안 한대!"

"바닥에 물은 왜 뿌려요?"

"시원하라고요."

"모래놀이 잘 하게 해 주는 거죠?"

"하늘 물이 계속 내리면 시원하겠다~."

유아는 물에 대해 큰 흥미를 가지고, 물에 대한 관심을 더 표현하게 되었다.

**물에 흥미를 가진 유아들은 물을 활용하여 어떤 놀이를 만들어 갈까?**

## 하늘에서 내리는 이건~ 뭐!

물과 호스로 하는 놀이를
찾고 있는 유아들

시원함을 선물하는 물에
빠져있는 유아들

모래놀이 잘 하게
해주는 물을 피해
다니는 유아들

하늘에서 내리는 비를 감상하는 유아

"오늘 바깥놀이 엄청 신났어."
"선생님이 물도 뿌려 주고 물 가지고 길도 만들고 재미있었어."

"그런데 계속 물이 있었으면 좋겠어."
"계속 물이 나오는 건 그건 비잖아."
"맞다. 비."

"물 비야 내려라."

"밟으니까 비가 차가워."
"발이 찰박찰박해."
"물이 미끌미끌해" "물이 진짜 많아."
"여기 물웅덩이다. 점프할까?
하나 둘 셋 히히."
"손으로 비 만져 볼 사람 여기여기 붙어라."

"비가 타닥타닥해."
"손에 톡톡 떨어져."
"손을 간질간질하게 하네."
"비에서 소리가 나!
초촉 초촉 이렇게 해."

"쏴쏴쏴쏴 하고 소리 나."
"탁탁탁탁" "쉬익쉬익"
"토도독 토도독 토도독 톡톡톡"
"비에서 물 냄새가 나."
"고약한 냄새 같기도 해."

"시원한 냄새가 나." "차가운 냄새도 나."

"구름 냄새가 나는 거 같아. 구름에서 비가 내리니까."

### 물로 하는 놀이 - 나 잡아 봐라!

"꺄하하~" "물 진짜 시원해."
"비 내리는 거 같아."
"물 차가워!!" "저기로 도망가자~"
"계속계속 하고 싶어."
"팔에 봐. 물이 가득이야 히히."

유아들은 물을 피해 도망가기도 하고, 물을 잡으려고 하면서 마음껏 움직인다. 유아들은 물을 뿌리는 동안 시원한 물을 마시기도 하고, 바닥에 뿌려지는 물을 바라보기도 한다.

"피해, 피해~"
"물벼락 떨어지는 곳 말고 안전한 곳으로 빨리 움직여."

## 물로 하는 놀이 - 물을 저장하려면?

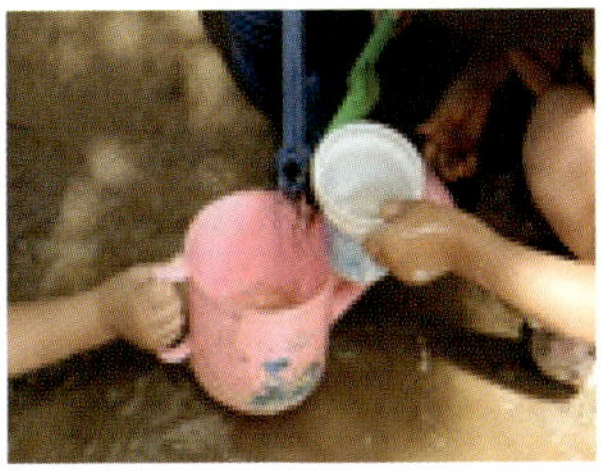
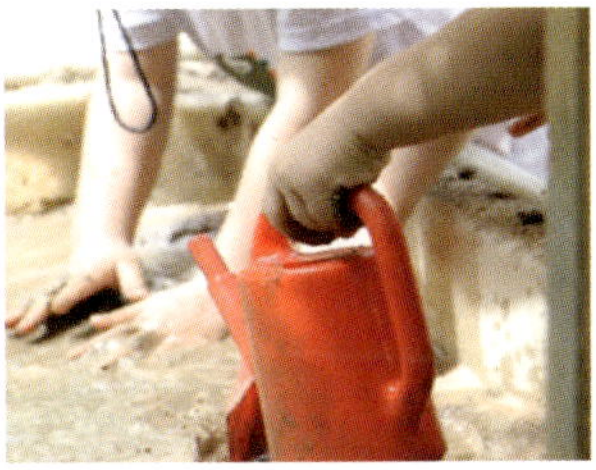

"물 여기 부어! 죽 만들자!" "얌얌 맛있게 먹어."
"여기도 물 줘!" "물 많이많이."
"물 많으니까 좋다!" "시원해서 더 좋아."
"물로 아이스크림 만들까?" "아이스크림 케이크?"
"물이 여기(바닥) 자꾸 들어가." "물 사라져. 신기해."
"흙이 물 좋아하나 봐." "진흙 됐어!" "초콜릿 같아."
"얘들아 여기 좀 와 봐! 진흙 초콜릿이야!"
"어디? 어디?" "신기하다 나도 만들어 줘!"

"물 많이 담아 봐." (물을 받으며) "높이높이 할래."
"높게 더 높게." "물을 또 또 또 해야지."
"여기 봐 히히(물이 바닥에 고임.)"

유아들은 모래와 물의 다양한 모습을 발견하고 즐거워한다.

## 물로 하는 놀이 - 색깔 얼음

교실 안에서는 물을 이용하여
어떤 놀이들을 할 수 있을까요?
"아이스크림에도 색깔이 있어?
그림 그릴 수 있어?"
유아들과 색깔 얼음을 만들어 본다.

"색깔 물이다."
"얼면 먹을 수 있는 거야?"
"어떤 색깔 만들지?"
"나는 빨간색이 제일 좋아!"
"핑크색, 보라색, 검정색 색깔 다 만들자!"

색깔 물을 얼음 틀에 넣어
얼린 후 함께 탐색해 본다.

"얼음 뽀뽀하면 색깔이 생겨."

유아들은 색깔 얼음을 이용하여 그려지는 다양한 모습에 호기심을 가지고 탐색한다.
**물 → 얼음 → 물로 변화되는 과정**에 즐거움을 더해 놀이가 된다.

## 3 색놀이 과학

### 색깔 옷 입은 물

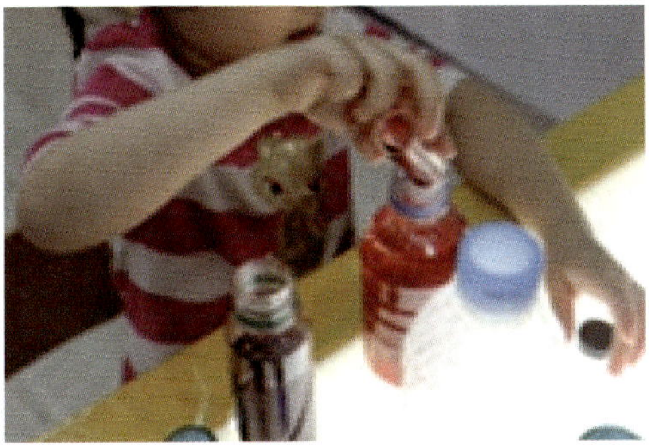

물을 다양하게 탐색하던 유아들은 물에 색깔을 더해 색 물을 만들면서 물에 대해 호기심을 가지고 탐구한다.

"물을 넣으니까 색깔이 예뻐졌어!"
"많이 많이 넣어야지!"
"나는 핑크색을 만들고 싶어!"
"음… 나는 노란색."
"나는 뭐 만들지?"
"음… 너도 핑크색 만들래?"
"여기 봐! 진한 핑크색이 됐어."
"내 꺼는 연한 핑크색이야. 공주님 볼 같아."
"이거는 하늘색이야."
"나는 바다색이야."

물+색깔=색 물

## 수리수리 마하수리 색!

물과 색을 더해 색 물을 만드는 중, 유아들이 색 물에 이름을 붙이기 시작한다.

## 물과 색깔이 만나면 색 물

유아들은 색깔의 농도를 다르게 하는 일에 관심을 가지고 하나의 색에 여러 농도의 스펙트럼을 만들어 관찰한다. 그러던 중 색 물을 담는 투명한 작은 병을 다 채웠다.

"작은 병이 없네. 어떻게 하지?"
"병을 더 사오면 되잖아!" "유치원에서 찾아봐요!"
"여기 흰색 병이 있어!" "크기가 커도 괜찮을까? "
"이거는 색깔이 있는 플라스틱 병."
"아니야, 색깔 있어서 우리가 만드는 색이 안 보여!"
"흰색만 가져가자!"
"뚜껑은?" "뚜껑 없어도 되지 않을까?"
"안 돼! 색깔이 쏟아져." "뚜껑도 가져가자."

"투명한 큰 병에 색 물을 만들어 보자."
"병이 커서 주사기가 안 들어가." "한 번 더 생각해 보자." "선생님, 도와주세요."
"나는 빨간색이랑 파란색이랑 넣어야지!" "우와 색깔이 변했어. 보라색이야!"
"얘들아, 이거 봐 봐. 색깔이 진짜 변했어!"
"나는 이거(핑크)랑 이거(연두)! 이거 좀 봐봐~
풀 색깔이야."
"나는 (핑크+빨강) 딸기 우유야!"
"(빨강+파랑+연두+보라+노랑+….)히히
이거 봐. 화산이다! 검은색 화산!"
"색깔 엄청 많아!"

큰 병에 색 물을 만들면서 유아들은 다양한 색을 혼합하여 특별한 색을 발견한다. 색 물을 활용해 또 어떤 특별한 색을 만들며 놀이를 이어 가게 될까?

## 이것은 무슨 색이지?

**물과 색을 더해 색 물을 만드는 중, 유아들이 색 물에 이름을 붙이기 시작한다.**

"너는 무슨 색 만들어?"
"좋아하는 색! 핑크랑 노랑이랑."
"나는 맛있는 색깔. 맛있는 딸기 색깔."
"이거는 맛없는 색깔이야. 포도껍질 색깔."
"내가 제일 좋아하는 체리 색깔."
"맛있는 초코케이크 색깔."

유아들은 감정과 느낌으로 색에 이름을 더하고 있다.

"이거는 무슨 색이라고?"
"00이한테 물어 봐."
"(색깔)말 안 해주면 모르겠네!"
"이름 붙이면 되지."
"나는 글자 모르는데………."

이번엔 눈으로 색 이름을 정해 본다.

"파란색이야." "이것도 파란색이야." "이것도 파란색!"
"이거는 빨간색!" "이거도." "여기 빨간색." "검정색도 있어!" "여기도."
"(파란색 두 가지를 비교하며) 이거랑 이거 다 파란색인데 좀 다르다 그치?"
"응! 잘 모르겠어."
(그러던 중 라이트 테이블 위에 떨어트린 색 물을 보며 하는 말)
"어? 얘들아 이거 좀 봐 봐. (색이) 잘 보여."
"이거는 연한 파란, 이거는 진한 파란이야."
"진짜네! 색이 잘 보이네."
"또 또 해보자!"

## 이것은 무슨 색이지?

라이트 테이블 위의 색 물을 휴지로 닦으며 정리하던 중에 발견한다.
색이 물든 휴지를 보며 또 다른 색을 발견한다.

"예뻐졌어!"
"어디 어디?"
"색이 더 예뻐졌네!"
"신기하다!"
"(책상 위의 색)이거랑
(휴지에 물든 색)이거랑 다르다!"

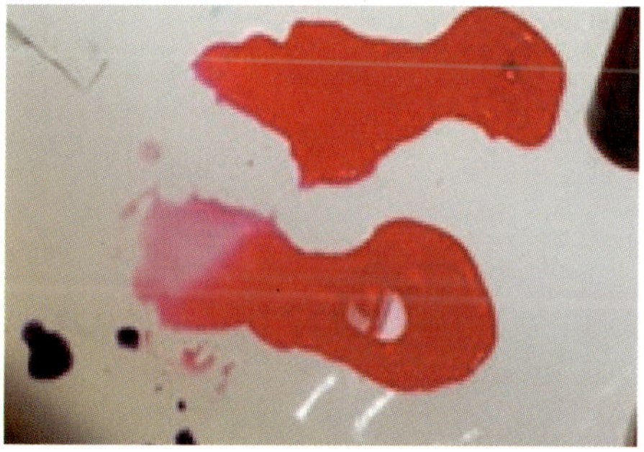

유아들은 색 물을 만들며 색 물에 자신의 생각과 느낌, 시선을 더해 색 물의 이름을 부여한다. 그 과정에서 은연중에 색을 알려 줄 방법에 대한 고민도 시작되고, 같은 이름을 가진 색의 차이를 경험하고, 색을 선명하게 보는 방법을 발견한다.

**앞으로 유아들은 어떤 방법으로 색의 정의를 내리게 될까?**

## 4 빛놀이 과학

### 내가 발견한 빛

햇빛이 조금씩 뜨거워질 무렵 유아들과 바깥놀이를 시원하게 즐길 수 있는 방법을 생각하다 뜨거워진 모래에 물을 뿌렸다. 물줄기를 통해 뿜어진 물에 모든 유아들이 환호를 지르며 주변으로 모여든다. 유아들의 웃음소리는 물줄기만큼 힘찼다.

"조심하세요. 그러다 옷 다 젖어요"

유아들은 물을 일부러 맞으며 이리저리 뛰어다닌다. 계획했던 모래놀이보다 뿌려지는 물줄기에 더 관심을 가지며 어느새 유아들의 머리와 몸은 젖기 시작했다. 손으로 물을 만져 보는 유아, 젖은 모래를 관찰하는 유아, 젖은 옷으로 물을 탐색하는 유아들.

"선생님, 이거 무지개 아니에요?"

물줄기가 햇빛을 만나면서 생기는 무지개를 보며 유아들은 또다시 발견한 그 유아 곁으로 모인다.

"나~ 이거 빨주노초파남보 무지개 알아."

"무지개 너무 예쁘다."

"어떻게 무지개가 만들어졌지?"

'왜 무지개가 생기는 걸까?'라는 고민이 생겼고, 이는 빛을 탐구하고, 놀이의 소재로 사용되는 계기가 된다.

무지개가 궁금해진 유아들의 놀이는 어떻게 이루어졌을까?

### 우리가 발견한 **빛**

바깥놀이에서 발견한 무지개는 또다시 교실 안에서의 질문과 호기심으로 연결되었으며, 무지개에 대한 궁금증이 생기게 되었다.

"오늘 어떤 놀이가 기억나나요?"
"무지개요."
"색깔이 너무 예뻐요."
물에서 발견된 무지개는 꽃잎반 일상으로 들어와 유아들의 빛에 대한 탐색으로까지 이어졌다.

**유아들은 놀이터에서 뿌려지는 물에 비춰진 무지개에 관심이 생긴 후,**
**무지개가 생기는 이유에 대해 탐구하며 빛에 흥미를 가진다.**

### 색 혼합

"우와~빨간색이랑 파란색을 합치니까 보라색이에요!"
무지개가 보여주는 다양한 색에 관심을 가지게 되어 다양한 색을 경험한다.
그 과정에서 색 혼합을 알게 된다.

### 색깔 빛

"빛에도 색깔을 입히자!" 무지개처럼 빛에도 색깔을 입히고 싶다고 이야기한다. 서로 다른 속성을 지닌 매체를 비교하면서 빛의 투과 유무를 알아보았다. 이를 계기로 본격적으로 빛에 색을 입히기 시작된다.

### 색깔 그림자

손전등으로 놀이하며 그림자를 발견한 유아들은 그림자놀이를 시작한다. "그림자는 왜 다 검정색이야?" "그림자에도 색을 입히자!" 유아들은 그림자 그 자체가 빛의 한 종류라 생각하며 색을 입히고자 한다. 빛의 3원색을 함께 비추어 색깔 그림자를 만들어 본다.

### 여러 종류의 빛 (블랙라이트방)

또 다른 빛에 대한 관심을 가지게 되어 교사는 야광과 형광을 제시한다. "야광이랑 형광을 계속계속 보고 싶어요!" 야광과 형광에 흥미를 느끼며 블랙라이트방을 만들어 본다.

### 빛으로 그려지는 샌드아트

샌드아트로 보여주는 동화를 보고 난 후 빛과 모래를 활용하여 샌드아트 놀이를 시작한다.

## 내가 만드는 빛놀이- 색을 알아 가다

"무지개는 색깔이 너무 예뻐요!"

빛 테이블을 통해 빛이 통과하는 것과 통과하지 않은 것에 관심을 가졌던 유아들은 무지개색을 찾고자 여러 색을 빛 테이블 위에서 만들어 보며 무지개색을 찾아 보려고 하였다.

"이것 봐, 이건 색이 그대로 보여. 빨간색이야."
"이건 노란색이야."

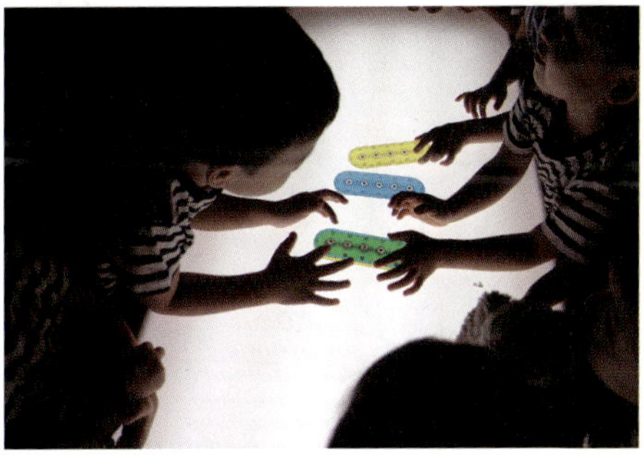

빛이 통과하면서 만들어지는 색을 통해 다양한 색에 관심을 가지기 시작한다.

색에 관심을 보이는 유아들을 위해 색 혼합을 할 수 있는 매체를 제공한다.

## 내가 만드는 빛놀이- 색이 만들어지다

빛을 만나 보여지는 색에 관심을 가지던 중 색이 겹치면서 나타나는 색에 또다시 유아들이 모여든다.

"빨간색이랑 파란색을 합치니까 보라색이에요!"

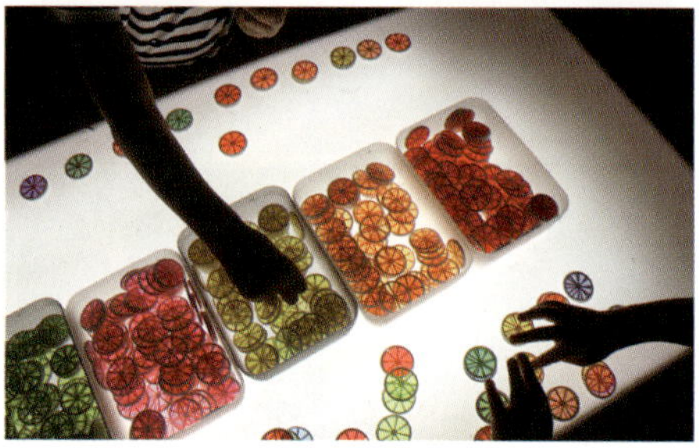

무지개가 알려준
다양한 색에 관심을 가지게 되면서 색 혼합으로 만들어진
여러 가지 색에도 관심을 가지게 된다.

"노란색이랑 초록색은 연두색이에요!"

"빛에도 색깔을 입히자!"

무지개처럼 빛에도 색깔을 입히고 싶은 유아들은 빛을 통해 보이는 여러 색에 더 많은 관심을 가지며 빛이 만들어 내는 색의 아름다움에 빠져들었다.

## 내가 만드는 빛놀이- 색깔 빛

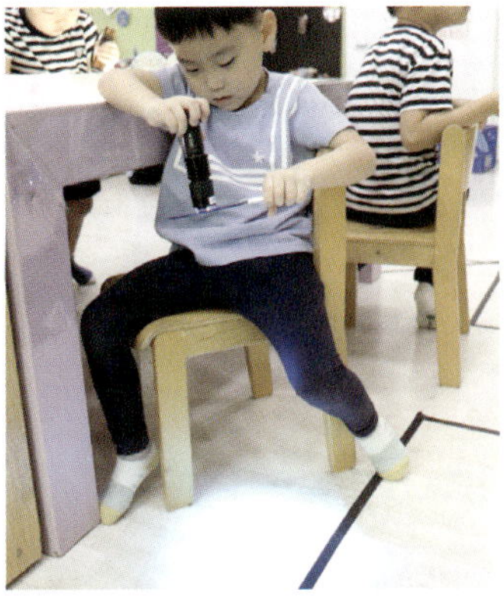

"어 어~ 바닥에 빛이 생겼어."
"애들아 이것 봐! 모양도 잘라진다."
"색도 있어."
"신기하다."
"그림자처럼."

"이것 봐라~ 내 빛은 노랑이야."
"내 것하고 다르네."
"내 빛처럼 만들어 봐."
"이번엔 어디에 빛을 만들지?"

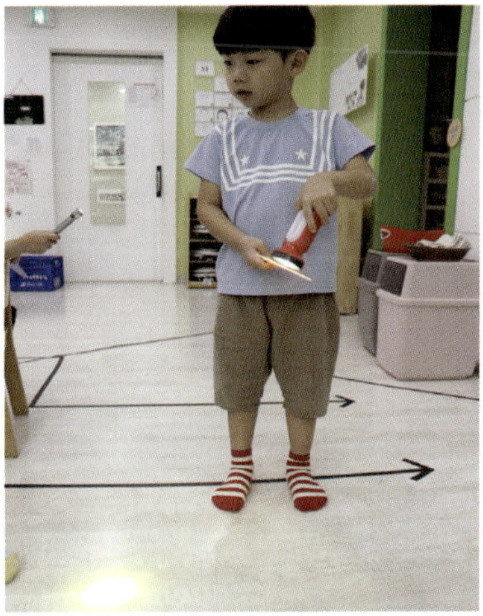

투명한 물체, 불투명한 물체를 준비하여 직접 비추어 보게 하여,
빛의 투과에 대해 충분히 탐색해 보았다.

## 내가 만드는 빛놀이- 색을 찾아보자

빛 테이블에서 색을 찾는 놀이를 하던 중 교사는 유아들이 쉽게 빛놀이를 통해 색을 발견하도록 손전등과 색판을 지원한다.

색을 찾기 위해 손전등으로 색판, 바닥, 천장, 친구 옷에도 비춰 본다.

"내가 신기한 걸 발견했어요!!"

색깔 빛을 만들던 유아들은 손전등을 비추고 있는 곳 뒤편에 자리 잡은 그림자를 발견하게 된다.

"그림자네?"
"그림자는 왜 만날 검정색이야?"
"색깔 빛처럼 그림자에도 색깔을 입혀 보자!!!"
"그림자는 왜 다 검정색이야?"
"어~ 이거는 색이 없고 검정색이잖아?"

색깔 빛을 비추어도 여전히 검정색으로 비추어지는 그림자에 대해 과학적 대화가 일어난다. 이때 교사는 과학적 태도를 칭찬하고 색깔 그림자를 만들어낸 사진을 제공한다. 사진 속에서 보여지는 색들을 보고 지난 경험을 떠올려 색 혼합임을 알아내고, 색깔 빛을 동시에 비춰, 색깔 그림자를 만들어 낸다.

## 내가 만드는 빛놀이- 색깔 그림자

물체에 빛이 투과하지 않는 것들이 있음을 알게 된다.
그림자의 검은색을 아름다운 색깔로 만들 수는 없을까 고민도 하고….

빛의 3원색을 함께 비추어 색깔 그림자를 만들어 보았다.

불투명한 무언가에 의해 빛이 투과되지 못하여 생겨난 그림자에 흥미를 가지면서, 그림자도 그 자체가 빛의 한 종류라고 여기면서 탐구해 가는 모습을 볼 수 있었다.

"이것 봐. 내가 만든 색이야. 어때?"
"와~ 신기하다."

새로운 방법으로 자신만의 색을 입힐 수 있다고 끊임없이 여러 번 시도한다.

교사는 색깔 그림자 만들기를 어려워하는 유아에게 자료를 찾아 사진을 제공한다. 유아들이 사진 속에 보이는 빛의 혼합을 추론하여 색깔 그림자를 만들어 보고 색혼합놀이를 하는 유아의 사진을 공유하며 빛의 혼합에 흥미를 더한다.

## 내가 만드는 빛놀이- 다양한 빛 이야기

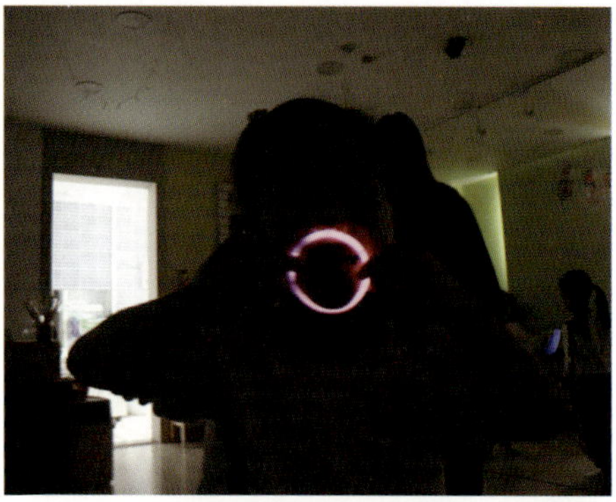

그림자에도 색깔을 입혀 주고 싶다는 유아의 요청에 교실 전체를 빛놀이 공간으로 바꾸어 빛놀이가 확장된다.

빛이 차단된 교실 내 블랙라이트방은 또 다른 놀이터가 되었다.

빛이 차단되면서 만나게 되는 빛은 매체로 제공된 야광봉이다.

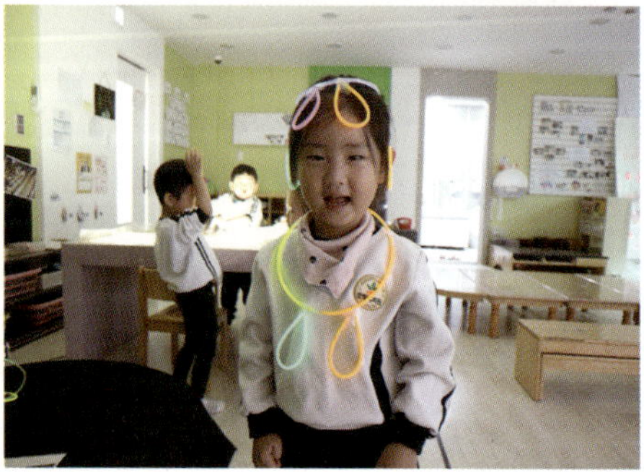

## 내가 만드는 빛놀이- 블랙라이트방

유아들이 함께 만든 블랙라이트방에서 모든 빛에는 색을 비치는 부분과 그림자가 함께 공존함을 알게 되었다.

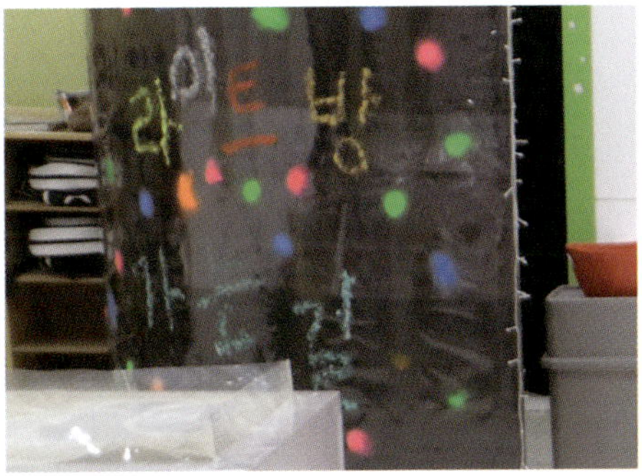

"어, 이거는 깜깜한데도 잘 보여요."
"이건 뭐예요?"
"나 이거 해봤어요."
"나 이거 계속계속 보고 싶어요!"

**어둠은 그림자가 빛이 없기 때문이며, 무서운 것도 아름답지 않은 것도 아닌 그 자체의 아름다움을 가지고 있음을 알게 되었다.**

## 내가 만드는 빛놀이- 야광 그림자

"야광에도 그림자가 있지 않을까?"

야광판에 손전등을 비추며 빛을 흡수한 후, 발산하는 야광의 특성을 놀이로 알아 가던 유아들은 다른 빛처럼 야광에도 그림자가 있을 것이라는 가설을 세운다.

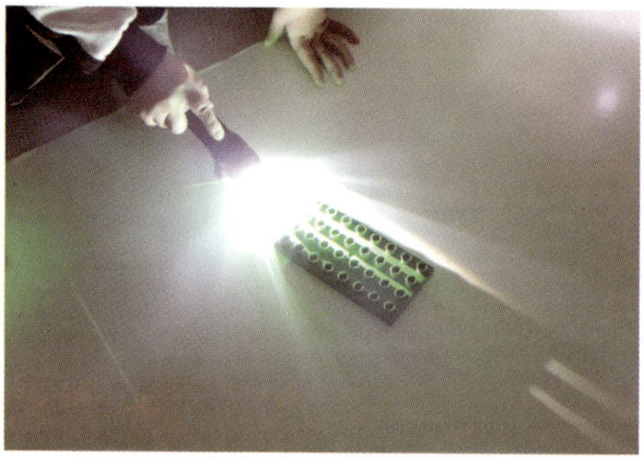

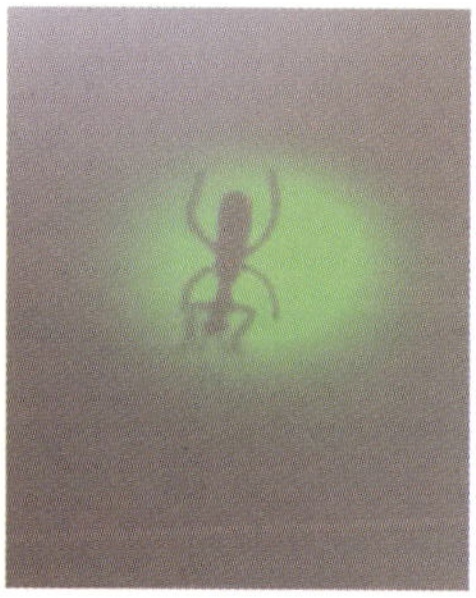

불투명한 무언가를 올려놓고 빛을 비춘 후, 빛과 물체를 치웠을 때 남겨진 흔적을 보고 야광에도 그림자가 있다고 유아들은 이야기한다.

## 내가 만드는 빛놀이- 샌드 아트

빛에 관심을 가진 유아들이 샌드 아트에 흥미를 보인다.

## 교사 이야기

유아들과 함께 시작한 빛의 놀이는 우연한 발견에서 시작되었으며, 빛의 여러 속성들을 가르치기보다는 놀이를 통해 유아들이 빛의 속성을 발견해 나감에 큰 의의가 있었다.

빛을 통해 다양한 색도 알아 가며, 색의 혼합에도 관심을 가지면서 유아들은 색의 혼합으로 나만의 색을 만들어 보는 과정을 지원하고 상호작용했다. 빛의 속성을 이용해 자신들의 목적에 따라 다양하게 변화시켰으며 이를 활용하여 빛을 조금 더 다채롭게 표현할 기회를 부여하고 면밀히 관찰했다. 또한 빛을 통해 다양한 색을 경험해 보기도 하고, 그림자를 생성해 보기도 하였으며, 또 다른 빛을 창조하기 위해 고안하고 추론해 볼 수 있는 시간을 가질 수 있었다.

하지만 유아들의 놀이는 탐색 과정 자체에 의미가 있었으며, 탐색을 통해서도 충분히 빛의 속성을 경험해 나가는 이야기 속에 탐구하는 유아들을 만나게 됨으로써 이번 빛놀이는 의미가 있었다.

빛을 통해 색을 발견함으로 빛이 만들어 내는 색도 예쁘지만 밝음의 반대인 어두움의 그림자에 대해서도 아름다움을 발견하는 유아들을 보면서, 이 세상과 관계 맺기를 통해 배우는 유아들의 이야기에 또 한 번 감탄하게 되었다. 그리고 이러한 과학적 과정 속에서 **빛**은 유아들이 창의적으로 탐구할 수 있는 기회를 제공해 주는 계기가 되었다.

# 5 자유놀이 과학

## 빛을 표현하다

빛으로 하는 놀이는 유아들에게 평범함을 특별함으로 바꾸는 즐거움을 선물한다. 빛에 관심을 가진 유아들은 빛을 어떻게 표현할까?

눈으로,
온기로,
분위기로
빛을
감각적으로 느껴 본다.

내가 느끼고 경험한 빛을
다양한 방법으로
그려 보기도 하고
창의적으로 만들어 표현해 본다.

▶ 내가 생각하는 빛을 표현해 보아요.

빛에 흥미를 보이지 않던 유아들이 '빛과 그림자 활동'에서 사용한 재료들을 탐색하면서 자신이 생각하는 빛에 대해 이야기한다.

미지: 나는 하늘 높이 떠 있는 밝은 빛이 좋아.
우식: 눈부신 빛은 사람들을 환하게 해.
지혜: 빛을 보면 따뜻하고 밝은 기분이 들어.
기철: 내가 빛이라면 태양처럼 환하게 비출 거야.
우식: 가장 밝고 뜨거운 건 태양이야. 나는 태양을 그릴 거야. 태양보다 밝은 건 없을걸.

빛 가운데 가장 밝은 태양을 그리고 황금빛으로 표현하고 싶어 교사에게 재료를 요청한다. 교사는 다양한 재료들을 지원한다.

미지: 이번엔 태양 곁의 달과 별을 구슬과 반짝이 별로 수놓아 볼 거야.
기철: 별이랑 달도 밝고 빛나잖아. 잔뜩 만들자.
지혜: 너무너무 밝아서 눈이 부셔. 황금색이 어울릴 것 같아.

▶ 강렬한 레이저를 발산하는 것은 빛이에요.

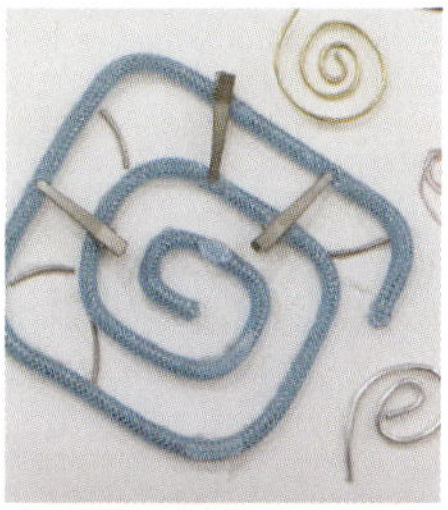

그림과 선으로 빛을 표현하던 유아들이 어떻게 하면 더 강한 빛을 낼 수 있을까를 생각하며 더 넓은 공간으로 이동한다. 빛을 통해 강렬한 에너지를 느낀 유아들은 뾰족뾰족한 모양, 뻗어나가는 선, 소용돌이 모양으로 와이어를 구부려 빛의 강렬함을 표현한다. 교사는 빛에 대한 유아들의 생각을 들으면서 관찰한다.

우식: 빛을 떠올리면 힘이 생각나. 그래서 여긴 뾰족뾰족하고 쭉쭉 뻗어나가게 연결하자.
미지: 여긴 강하고 힘이 센 느낌으로 하는 건 어때?
기철: 빛은 소용돌이 모양 같을 거야. 소용돌이가 계속 돌면 안되니까 여긴 어떻게 하지?
지혜: 모래시계로 힘을 막자. 시간의 능력으로 막아 보자. 그래야 우리가 안 다치니까.

자신들이 만든 빛의 힘을 막기 위해 조금씩 방법을 바꾸어 가며 활동을 확장시켜 나아간다.

### 물도 느낄 수 있을까?

호스에서 뿜어져 나오는 물에 관심을 보인 유아들은 물의 이름과 표정, 감정에 대해 서로 이야기한다.

수진: 물에게도 이름이 있을까?
명지: 물에게 따뜻하게 속삭이면 모양이 달라져.
수진: 그럼 물은 살아 있는 거야?
명지: 느낄 수도 있다고.
수진: 우리가 기분에 따라 표정이 변하는 것처럼 물도 기쁘거나 슬플 때 다른 표정을 짓고 있을까?

교사는 물에 흥미를 가지고 있는 유아들을 위해 『물의 메시지』 책을 소개하며 새로운 매체를 지원한다.

지유: 물은 어떤 감정을 가지고 있을까?
수현: 물이 느낄 수 있다면 자신을 아껴 주고 사랑해 줄 때 가장 행복한 표정을 짓고 있겠지?

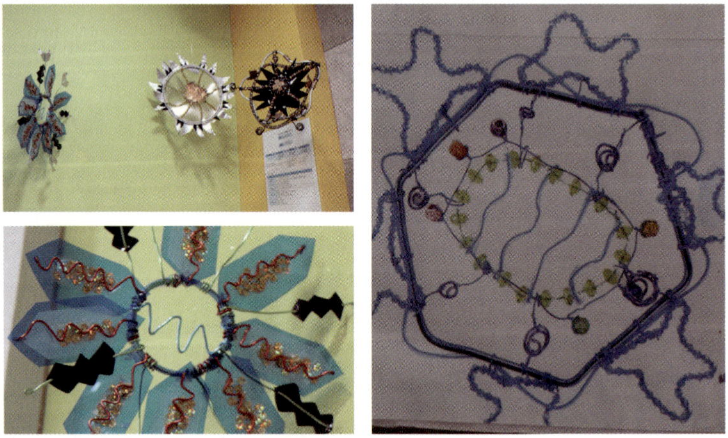

명진: 만약 우리가 물을 낭비하고 더럽힌다면….
수현: 내 곁에 있는 물은 어떤 표정을 짓고 있을까?
지유: 아마 물의 소중함을 모르는 사람들에게 화가 나서 아주 무서운 표정을 짓고 있을 거야.
명지: 그럼 내가 화난 물을 만들어 볼게.

## 고철~ 호랑이 날다

실험도구로 사용된 고철을 가지고 여러 가지 놀이를 하다 고철의 모습에 관심을 가진다. 고철들을 모양별로 나누어 보고 자석으로 붙였다가 떼어 보기도 하고, 힘에 대한 이야기를 하면서 생명을 얻게 하는 방법에 대해 이야기한다.

은경: 이건 사람들이 버리는 것 중에 가장 무거운 거.

경옥: 버린 쓸모없는 것으로 다시 만들면 힘이 생기나?

현지: 가장 힘센 것으로 다시 채워 주면 되지.

현숙: 색깔도 다 빛이 다 빠져 나갔어. 생명이 없나 봐.

은경: 생명은 우리가 담아주면 되지.

경옥: 어떻게?

병욱: 가장 힘센 동물로 다시 태어나게 하는 거야.

여러 가지 재료 중에서 강한 힘을 낼 수 있는 것들을 찾아보고 고철을 뭉쳐서 힘센 것을 표현해 보기도 한다. 이때 교사는 빛바랜 고철을 모아서 유아에게 제공하고, 힘없던 고철을 용맹스러운 호랑이로 만들어 보는 유아의 모습을 관찰한다.

려원: 너 좋아하는 동물 있니?

병옥: 나는 힘세고 덩치 큰 무서운 호랑이.

현지: 그럼 호랑이 만들어서 힘 자랑해 보자.

은경: 이번엔 무엇으로 만들지?

경옥: 음… 이건 어때? 고철?

현지: 힘이 없고 쓸모도 없는 거잖아.

병옥: 아니 아니, 힘없고 버려지는 고철로 우리가 힘센 호랑이로 변신시켜 주자.

### 또 하나의 친구 담쟁이

등원 길에 벽을 수놓은 담쟁이에 관심을 가진다. 바깥놀이 할 때에도 산책을 갈 때에도 그리고 집에 돌아갈 때에도 담쟁이 줄기에 대해 크게 이야기하며 관심을 가진다. 교사는 담쟁이를 표현한 그림을 벽에 붙여 보고 싶다고 요청한 유아와 함께 복도로 나가 유아의 이야기를 듣는다.

은영: 이거 봐 봐! 담쟁이가 길쭉길쭉해.
주은: 많아 자라서 그렇지?
은영: 그럼 이 담쟁이는 벌레랑 친구?
주은: 빛을 많이 먹어서 흡수쟁이 아닐까?
보금: 혹시 계절이 바뀌면 또 변하니까 마술사 아닐까?

유아들은 담쟁이에게 고마움을 표현한 시를 복도에 전시한다.

친구 친구 내 친구
내 친구 담쟁이
봄 여름 가을 겨울
따뜻하게 감싸는
4계절 변신쟁이
내 친구 담쟁이

출처 : 한림유치원

# Chapter 11

## 창의성 계발을 위한 유아 과학놀이의 실제

1. 활동명: 꾹꾹 자연 손수건
2. 활동명: 꼭꼭 붙어라 먼지 떨어진다.
3. 활동명: 어지러울수록 과일 물감이 멀리멀리
4. 활동명: 크레파스가 울어요.

### 활동명 ▸ 꾹꾹 자연 손수건

**놀이목표**

- 물질의 변화의 힘과, 도구를 이용하여 물질의 변화를 관찰한다.
- 패턴 규칙을 찾아봄으로써 추리력, 관찰력 향상을 도모한다.

**창의성**

- 창의적 사고 기능 : 융통성(떨어진 꽃과 나뭇잎을 오래도록 볼 수 있는 방법은 무엇일까요?)
- 창의적 사고 성향 : 자발성(활동에 적극적으로 참여하여 문제를 해결하려는 모습)

**놀이자료**

자연물, 코팅지, 동전, 돌멩이, 망치, 다양한 재질 종이(도화지, 화선지, 핸드타월), 그리기도구

## 놀이내용

**1** 바깥놀이 시간에 유아들과 유치원 앞을 산책하였다.
유아들은 바닥에 떨어진 꽃잎을 보며 이야기를 나누었다.

유아 1 : 얘들아, 여기 봐봐, 꽃잎이 다 떨어져 있네.

유아 2 : 핑크 꽃잎이야. 왜 다 떨어져 있을까?

유아 3 : 나이가 들어서 붙어 있기 힘들어서 떨어지는 거야.

유아 1 : 그럼 이제 죽는 거야? 불쌍해.

유아 3 : 응, 이제 안녕 해야 해.

유아 2 : 그럼 우리 이제 이 꽃잎 못 보는 거야?

유아 1 : 그럼 꽃을 계속 볼 수 없는 거야?

**놀이지원** 상호작용(관찰하기)

**2** 유아들은 떨어진 꽃잎을 이제는 다시 보지 못할 것이라고 생각하면서 떨어진 꽃잎을 계속 볼 수 있는 방법에 대하여 이야기 나누었다.

유아 1 : 선생님, 이 꽃이 바닥에 떨어져 죽으면 이제 볼 수 없는 거예요?

유아 2 : 우리 할아버지도 돌아가셨는데 죽으면 볼 수 없는 거야.

유아 3 : 우리 엄마도 물병에 꽃 꽂아 두었는데, 나중에 꽃이 죽었어. 이제 볼 수가 없어.

유아 2 : 선생님, 그럼 이제 꽃 오래 볼 수는 없는거예요? 계속 볼 수 있게 액자에 넣고 싶어요.

**3** 교사는 유아들이 오랫동안 볼 수 있는 방법에 대하여 다양하게 생각해 보고, 이야기를 나눌 수 있도록 정서적으로 지원해 주며, 유아들이 필요로 하는 도구나 방법에 대해 함께 이야기 나누었다.

교사 1 : 그럼 선생님이 도와줄 일이 있을까? 친구들이 필요한 것이 있으면 언제든지 선생님이 도와줄 수 있어요.

유아 2 : 선생님, 저 꽃 오래 보고 싶은데 어떻게 하면 오래 볼 수 있을까요?

유아 1 : 우리 그림 그린 것처럼 코팅해 주세요.

유아 2 : 나는 사진 찍을까?

유아 1 : 그러면 만져 볼 수 없을텐데 도장처럼 딱 찍으면 오래 볼 수 있는데

유아 3 : 선생님 저 꽃잎 위에 앉았더니 옷에 꽃모양이 생겼어요.

유아 1 : 우와 신기하다. 진짜 꽃이 살아 있는 것 같아.

**놀이지원** 상호작용(정서적 지원하기)

**4** 유아들은 꽃이 옷에 물이 들며 압화된 것을 관찰하였고, 교실에서 교사는 유아가 발견한 자료와 필요한 재료를 지원해 주고, 다양한 재료와 함께 압화 활동을 진행해 보기로 하였다.

유아 1 : 선생님, 그럼 우리 옷에도 꽃을 넣어 줄래요.

유아 2 : 오 그러면 우리 꽃이 없어져도 오래 볼 수 있겠다.

교사 : 그럼 떨어진 꽃잎 중에서 오래오래 보고 싶은 꽃잎을 교실로 가져가 볼까? 친구들이 필요한 재료를 선생님이 준비해 줄게요.

유아 1 : 꽃잎이 더 잘 보이게 흰옷이면 좋을 것 같아요.

**놀이지원** 자료의 변화(유아가 발견한 자료 지원)

**5** 떨어진 꽃잎을 주워 온 유아들은 흰 천(손수건)에 압화를 위한 방법을 이야기 나누었다. 유아들은 다양한 도구를 이용하여 압화를 경험하였고, 힘의 세기에 따라 다르게 나타나는 압화에 흥미를 가지며 활동을 하였다.

유아 1 : 조금 전에 친구처럼 엉덩이로 많이 문지르면 될까?

유아 2 : 아니 망치로 쿵쿵 두드려야 해.

유아 1 : 어 그런데 왜 나는 네 것보다 잘 안보이지?

유아 3 : 이거 진짜 열심히 쿵쿵 긁어야 해. 아니면 보이지 않아.

유아 1 : 어 그럼 블록 가져와서 긁어 봐야겠어.

유아 2 : 힘줘서 두드리니 진짜 꽃이 똑같이 손수건에 복사된 것 같아.

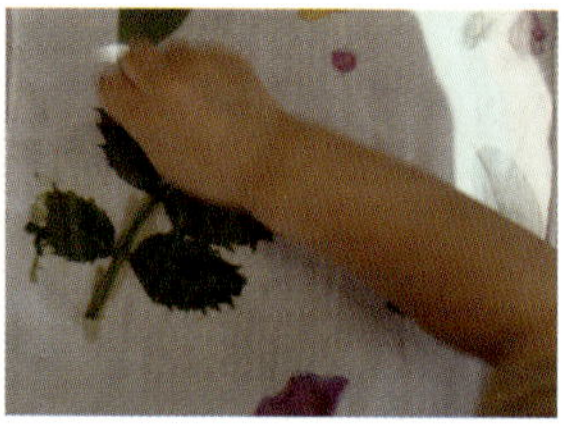

**6** 유아들은 완성된 꽃 손수건에서 다양한 도형과 패턴을 찾아보는 활동을 하였고, 친구들과 자신의 것을 비교해 보며 자신이 만든 손수건을 소개해 보았다.

유아 1 : 나는 파란색이랑 분홍색 꽃을 겹쳐서 두드렸더니, 보라색 꽃이 되었네.

유아 3 : 나는 살살 두드렸더니, 꽃잎이 반만 생겼어.

유아 1 : 네 것은 똑같은 모양의 꽃이 3개 있어.

유아 2 : 나는 핑크 꽃 4개로 큰 꽃이 되었는데 신기해.
그런데 우리 이거 꽃비 내리는 것처럼 하늘로 뿌려 볼까?

유아 1 : 선생님, 저희 이거 들고 밖에 나가서 뿌려보고 싶어요.

7 유아들은 야외로 공간을 이동하여 유아들이 만든 손수건 꽃잎들을 떨어트려 보기도 하고, 흔들며 바람을 느껴 보는 활동을 진행하였다. 그러면서 유아들은 손수건의 재질과 자신의 옷의 재질이 비슷하다며 다양한 무늬, 색이 있는 손수건을 이용하여 패션쇼 진행으로 확장하였다.

유아 3 : 진짜 꽃잎이 떨어지는 것 같아.

유아 1 : 바람이 부니깐 손수건이 흔들흔들거린다.

유아 2 : 나는 위로 던져서 떨어트려 볼래.

유아 4 : 우와 바람처럼 살랑살랑 움직여. 우리 옷이랑 느낌도 비슷하고 바지 사이에 끼어서 움직여 봐야겠다.

유아 1 : 친구들이 만든 것도 알록달록해서 옷으로 만들어도 될 것 같아.

유아 4 : 선생님 우리 패션쇼 해보고 싶어요.

유아 1 : 너희 만든 것 나한테 좀 붙여 줄래? 나도 조금 있다가 빌려줄게.

유아 2 : 나도 같이 할래!. 음악도 있었으면 좋겠다.

유아 3 : 예쁜 웨딩드레스처럼 만들어 보면 좋겠다.

유아 1 : 우와 재미있다. 우리 다음에는 큰 옷에 해보자.

**놀이지원** 공간의 변화(교실 밖으로 확장)

# 꾹꾹 자연 손수건

학번, 이름 :

날짜 :

▶ 유아들과 함께 떨어진 꽃과 나뭇잎을 오랫동안 보관할 수 있는 다른 방법들은 무엇이 있을지 생각해 보세요. 그리고 유아들에게 제시해 줄 수 있는 재료나 환경을 나무 브레인스토밍을 해보세요.

## 활동명 꼭꼭 붙어라 먼지 떨어진다.

### 놀이목표

- 전기의 힘으로 움직이는 물체에 대해 알아본다.
- 물체를 마찰시켜 만든 정전기를 이용하여 새로운 청소도구를 만들어 본다.

### 창의성

- 창의적 사고 기능 : 유창성(먼지를 많이 붙일 수 있는 방법은 무엇이 있을까요?)
- 창의적 사고 성향 : 개방성(친구들의 의견 중 먼지를 붙일 수 있는 다양한 의견 수용해 보기)

### 놀이자료

풍선, 만들기 재료, 막대기, 플라스틱 빗, 책받침, 부드러운 천, 교실에 있는 다양한 도구(정전기놀이 시 관찰), 스피커 등

### 놀이내용

1 친구의 옷에 자신의 머리카락 방향이 움직이는 모습을 보며 유아들은 정전기에 관심을 가지기 시작하였다.

유아 1 : 내 옷에 네 머리카락이 계속 붙어.

유아 2 : 아잉잉 왜 그러지. 네 옷이 나를 좋아하나 봐?

유아 1 : 다른 친구들도 되는지 해볼까?

유아 3 : 너도 ○○처럼 머리카락이 내 옷에 따라오네.

**2** 정전기가 무엇인지 이야기 나누며 어떻게 정전기가 발생하는지 자세히 관찰해 보았고, 유아들은 옷을 이용하여 정전기를 만들어 보았다. 그 후 교실에 있는 재료를 이용하여 옷에 붙여 보는 놀이를 진행하였다.

유아 1 : 왜 색종이도 계속 내 옷에 붙을까?

유아 2 : 신기해 그렇지? 너 어떻게 그렇게 한 거야?

유아 1 : 잘 모르겠는데, 좀전에 노래 들으면서 엉덩이 실룩실룩했었는데…

유아 2 : 그럼 같이 엉덩이 실룩실룩해 보고 우리 선생님한테도 해볼까?

유아 1 : 선생님, 그런데 풀칠을 하지 않았는데, 머리카락도 제 옷에 붙고, 색종이도 붙어요. 선생님이 마법 부렸어요?

교사 : 너희들이 마법을 부려서 그런가? 풀도 없는데 어떻게 붙었을까?

유아 1 : 엉덩이를 의자에 많이 비볐더니 이렇게 되었어요.

교사 : 그럼 너희들 몸에서 엉덩이 말고 다른 부분도 그렇게 되는지 해볼까요?

유아 2 : 손으로는 안 되는데, 너 어떻게 했어?

**놀이지원** 상호작용(관찰하기 / 질문하기)

**3** 유아들은 정전기를 많이 만들어 내기 위해 어떤 자료가 필요할지 찾아보며 여러 가지 재료를 이용하여 정전기를 발생시켜 보았다.

유아 1 : 여기 인형 옷이랑 하니깐 진짜 잘 붙어!

유아 3 : 블록은 잘 안 되는 것 같아. 나 팔이 아파.

유아 2 : 나 좀 봐 봐! 풍선으로 하니깐 내 머리가 하늘로 떠. 색종이도 지금 다 붙네. 이게 젤 잘 붙는 것 같아.

유아 1 : 그럼 나도 인형으로 해볼까? 이거 이렇게 다 붙는… 어, 바닥에 있는 먼지도 같이 붙는데?

유아 3 : 이거 청소기 같지 않아! 여기 다 붙네.

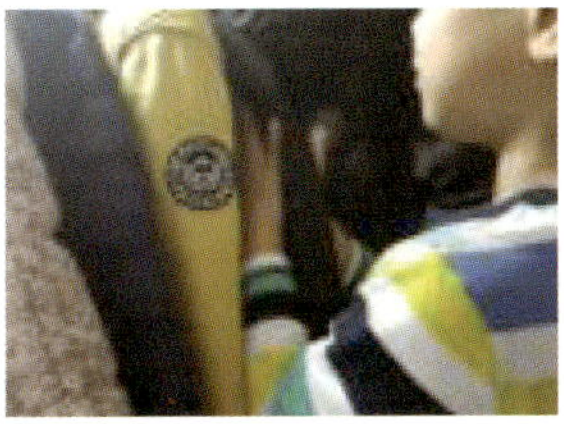  

**4** 정전기를 이용하여 먼지나 작은 물체들이 붙는다는 것을 알게 된 유아들은, 정전기를 찾아보기 위해 찾아본 재료들을 원래 사용 용도와 다르게 강제 결합하여 청소기 만들기를 계획해 보았다.

유아 1 : 우리 그럼 친구 머리 하지 말고 이걸로 교실 청소하자.

유아 2 : 그런데 인형을 어떻게 청소기로 만들지?

유아 3 : 인형 안에 솜이나 아니면 우리처럼 옷을 사용해 볼래?

유아 1 : 어떤 것이 먼지가 잘 붙었어?

유아 3 : 난 풍선. 그런데 풍선이 힘이 없나보다. 금방 떨어져. 손 잡을 곳이 없어, 손잡이는 휴지심으로 해야겠다.

유아 2 : 나는 인형 옷이랑 비슷한 부직포로 엉덩이로 문질러 볼게

유아 1 : 그럼 난 테이프로 해야겠어.

**놀이지원** 자료의 변화(유아가 결정한 자료 활용방법 지지)

**5** 유아들은 도구를 이용하여 만든 청소기를 직접 사용해보면서 부족하거나 잘못된 부분을 다시 재수정하며 만들기와 놀이를 반복하였다.

유아 1 : 테이프로 하니깐 바닥에 너무 붙어서 먼지가 다 떨어져. 테이프가 힘이 너무 센가 보다. 다른 거 다 문질러 봐야겠다.

유아 2 : 나는 정말 잘 붙어. 그런데 그냥 밀대청소기 같아 손잡이를 길게 만들어야겠어.

유아 3 : 풍선도 잘 붙어. 그런데 휴지심이랑 풍선이랑 계속 떨어지는데 이거 테이프로 붙여야겠다.

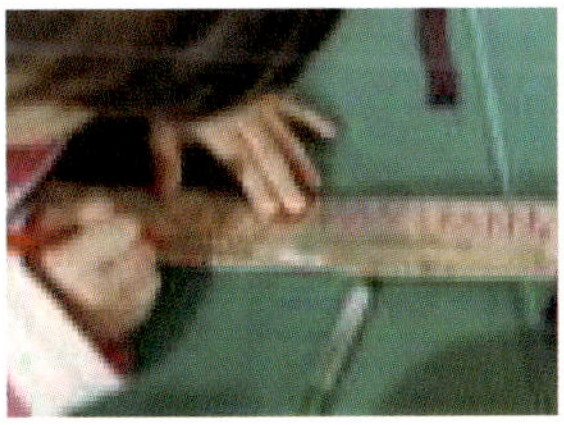 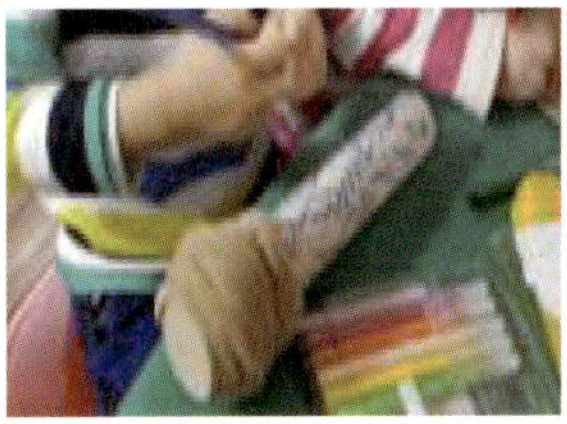 

**놀이지원** 자료의 변화(유아가 결정한 자료 활용방법 지지)

# 꼭꼭 붙어라 먼지 떨어진다.

학번, 이름 :

날짜 :

▶ 유아들이 다양한 아이디어를 생각해 낼 수 있도록 교사는 어떠한 지원을 해줄 수 있을까요?

➡ 환경적, 물리적 지원

➡ 정서적 지원

## 활동명 어지러울수록 과일 물감이 멀리멀리

### 놀이목표

- 준비된 재료를 탐색하고, 도구를 이용하여 물질의 변화를 관찰한다.
- 물질의 변화를 통해 힘과 회전력의 관계를 알아본다.
- 활동에 적극적으로 참여하고, 창의적으로 표현한다.

### 창의성

- 창의적 사고 기능 : 유창성(물감 대신 사용할 수 있는 방법은 무엇일까요?)
- 창의적 사고 성향 : 호기심(야채탈수기의 회전력을 이용하여 다양한 무늬를 만들 수 있는 방법은?)

### 놀이자료

야채탈수기, 과일, 강판, 투명컵, 주사기, 흰 도화지, 그리기도구

## 놀이내용

**1** 과일 간식을 먹으면서 유아들은 옷에 흘린 과일이 물이 들어가는 것을 보며 물감 같다고 이야기를 나누었고, 물감 대신 사용할 수 있을 것 같다며 어떠한 방법으로 과일을 사용할 수 있을지 서로 이야기를 나누었다.

유아 1 : 블루베리 물이 옷에 묻었는데 안 지워져.

유아 2 : 어 나도 과일 옷에 묻었을 때 색이 안 지워졌어.

유아 1 : 꼭 물감 같지. 그런데 물감은 지워졌는데.

유아 2 : 물감 대신 써도 되겠는데?

유아 3 : 선생님, 이거 물감 대신 써도 되는 거예요?

교사 : 물감 대신 과일을 어떻게 사용하고 싶은데?

유아 3 : 간식 먹고 남은 과일 물이랑 과일 가지고 미술놀이 하고 싶어요.

교사 : 과일을 어떻게 하면 물감처럼 사용할 수 있을까?

유아 1 : 과일 으깨서 물 사용할 거예요.

유아 2 : 저는 과일주스처럼 믹서기 사용해 보고 싶어요.

**놀이지원** 상호작용(질문하기)

**2** 교사는 유아들이 필요로 하는 재료와 도구를 제공해 주었고, 안전하게 도구를 사용해 볼 수 있도록 안내하였다. 유아들은 과일을 도구를 이용하여 변화시켜서 즙을 만들었다.

유아 1 : 나는 믹서기로 갈아 볼래.

유아 2 : 이거 토마토주스 만들 때 써 봤어. 손 조심해야 해.

유아 3 : 나는 숟가락으로 눌러도 보고, 체에다가도 해볼래.

유아 1 : 그런데 이거 뭐야? 손잡이가 있네.

유아 2 : 신기하게 생겼네. 거기 안에도 우리 과일 넣어 보자.

유아 1 : 나는 이거 두 개 넣어서 섞어 볼까?

유아 3 : 나는 과일이 많이 남아 있는데 남은 건 네가 한 것처럼 믹서기 넣어 볼까.

**놀이지원** 기타(안전)

**3** 강판, 채, 믹서기, 야채탈수기 등 다양한 도구를 탐색한 후 도구를 사용하여 과일을 즙으로 변화시켜 보았고, 새로운 도구를 경험해 보며 다양하게 활용해 보았다.

유아 1 : 토마토 컸는데 갈아버리니깐 물만 남았네.

유아 2 : 나는 강판에 안 문지르고 그냥 눌러 줄래.

유아 1 : 탈수기 안에 넣으니깐 물만 조금 나오는데 어떻게 과일 물을 모아 놓지?

유아 3 : 그럼 탈수기에 과일 많이 넣어 볼까? 그럼 물 나오는 그 물 모아서 그림 그리자.

유아 2 : 블루베리가 색이 너무 진해서 다 검정색으로 보여.

유아 1 : 선생님, 이거 우리가 돌리면 안이 잘 안보여요. 선생님이 좀 돌려 주세요.
세게 많이많이 돌려 주세요.

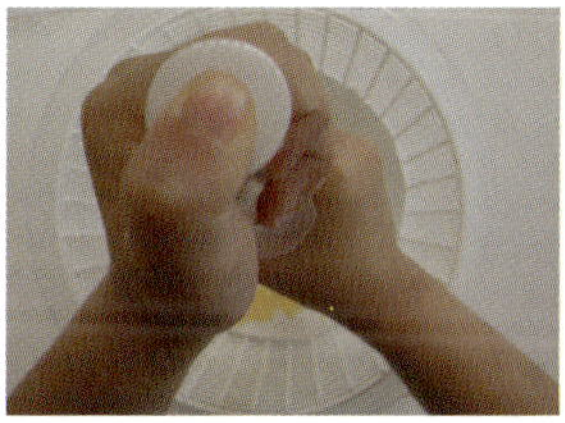

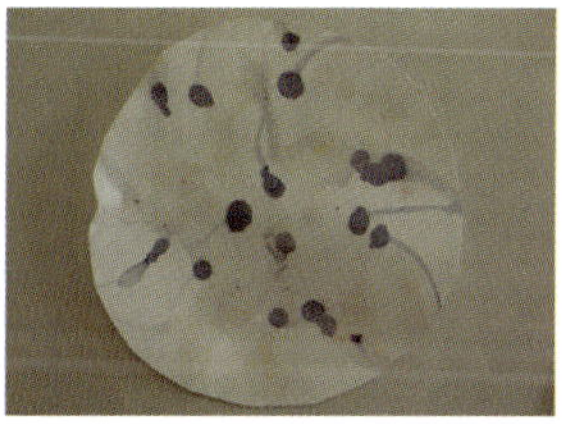

**4** 유아들이 만들어 낸 과일 즙과 야채탈수기의 회전력을 이용하여 유아들은 새로운 놀이로 확장해 갔고, 야채탈수기 안에서는 다양한 색과 모양의 모습이 표현되었다.

교사 : 탈수기 안에 열어 보니깐 그림이 그려져 있는데?

유아 1 : 어, 안에 그림이 생겼어! 그럼 여기에 종이를 넣자.

유아 2 : 큰 종이 넣어 볼까?

교사 : 그럼 선생님이 종이를 줄게요. 그럼 탈수기가 친구들 대신 그림을 만들어 주는 거네?

유아 1 : 네 그런데 우리가 조정해 줄 거예요.

유아 3 : 그럼 아까 우리 과일 물 나온 것도 여기 넣고 섞자.

유아 1 : 안에 종이를 넣으니깐 그림이 만들어졌네. 그런데 그림이 너무 크다. 무슨 그림인지 모르겠어.

교사 : 그럼 야채탈수기를 다양하게 돌려 볼까?

유아 2 : 너무 세게 돌려서 그런가 봐. 살살 돌려 보자.

유아 3 : 아니야 저거 물감이 너무 많아서 그래. 조금만 넣어.

유아 1 : 살살 돌리니깐 물감이 많이 안 움직이네..

유아 2 : 그럼 세게 돌리면 그림이 없어지겠네.

유아 3 : 아니야 조금 넣고 세 개 돌려 봐. 우와~ 재미있는 그림이 나타났네. 우리 다음에는 다른 종이에 넣어 보자.

**놀이지원** 상호작용(제안하기/놀이 참여하기)

# 어지러울수록 과일 물감이 멀리멀리

학번, 이름 :

날짜 :

▶ 본 활동에 제시되어 있는 재료를 어떻게 변경하면 유아들이 다양하게 활동을 진행할 수 있을까요?

## 활동명 크레파스가 울어요.

### 놀이목표

- 물질의 변화의 힘과, 도구를 이용하여 물질의 변화를 관찰한다.
- 친숙한 현상이나 자료를 새로운 방법으로 관찰한다.
- 도구를 활용하여 정교한 조작 운동을 할 수 있다.

### 창의성

- 창의적 사고 기능 : 정교성(다리미 사용 시 위험한 부분을 보완할 수 있는 방법은 무엇일까요?)
- 창의적 사고 성향 : 집착성(다양한 열을 내는 도구를 사용하면서 문제점 해결, 보완할 방법 찾아보기)

### 놀이자료

크레파스, 빵칼, 가위, 신문지, 다양한 색 도화지, 다리미, 드라이기

### 놀이내용

**1** 교실에 비치되어 있는 다리미를 보며 유아들은 다리미 사용 경험에 대하여 이야기를 나누었다.

유아 1 : 이거 우리 집에 있어. 다리미다.

유아 2 : 우리 다리미로 옷 구겨진 거 펴 볼까?

유아 3 : 다리미가 뜨거워서 구겨진 거 잘 펼 수 있어. 또 다른 거 펴 볼까요?

유아 1 : 선생님, 다리미 우리 진짜 사용해 봐도 돼요?

교사 : 어떤 것을 사용해 보고 싶어요? 다리미를 사용해서 오늘 해보고 싶었던 놀이를 함께 해보아요.

**놀이지원** 상호작용(제안하기/놀이 참여하기)

**2** 유아들은 교사와 함께 다양한 재료에 다리미질을 해보고 물체의 변화되는 모습을 살펴보았다.

유아 1 : 선생님 요쿠르트병은 뜨거워서 녹아버렸어요.

유아 2 : 비닐봉지는 쪼그라들었는데 이상한 냄새가 나요.

유아 3 : 신문지는 여기 색이 변해요. 오징어 냄새.

교사 : 다리미가 많이 뜨거워서 눈으로 지켜보고 식으면 만질 수 있다고 이야기해 줄게요.

**놀이지원** 자료의 변화(유아가 결정한 자료 활용방법 지지)

**3** 유아들은 스스로 다리미를 사용해 보고 싶었고, 다리미 사용 시 뜨겁고 위험한 부분에 대하여 이야기를 나누며 위험한 것을 보완할 방법에 대하여 이야기를 나누었다.

유아 1 : 선생님, 이거 우리가 그냥 사용하고 싶어요.
이 다리미에 손잡이에 표시선을 주고 하면 안돼요?

유아 2 : 여기 바닥이 뜨거워서 바닥에 얼음판을 만들까?

유아 1 : 그러면 안 뜨거워져서 다릴 수가 없어.

유아 2 : 아니면 우리가 한 번에 할 수 있는 작은 다리미가 있었으면 좋겠다. 그렇지?

유아 3 : 나는 혼자서 큰 다리미 할 수 있는데 옆에 친구들 못 오게 칸막이 만들어서 순서 있으면 될 것 같은데.

**놀이지원** 기타(안전)

**4** 다리미를 안전하게 사용할 수 있는 방법에 대해 이야기를 나눈 후 유아들은 다시 미술놀이에 관심을 가지며 종이와 크레파스를 꺼내었고, 빵칼, 강판에 크레파스 가루를 갈아서 크레파스 가루 그림을 나타냈다.

유아 3 : 아 재미없어. 나는 그냥 크레파스로 그림 그릴래.

유아 1 : 크레파스 그냥 색칠하니깐 재미없지.
우리 과일 가는 것처럼 한번 갈아 볼래?

유아 2 : 느낌 좋아 부드러워.

유아 1 : 보들보들한데, 신기해. 여기는 많이 해야지.

유아 3 : 빵칼로 하려니깐 너무 크게 잘리는데.

**놀이지원** 기타(안전)

**5** 크레파스 가루 활동을 하며 구겨진 종이를 펴기 위해 다리미를 사용하는 방법을 생각해 내었다. 다리미를 사용하면서 크레파스가 녹는 모습을 관찰하던 유아들은 다양한 도구로 크레파스를 녹이는 활동으로 확장되었다.

유아 1 : 크레파스를 갈다 보니깐 종이가 다 구겨져 버렸어.

유아 2 : 나도 찢어지고 구겨졌어. 코팅하고 싶어.

유아 1 : 선생님, 다리미로 여기 펴 보고 싶어요.

유아 2 : 저는 코팅할래요.

유아 1 : 선생님, 다리미로 하니깐 크레파스가 녹아 버렸어요.

유아 3 : 나도 볼래. 크레파스가 다리미에 녹아서 다리미 물감이 되어 버렸네.

유아 2 : 그럼 나는 코팅해 볼래.

 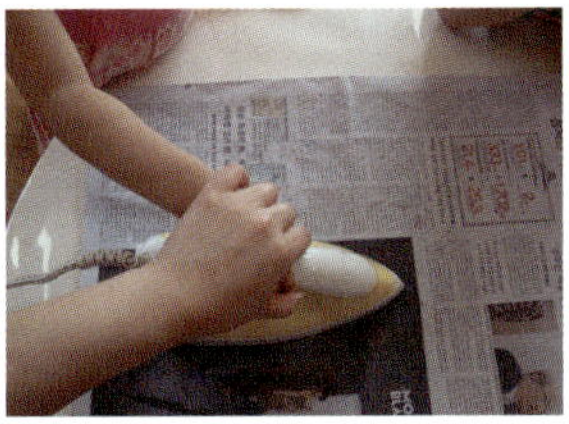 

6 크레파스를 변화시켜 작품을 만들어 보았고, 친구들과 자신이 만든 방법, 아쉬운 부분을 이야기하였다.

교사 : 애들아 너희 지금 놀이를 하면서 혹시 선생님이 준비해 줄 것이나 필요한 것이 있었니?

유아 1 : 다리미가 크레파스를 녹였는데 계속 다리미에 붙어서 다른 곳까지 색깔이 묻어 버렸어요.

유아 2 : 나는 코팅하니깐 손에 묻지도 않았는데.

유아 3 : 나는 다리미 사용하니 무섭고 전자레인지나 오븐에 넣어 보고 싶어요. 빵 굽는 것처럼요.

교사 : 그럼 다리미 말고 다양하게 열을 내는 도구를 이용해 볼까?

 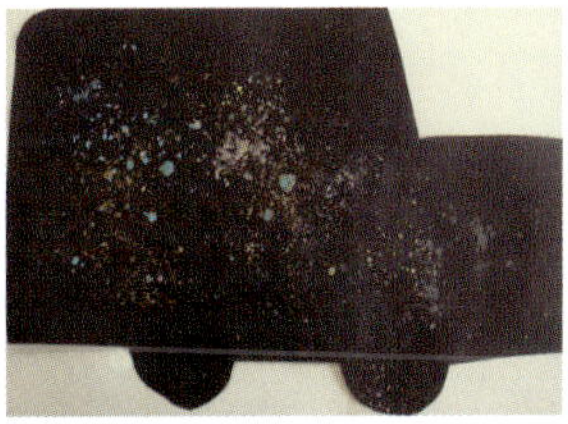 

**놀이지원** 상호작용(제안하기/놀이 참여하기)

# 크레파스가 울어요.

학번, 이름 :

날짜 :

▶ 본 활동 시 크레파스를 변화시킬 수 있는 도구 중 단점을 찾아내 보고, 보완할 수 있는 다양한 방법을 제시해 주세요.

➡

# Chapter 12

## STEAM 기반 유아 과학놀이의 실제

1. 활동명: 서양의 몬드리안과 동양의 만다라 속 색을 찾아라.
2. 활동명: 나는야 과일박사, 과일로 작품도 만들어요.
3. 활동명: 무지갯빛 물탑 목걸이
4. 활동명: 내 손가락 속 비밀이야기

| 활동형태 | 소집단 | 내용적 융합 | S,T,E,A,M | 연령 | 만 5세 |
|---|---|---|---|---|---|

| S | T | E | A | M |
|---|---|---|---|---|
| 작품 속 다양한 색 찾기, 색 혼합 | 몬드리안 작품의 구조 이해하기 만다라 작품 설계 | 색 측정 앱 및 색 혼합 앱 스마트 디바이스 활용 | 몬드리안 작품 감상, 다양한 색의 만다라 만들기 | 색의 위치 및 공간 이해하기, 만다라 색 패턴 |

### 활동명 서양의 몬드리안과 동양의 만다라 속 색을 찾아라

#### 활동목표

- 몬드리안 작품 속의 다양한 색, 색의 위치 및 공간에 대해 안다.
- 색 측정 앱 스마트 디바이스를 활용하여 색의 혼합에 대해 이해할 수 있다.
- 색 혼합 앱 스마트 디바이스를 활용하여 색을 혼합하여 다양한 색을 만들 수 있다.
- 색 혼합을 이용하여 만다라 작품을 창의적으로 만들 수 있다.
- 몬드리안 작품과 자신이 만든 만다라 작품을 감상한다.

## 누리과정 관련요소

- 자연탐구 : 생활 속에서 탐구하기 - 물체의 특성과 변화를 여러 가지 방법으로 탐색한다.
- 자연탐구 : 생활 속에서 탐구하기 - 일상에서 길이, 무게 등의 속성을 비교한다.
- 자연탐구 : 생활 속에서 탐구하기 - 도구와 기계에 대해 관심을 가진다.
- 예술경험 : 창의적으로 표현하기 - 다양한 미술재료와 도구로 자신의 생각과 느낌을 표현한다.

## 자료

- 피에트 몬드리안 작품, 만다라 그림자료, 색 스티커, 삼각날 스피너, 만다라 활동지, 사인펜, on Color Measure 앱 스마트 디바이스, Real Color Mixer 앱 스마트 디바이스

## 활동내용

### 1단계 상황제시

**1** 〈12 색상환 탐색하기〉

여러 가지 색에 대해 관심을 가지고 있던 유아들은 색상환을 보며 자신들이 모르는 색에 대해 이야기하였다.

유아 1 : 얘들아, 이 그림 한번 봐 봐.

유아 2 : 우와~ 예쁘다. 꼭! 무지개 같네.

유아 3 : 그런데 무지개색 말고도 다른 색도 있어.

유아 1 : 이 색 이름이 청록이었구나.

**자료** 색상환

**2** 〈색 혼합에 대한 궁금증 이야기 나누기〉

새로운 색을 탐색한 유아들은 그 색에 어떤 색이 혼합되었는지 궁금하였다. 그리고 색을 주제로 한 그림책 『색 마법의 나라』를 감상하였다. 그림책을 감상한 유아들은 색을 만들어 보기로 하였다.

유아 1 : 나 이 색깔 물감으로 한번 만들어 보고 싶었는데.

유아 2 : 나도. 근데 무슨 색이 들어 있는지 모르겠어.

유아 3 : 무슨 색 섞였는지 알 수 있으면 좋은데. 그냥 막 섞었더니 그냥 검정색 되더라.

유아 1 : 그거 알 수 있는 거 있어!!

유아 2 : 우와 ~ 우리 한번 해보자.

**그림책 『색 마법의 나라』**

색이가 사는 이상한 색나라에서는 3가지 색만 볼 수 있었대요. 빨간색, 초록색, 파란색만 볼 수 있는 색이는 너희들이 사는 세상에 와서 깜짝 놀랐어요. 색이가 모르는 색이 너무 많아서 말이에요.
어느 날 귤색인 '귤'을 보고 놀란 색이는 "난 빨강색만 알고 있는데, 대체 너희 나라의 귤은 빨간색이 얼마나 들어가 있는 거야? 귤에는 빨간색 말고 또 다른 색은 얼마나 들어 있는 거지?" 하고는 너무너무 궁금해했답니다.

**3** 〈색 측정 앱 스마트 디바이스 활용: 색상환 이해하기〉

색을 만들기 위해 유아들은 '색 측정 앱'을 활용하여 여러 가지 색 혼합을 경험하였다. 색의 농도에 따라 색이 변화하는 것에 흥미를 가지며 계속 활동을 진행하였다.

유아 3 : 우와 진짜 신기해 ~ 세상 모든 색깔 다 알 수 있을 것 같아.

유아 1 : 그치? 우리 이 색에 뭐 들어 있는지 한번 찾아보자.

유아 2 : 좋아, 좋아~ 신난다.

**자료** '색 측정 앱' 카메라를 사용하여 색깔을 감지하고, 색깔에 대한 정보를 제공해 주는 앱

2단계 창의적 설계

**4** 〈몬드리안 작품에 대해 이야기 나누기〉

색 혼합에 대한 관심이 지속된 유아들은 몬드리안 작품을 관찰하며 이전 경험들에 대한 이야기를 함께 나누었다.

유아 1 : 근데 저 동그라미 그림, 나 어디 책에서 본 화가 그림이랑 비슷한 거 같아.

유아 2 : 난 어디 유리에서 본 것 같은데.

유아 3 : 난 우리 집 냉장고!! 냉장고에 저렇게 나누어져서 그림 그려져 있어.

유아 4 : 진짜?

유아 1 : 선생님, 저 조각조각 나누어진 그림.. 색깔 있는 거 그런 그림 있지 않아요?

**자료** 몬드리안 작품

**5** 〈색 측정 앱 스마트 디바이스 활용: 몬드리안 작품의 색 분석하기〉

몬드리안 작품을 감상한 유아들은 관찰한 색에 대해 분석하기 시작하였다. 그리고 '색 측정 앱'을 활용하여 몬드리안 작품의 색을 만들기 시작하였다.

유아 1 : 봐봐 ~이 그림 진짜 저거랑 비슷하지.

유아 2 : 저건 동글동글한데, 이건 네모야 네모.

유아 1 : 색깔은 비슷한 것 같은데.

유아 3 : 색깔 찾아보는 걸로 한번 해보자!

유아 1 : 이 그림에 초록색이 얼마나 있는지 찾아보자.

유아 2 : 그럼 난 노란색 얼마나 있는지 해볼래.

유아 3 : 같이 한번 해보자.

**자료** '색 측정 앱' 카메라를 사용하여 색깔을 감지하고, 색깔에 대한 정보를 제공해 주는 앱

**6** 〈삼각날 스피너 활용: 색 혼합 관찰하기〉

색 혼합을 확장하여 유아들은 삼각날 스피너를 사용해 보기로 하였다. 스피너를 돌리면서 색이 어떻게 변화하는지 관찰하고, 유아들이 직접 스피너의 색깔을 만들어 보기로 하였다.

유아 3 : 얘들아, 나 스피너 가지고 왔는데, 스피너로 빙글빙글 돌려서 색깔 맞추기 해볼래?

유아 1 : 우와 그거 진짜 재미있겠다.

유아 2 : 근데, 색깔 있어?

유아 1 : 색연필이나 사인펜으로 색칠하면 안 돼?

유아 2 : 그거 안 지워지면 속상하지 않을까?

**자료** 스피너 색 스티커

**7** 〈색 혼합 앱 스마트 디바이스 활용: 색을 혼합하여 다양한 색 만들기〉

삼각날 스피너에 색을 만들어 돌려 보며 다양한 색 혼합을 경험한 유아들은 '색 혼합 앱'을 활용하여 또 다른 색을 만들어 보았다.

유아 1 : 보라색 만들려면 무슨 색, 무슨 색 섞어야 하지?

유아 2 : 아까 그 색깔 찾는 걸로 해볼까?

유아 3 : 거기서 봤는데, 빨간색이랑 파란색이었던 것 같아!

유아 1 : 색깔 한번 섞어 보자. 색연필로 색깔 섞어 볼게.

유아 2 : 어어 ~ 색깔이 바뀌는데 잘 모르겠다.

유아 3 : 맞아 ~ 물감도 없고. 어떻게 해보지?

**자료** 'Real Color Mixer' 색 혼합 APP
원하는 색을 비율에 따라 혼합해보는 어플로, 마음대로 색을 만들어 볼 수 있는 앱

**2단계 감성적 체험**

**8** 〈다양한 색이 들어간 만다라 만들기〉

색 혼합에 대한 지식을 습득한 유아들은 자신들도 몬드리안처럼 작품을 구성하기를 원하였고, 교사에게 요청하였다. 교사는 유아들과 함께 어떻게 하면 좋을지에 대해 이야기를 나누었고, 만다라 활동을 통해 유아들이 경험한 다양한 색을 표현해 볼 수 있도록 지원하였다.

유아 1 : 나도 몬드리안처럼 멋진 그림 그려보고 싶다.

유아 2 : 나도. 근데 그림 그리는 건 어려운 것 같아.

유아 3 : 색칠만 한 번 해보고 싶다.

유아 1 : 음, 어쩌지?

유아 2 : 선생님께 도와달라고 해보자!

**자료** '만다라 도안'

**9** 〈자신이 만든 만다라 작품 소개하고 감상하기〉

다양한 색을 사용하여 창의적으로 만다라 작품을 완성한 유아들은 자신의 작품을 소개하고 서로 공유하였다.

유아 1 : 우와 ~ 멋지다. 그림에 이름도 지어 줬네.

유아 2 : 응. 꽃에 만두야. 만두에 꽃이 있는 것 같지?

유아 3 : 내 거는 알록달록 여러 가지 색깔이 있으니까 무지개로 할래.

유아 1 : 난 이름을 뭐로 하면 좋을까?

유아 2 : 음~ 노란색이 많으니까 그걸로 이름 정해 볼까?

유아 1 : 좋은 생각인 것 같아!

**10** 〈색 측정 앱 스마트 디바이스 활용하기: 만다라 색 분석하기〉

서로의 작품을 공유하고 상호작용하며 작품을 분석하였고, '색 혼합 앱'을 통해 만다라 작품과 비교하며 앱으로 색을 만들어 보았다.

유아 1 : 우리 그림에 누가 노란색이 제일 많지?

유아 2 : 너 그림 아니야?

유아 3 : 한번 찾아보자.

유아 1 : 아까 색 찾아보던 거 그거 해보자.

유아 2 : 좋아! 사인펜으로 색칠했더니 색깔들이 달라.

유아 3 : 그래그래 !

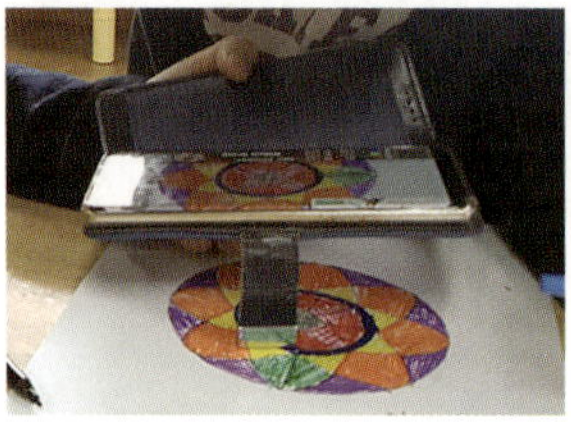

자료 '색 측정 앱' 카메라를 사용하여 색깔을 감지하고, 색깔에 대한 정보를 제공해 주는 앱

3단계 문제해결에 대한 결론짓기

**11** 〈활동에 대한 마무리 및 생각 키우기〉

유아들은 교실에 있는 그림이나 교구 등에서 다양한 색을 찾는 활동을 하며 놀이를 확장하였다.

유아 1 : 우리 이걸로 교실에 있는 다른 그림들도 색을 찾아보자.

유아 2 : 좋아. 무슨 색이 가장 많은지 한번 해보자.

### 활동평가

- 몬드리안 작품 속의 다양한 색, 색의 위치 및 공간에 대해 알게 되었는가?
- 색 측정 앱 스마트 디바이스를 활용하여 색의 혼합에 대해 이해하였는가?
- 색 혼합 앱 스마트 디바이스를 활용하여 색을 혼합하여 다양한 색을 만들 수 있었는가?
- 색 혼합을 이용하여 만다라 작품을 창의적으로 만들 수 있었는가?
- 몬드리안 작품과 자신이 만든 만다라 작품을 감상하였는가?

| 활동형태 | 소집단 | 내용적 융합 | S,T,E,A,M | 연령 | 만 5세 |
|---|---|---|---|---|---|

| S | T | E | A | M |
|---|---|---|---|---|
| 과일, 마른 과일 관찰 및 탐색, 과일의 상태 변화 | 과일건조기와 드라이기 기계 활용 | 스마트 디바이스를 활용한 수분/당/염도 측정 | 창의적인 과일 작품 만들기, 색, 모양, 질감 변화 | 수분량 측정, 당도 측정, 염도 측정 |

**활동명** ▶ **나는야 과일박사, 과일로 작품도 만들어요.**

### 활동목표

- 과일과 마른 과일을 관찰하고 상태를 변화시킬 수 있다.
- 수분/당도/염도 측정 스마트 디바이스를 활용하여 과일의 수분, 당도, 염도를 측정할 수 있다.
- 드라이기와 과일건조기를 활용하여 과일을 건조시킬 수 있다.
- 마른 과일을 이용하여 창의적인 주세페 작품을 만들 수 있다.

### 누리과정 관련요소

- 자연탐구 : 생활 속에서 탐구하기 – 물체의 특성과 변화를 여러 가지 방법으로 탐색한다.
- 자연탐구 : 생활 속에서 탐구하기 – 일상에서 길이, 무게 등의 속성을 비교한다.
- 자연탐구 : 생활 속에서 탐구하기 – 도구와 기계에 대해 관심을 가진다.
- 예술경험 : 창의적으로 표현하기 – 다양한 미술 재료와 도구로 자신의 생각과 느낌을 표현한다.

### 자료

- 다양한 종류의 과일, 수분/당도/염도 측정 스마트 디바이스, 드라이기, 과일 건조기, 작품 판, 목공본드 등

## 활동내용

### 1단계 상황제시

**1** 〈과일 속에 대한 이야기 나누기〉

유아들은 간식으로 나온 사과를 먹으며, 과일에 대해 이야기를 나누었다. 그리고 과일의 속에 대해 관심을 가지기 시작하였다.

유아 1 : 너는 무슨 과일 좋아해?

유아 2 : 나는 사과.

유아 3 : 나는 귤~

유아 4 : 나는 바나나~~~

유아 1 : 사과 씨 본 적 있어?

유아 2 : 어! 나 그때 집에서 사과 잘라서 봤어. 진짜 작았어.

자료 다양한 과일

**2** 〈다양한 종류의 과일 속 탐색하기〉

과일 속에 대해 관심을 가진 유아들을 위해 교사는 여러 가지 과일을 탐색할 수 있는 환경을 제공하였다. 유아들은 과일을 자르고 겉과 속을 관찰하고 비교하였다.

유아 1 : 우와 ~ 여기 과일 많다.

유아 2 : 먹어 봐도 될까?

유아 3 : 응~

유아 4 : 우와~ 달콤해 맛있어.

유아 1 : 이거 봐봐~ 바나나도 씨가 있어?

유아 2 : 어~ 이거 꼭 씨처럼 생겼다.

2단계 창의적 설계

**3** 〈과일을 건조시키는 방법 이야기 나누기〉

과일에 대한 다양한 이야기를 나누던 유아들은 제철과일이 아닌 과일은 어떻게 먹을 수 있을까에 대해 고민하였다.

유아 1 : 난 딸기가 너무 좋은데, 딸기는 여름에는 못 먹어서 속상해.

유아 2 : 어! 그럼 딸기과자 먹으면 되잖아.

유아 3 : 딸기 맛 나는 과자?

유아 2 : 그것 말고 모양도 딸기랑 똑같은데 과자처럼 생긴 것 있어.

유아 1 : 와~ 그건 어디에 파는데?

유아 2 : 어디에서 말려 주는 것 같던데?

유아 4 : 말려? 머리 감고 나서 말리는 것처럼 말려?

유아 1 : 드라이기?

유아 2 : 드라이기도 되지 않을까?

유아 3 : 엄마가 어디에 기계에 넣어서 말리는 거 봤어. 우리도 한번 해보고 싶다.

**자료** 과일건조기, 드라이기

**4** 〈도구를 활용하여 마른 과일 만들기〉

과일을 말려서 먹은 경험을 한 유아의 제안으로 유아들은 과일을 말리면 어떻게 될까 궁금해 하였고, 교사는 과일건조기를 지원하며, 유아의 궁금증을 함께 해결해 나갔다.

**5** 〈수분 측정 스마트 디바이스 활용: 과일 속 수분 측정하기〉

과일에 관한 다양한 경험을 하던 중 과일의 맛에 대해서도 관심을 가졌다. 과일의 맛을 이야기하던 중 과일에 수분이 들어 있다는 지식 습득을 통해 과일 종류에 따른 수분의 양을 확인해 보고 싶어 하였다.

유아 1 : 난 바나나는 너무 퍽퍽해서 싫어해.

유아 2 : 나는 바나나 달콤해서 좋은데.

유아 1 : 나는 물 많은 배가 좋아.

유아 3 : 근데 과일에 물이 많은지 안 많은지 어떻게 알아?

유아 1 : 저기에 물 얼마나 있는지 알아보는 기계 있던데 써볼래?

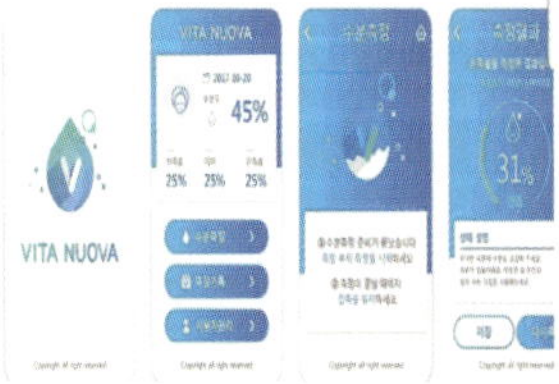

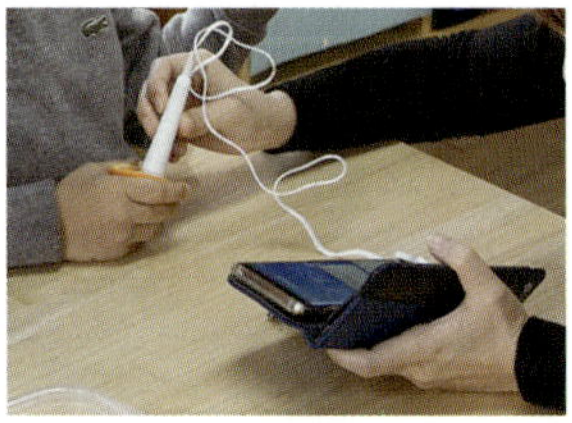

**자료** 'vita nuova 수분 측정기와 앱'
피부 수분 상태를 측정할 수 있는 피부 수분 측정기 및 앱
현재의 피부 수분 상태와 계절별 날씨에 따른 피부 수분 변화를 확인할 수 있는 앱

**6** 〈당도 측정 스마트 디바이스 활용: 과일 속 설탕량 측정하기〉

과일의 맛에 대한 관심은 지속되었고, 과일 안에 있는 당도에 대해서도 알게 되었다. 그리고 '당도 측정' 기기를 활용해 보는 경험을 하였다.

유아 1 : 얘들아~ 나 재밌는 것 찾았어.

유아 2 : 어떤 거야?

유아 1 : 안 먹어 보고도 과일이 맛있는지 안 맛있는지 알 수 있어!

유아 3 : 그게 뭐지?

유아 1 : 이걸로 보면 과일이 얼마나 단지 알 수 있거든.

유아 4 : 우와 좋다~ 난 신 과일은 싫거든.

유아 2 : 우리 이거 다 한번 해보자!

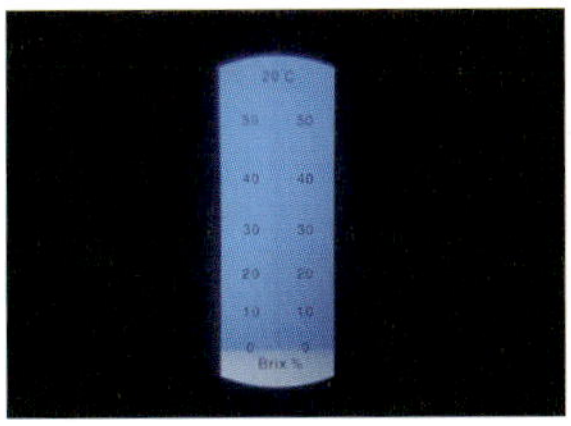

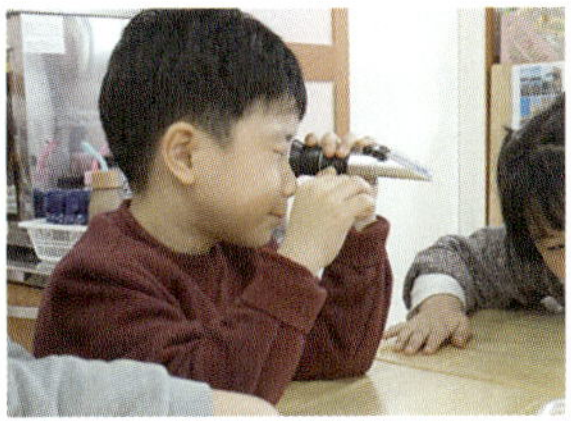

**자료** 'SB-32atc 당도 측정기'
32%의 당도를 측정할 수 있는 당도 측정기로, 과일이나 음료 등의 당도를 측정할 수 있다.

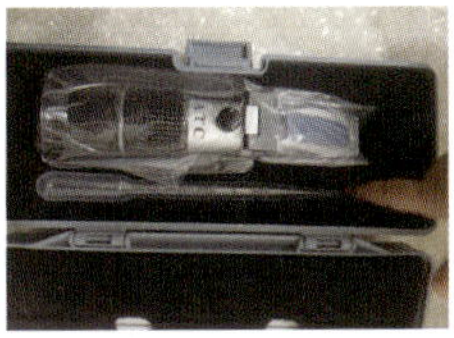

**7** 〈염도 측정 스마트 디바이스 활용: 과일 속 소금량 측정하기〉

유아들은 과일 맛에 대한 이야기를 통해 과일은 단맛도 있지만 짠맛도 있다는 사실을 알게 되었다. 당도 측정 기기를 사용해 본 경험으로 염도 측정도 가능한 것을 발견한 유아들은 과일의 염도도 측정하였다.

유아 4 : 얘들아 과일은 왜 어떤 과일을 먹으면 짠맛이 나지?

유아 3 : 손 안 씻고 손으로 집어 먹어서 그건 거 아니야?

유아 2 : 과일에도 소금이 들어가 있나?

유아 1 : 과일에 누가 소금을 넣어~

유아 4 : 난 토마토 먹을 때 좀 짠 것 같은데.

유아 2 : 소금이 있는지 없는지 한번 찾아보면 되지~

유아 3 : 아! 그때 소금 있는지 없는지 알아보는 거 한번 써보자.

**자료** 'NFC 스마트 나트륨 케어 측정기와 앱'
근거리무선통신(NFC)을 활용하여 나트륨을 측정해 볼 수 있는 앱으로, 음식물의 정확한 나트륨 수치와 나트륨의 정도(높음, 보통, 낮음)를 나타낸다.

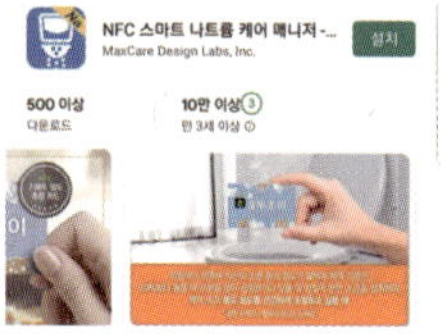


2단계 감성적 체험

**8** 〈말린 과일 감상하기〉

교사는 며칠 전 건조기를 통해 말린 과일을 유아들에게 보여주었다. 유아들은 말린 과일을 관찰하고 맛을 보았다.

유아 1 : 우와~ 이거 우리가 저번에 말린 과일이다.

유아 2 : 사과도 있고, 대추도 있고.

유아 3 : 내가 좋아하는 고구마도 있어!

유아 4 : 음 맛있다~ 달콤해.

유아 1 : 딱딱하다. 그치?

유아 2 : 근데 과자 같지?

**9** 〈말린 과일을 이용하여 주세페가 되어 작품 만들기〉

말린 과일을 먹던 유아들은 말린 과일의 모양에 대해 관심을 가졌고, 어떻게 생겼는지 이야기 나누며 놀이를 확장하였다. 교사는 '주세페 아르침볼도'의 작품을 제시하였고, 유아들은 작품을 통해 말린 과일로 자신들만의 작품을 만들었다.

유아 1 : 얘들아~ 이거 대추 꼭! 파마 머리 같지?

유아 2 : 고구마는 긴 생머리 같아.

유아 3 : 우리 이걸로 얼굴 만들어 볼래?

유아 4 : 그 이상한 얼굴 그림처럼?

유아 1 : 응! 한번 만들어 보자~

유아 2 : 좋아. 너무 재미있겠다.

자료 주세페 아르침볼도의 작품

(1527?~1593)

이탈리아의 화가. 1562년 프라하로 가서 페르디난트 1세, 막시밀리안 2세, 루돌프 2세의 3대를 섬기는 궁정화가로서 1582년까지 체재했다. 약 20점의 유화와 많은 소묘를 남겼는데, 동물과 식물을 아울러 사람의 머리를 형용한 괴기한 환상화 《여름》, 《겨울》, 《물》, 《불》 등으로 유명하다.

[네이버 지식백과] 주세페 아르침볼도 [Giuseppe Arcimboldo]

3단계 문제해결에 대한 결론짓기

**10** 〈활동에 대한 마무리 및 생각 키우기〉

자신만의 주세페 작품을 완성한 유아들은 서로의 작품을 감상하고 공유하였다.

유아 1 : 과일로 그림 그려 보니까 재미있어.

유아 2 : 너는 누구 얼굴이야? 이름이 뭐야?

유아 3 : 난 토끼야. 너는 할아버지 만든 거야?

유아 2 : 응. 근데 그냥 과일로 하면 물 많아서 딱 붙어서 좋을 것 같긴 한데.

유아 3 : 그럼 색깔이 안 예쁘게 변하잖아.

유아 4 : 그래도 우리 다음에는 그렇게 해보자.

### 활동평가

- 과일 속의 수분, 염도, 당도 등에 대해서 알게 되었는가 ?
- 문제 해결을 위해 시의적절하게 디바이스를 활용하였는가?
- 건조시키는 다양한 방법을 생각하고 적용해 볼 수 있었는가?
- 말린 과일을 이용하여 주세페 아르침볼도의 작품을 창의적으로 만들 수 있었는지?
- 주세페 아르침볼도 작품과 자신이 만든 작품을 감상하였는가?

| 활동형태 | 소집단 | 내용적 융합 | S,T,E,A,M | 연령 | 만 5세 |
|---|---|---|---|---|---|

| S | T | E | A | M |
|---|---|---|---|---|
| 염도에 따른 부력 차이 | NFC 염도카드 | 염도 측정 디바이스 및 색 혼합 APP 활용 | 색변화 및 혼합, 색탑 쌓기 | 염도 측정, 무게 측정 |

## 활동명 무지갯빛 물탑 목걸이

### 활동목표

- 소금의 양에 따른 염도의 차이를 안다.
- 스마트 디바이스를 활용하여 염도와 무게를 측정하고 비교할 수 있다.
- 내가 원하는 색의 물탑을 쌓을 수 있다.
- 색을 혼합하여, 내가 원하는 다양한 색을 만들 수 있다.

### 누리과정 관련요소

- 자연탐구 : 생활 속에서 탐구하기 - 물체의 특성과 변화를 여러 가지 방법으로 탐색한다.
- 자연탐구 : 생활 속에서 탐구하기 - 일상에서 길이, 무게 등의 속성을 비교한다.
- 자연탐구 : 생활 속에서 탐구하기 - 도구와 기계에 대해 관심을 가진다.

### 자료

- 물, 비커, 소금, 계란, 전자저울, NFC염도카드, 색혼합 APP, 시험관, 스푼, 지우개, 작은 공, 집게, 자석

## 활동내용

### 1단계 상황제시

1 〈여러 가지 재료를 활용하여 창의적으로 배 만들기〉

종이접기로 배를 접던 유아들은 여러 가지 재료를 사용하여 배를 만들기 시작하였다.

유아 1 : 얘들아, 우리 배 만들어 보자.

유아 2 : 나는 이것으로 만들어 볼래.

유아 3 : 나는 휴지 심으로 만들어 봐야지.

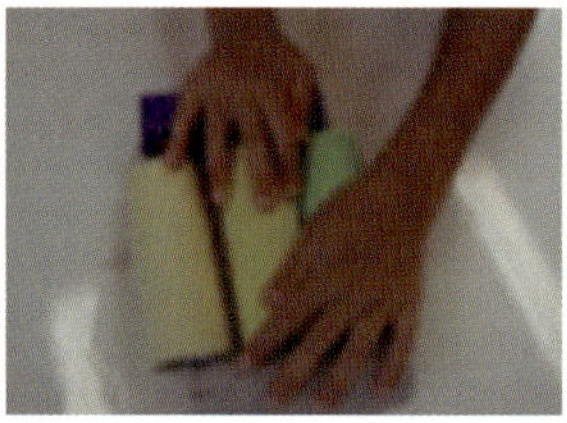

2 〈직접 만든 배를 물에 띄워 보기〉

물놀이 중 자신들이 만든 배가 물에 뜨는지 궁금하였고, 만든 배를 가져와서 물에 띄워 보기로 하였다.

유아1 : 내 껀 물 위에 뜬다. 앞으로 빨리 가.

유아2 : 내 것도 넣어 볼래.

유아3 : 너는 왜 안 뜨지?

유아2 : 맞아. 내 것은 안 뜨네. 왜 안 뜨지?

유아1 : 너무 커서 안 뜨는 것 아니야?

유아3 : 내가 더 큰데? 그럼 내꺼 띄워 볼까?

유아1 : 떠~ 떠!

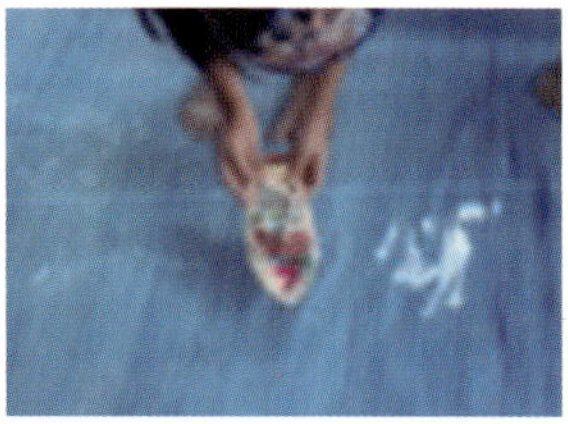

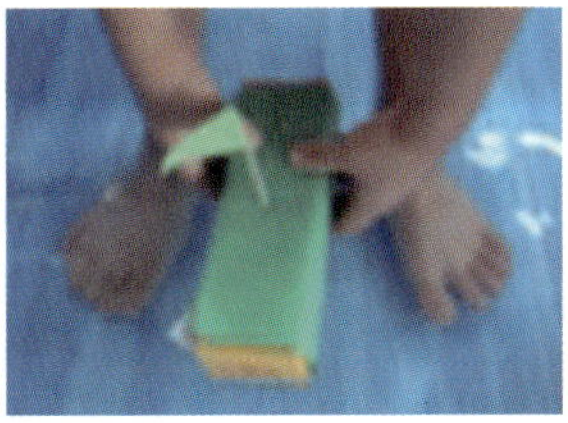
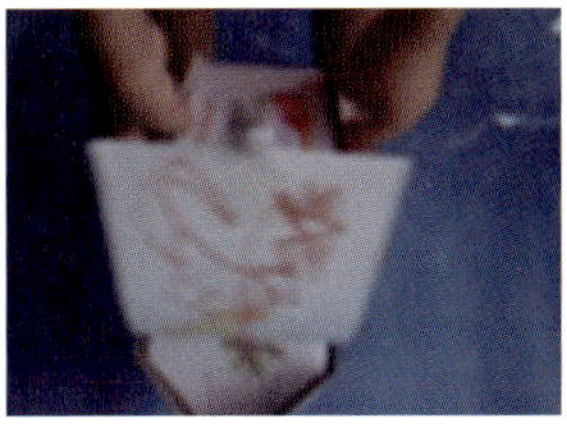

**2단계 창의적 설계**

**3** 〈물에 뜨는 것에 대해서 이야기 나누고, 직접 실험해 보기〉

배놀이를 근거로 유아들은 물에 뜨는 것과 가라앉는 것에 대해 관심을 가졌다. 그리고 주변의 다양한 물건들을 가져와서 실험해 보았다. 유아들은 자신들의 예측과 달리 물에 뜨는 것과 가라앉는 물건이 다름을 발견하고 왜 그런지에 대해 의문을 가졌다.

유아 1 : 얘들아, 우리 이것도 넣어 보자!

유아 2 : 지우개도 넣어 볼래.

유아 3 : 작은 공도 넣어 볼까?

유아 4 : 집게랑 자석도 넣어 보자.

유아 1 : 작은 공은 물 위에 뜨네, 비닐도 뜨는데.

유아 2 : 근데 지우개랑 집게랑 자석은 왜 안 뜨지? 이것이 더 작은데?

유아 3 : 물놀이 가면, 아빠 튜브가 우리보다 더 큰데 물 위에 뜨잖아.

유아 4 : 작다고 물에 뜨는 건 아닌가 봐.

유아 1 : 그럼 무거운 것은 물에 뜰 수 없는 거야?

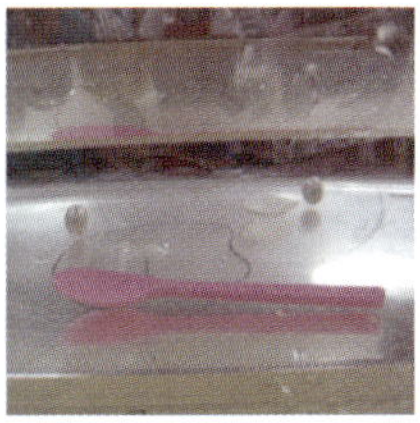

**자료** 수조, 지우개, 공, 집게, 자석, 플라스틱 숟가락, 스티로폼 등 물에 넣어 볼 수 있는 다양한 재료들

**4** 〈실험: 계란을 물에 띄워 보기〉

물에 뜨는 것과 가라앉는 것에 대한 문제를 발견한 유아들은 문제를 해결하기 위해 방법을 제안하고 실험을 하였다.

유아 1 : 우리 오빠가 지난번에 지우개 물에서 위로 올라오게 하는 것 본 적 있어.

유아 2 : 지우개를 어떻게 하는지 봤어? 우리 계란으로 해볼까?

유아 1 : 기억이 안 나.

유아 3 : 근데 나 텔레비전에서 사해바다 본 적 있는데.

유아 1 : 사해바다? 그게 뭐야?

유아 3 : 엄청 짠 바닷물인데, 거기서는 뭐든 둥둥 뜬대.

유아 2 : 그럼 우리가 물을 짜게 만들면 계란이 뜨지 않을까?

유아 1 : 해보자!

유아 2 : 우와~ 물을 짜게 만드니까 계란이 둥둥 뜨네.

유아 3 : 그럼 물이 조금 짜면 안 뜰까? 소금을 더 많이 넣으면 물이 더 무거워지는 거지?

**5** 〈염도 측정 스마트 디바이스 활용: 소금물의 무게와 염도 측정하기〉

유아들은 물에 뜨고 가라앉는 원리를 찾아갔다. 문제를 해결하기 위해 다양한 방법을 시도해 보고, 결과를 찾는 과정을 수행해 갔다. 교사는 소금의 양에 따른 물의 무게를 파악하기 위해 염도 측정 기기를 지원하였다.

유아 1 : 나는 물에 소금 한 숟가락만 녹여 봐야지.

유아 2 : 나는 두 숟가락.

유아 3 : 나는 많이.

유아 4 : 나는 안 할래.

유아 3 : 누가 더 짠지 우리 한번 확인해 보자.

유아 1 : 소금이 누가 얼마나 더 많은지 저울로 재어 보자.

유아 2 : 지금 짜면 더 무거워지는 거지?

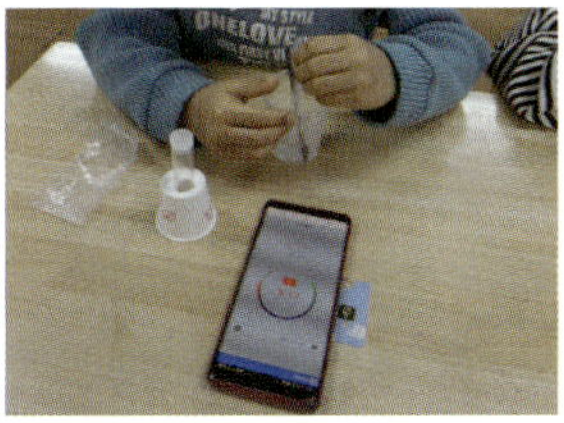

**자료** 비커, 물, 소금, 숟가락, 전자저울, NFC염도카드

**2단계 감성적 체험**

**6** 〈물탑을 쌓을 수 있는 방법에 대해 이야기 나누기〉

실험을 통해 물의 무게에 대한 지식을 습득한 유아들은 물의 무게를 활용하여 물탑을 쌓을 수 있는지 궁금하였다. 물탑을 쌓는 다양한 방법을 모색하고 물감을 활용하여 물탑을 쌓기 시작하였다.

유아 1 : 소금을 넣어서 물도 무거우면 탑을 쌓을 수 있겠네?

유아 2 : 하나씩 올려서?

유아 3 : 한번 해보자.

유아 4 : 근데 전부 물색이라서 안 보일걸?

유아 2 : 물감을 섞어 볼까?

유아 1 : 각자 원하는 색을 섞어 보자.

유아 3 : 그리고 무거운 것부터 밑에 하는 거지?

유아 4 : 우와~ 성공했다. 성공!!

유아 2 : 난 실패했어.

**자료** 스포이드, 시험관, 물감, 소금, 비커, 스틱

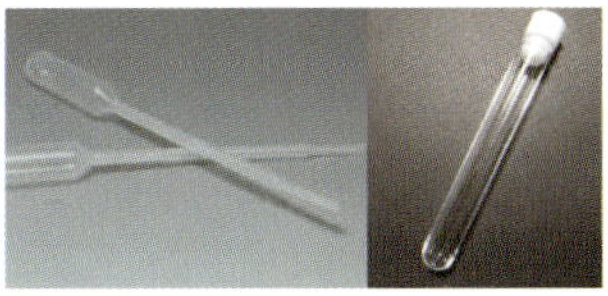

**7** 〈색 혼합 앱 스마트 디바이스 활용: 색 혼합 경험하기〉

유아들은 물감을 넣어 물탑을 쌓는 과정에서 색의 혼합을 경험하였다. 이러한 과정에서 물감과 물의 농도의 차이에 따라 색이 다름을 알게 되었고, 정확한 색 혼합을 알아보기 위해 이전에 경험했던 '색 혼합 앱'을 사용하여 색이 혼합되면 어떤 색이 나오는지 확인하였다.

유아 1 : 이상한 색이 나와 버렸어.

유아 2 : 색깔 두 개가 섞여서 그런 것 같아.

유아 3 : 맞아.

유아 4 : 파란색과 빨간색을 섞으면 무슨 색이 나왔지?

유아 2 : 맞네!! 물탑이 안 쌓이고 물이 섞여서 그랬나 보다.

유아 3 : 그럼 우리 이걸로 확인해 보면 되겠다.

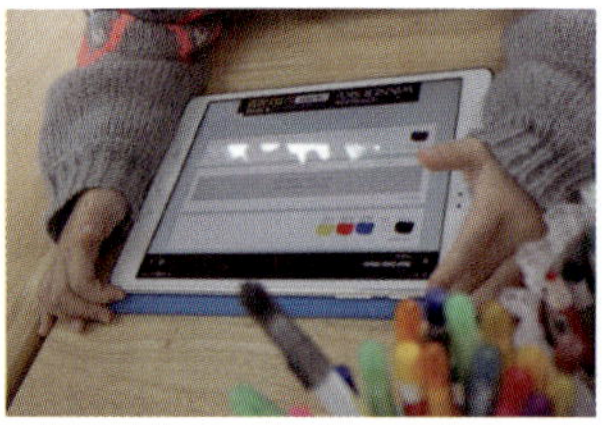

**자료** 'Real Color Mixer' 색 혼합 APP
원하는 색을 비율에 따라 혼합해 보는 어플로, 마음대로 색을 만들어 볼 수 있는 앱

**8** 〈내가 만든 물탑 소개하고 감상하기〉

유아들은 자신들이 만든 물탑을 서로 공유하고 감상하였다.

유아 1 : 내가 만든 물탑은 아슬아슬해.

유아 2 : 여기 빨간색 더 많이 넣을 걸 그랬나 봐.

유아 3 : 그래도 멋진데.

유아 2 : 우리 여기에 네임펜으로 그림을 그리고 끈을 달아서 목걸이처럼 만들자.

유아 1 : 좋아. 그렇게 하자.

**3단계 문제해결에 대한 결론짓기**

**9** 〈물탑에 대해 결론짓기〉

유아들은 물에 뜨고 가라앉는 것을 시작으로 물의 무게에 대한 경험을 통해 과학적 지식을 습득하였다. 그리고 물탑을 만드는 활동을 바탕으로 다른 놀이로 확장할 수 있는 방법에 대해 이야기하였다.

유아 4 : 물탑 만들어 보니까 재미있었지?

유아 3 : 스포이드를 사용하는 건 어려운데 재미도 있는 것 같아.

유아 1 : 정말 아슬아슬했어. 자꾸 실패해서 조금 속상해.

유아 2 : 소금 말고 다른 것으로도 물탑을 만들 수 있을까? 우리 다음에는 한번 해보자.

### 활동평가

- 즐거운 마음으로 적극적으로 활동에 참여하였는가?
- 내가 원하는 모양과 높이, 색의 물탑을 만들기 위해 구상하고, 적절한 방법을 사용하였는가?
- 색 혼합 앱 스마트 디바이스를 활용하여 색을 혼합하여 다양한 색을 만들 수 있었는가?
- 문제 해결을 위하여 스마트 디바이스를 활용하여 염도를 측정하고, 색깔 혼합을 시도하였는가?

| 활동형태 | 소집단 | 내용적 융합 | S,T,E,A,M | 연령 | 만 5세 |
|---|---|---|---|---|---|

| S | T | E | A | M |
|---|---|---|---|---|
| 지문 관찰 및 탐색 | 지문 구조 찾기, 지문을 활용한 작품 설계 | 스마트 돋보기와 스마트 현미경 디바이스 활용 | 지문을 활용하여 나만의 카드를 만들기 | 공통점과 차이점을 찾아 분류하기 |

## 활동명 ▶ 내 손가락 속 비밀이야기

### 활동목표

- 사람마다 지문이 다름을 알고 지문의 특징을 이해한다.
- 스마트 돋보기, 스마트 현미경을 활용하여 지문을 관찰할 수 있다.
- 나의 지문을 활용하여 나만의 그림을 만들어 볼 수 있다.

### 누리과정 관련요소

- 자연탐구 : 생활 속에서 탐구하기 – 물체의 특성과 변화를 여러 가지 방법으로 탐색한다.
- 자연탐구 : 생활 속에서 탐구하기 – 일상에서 길이, 무게 등의 속성을 비교한다.
- 자연탐구 : 생활 속에서 탐구하기 – 도구와 기계에 대해 관심을 가진다.
- 신체운동, 건강 : 신체활동 즐기기 – 신체를 인식하고 움직인다.
- 예술경험 : 창의적으로 표현하기 – 다양한 미술 재료와 도구로 자신의 생각과 느낌을 표현한다.

### 자료

- 연필심(가루), 붓, 유리잔, 셀로판테이프, 돋보기, 스마트 돋보기, 스마트 현미경, 스마트 카메라, 사인펜, 색연필

## 활동내용

### 1단계 상황제시

**1** 〈탐정놀이를 통해 손가락 지문 알기〉

유아들은 탐정놀이를 하는 과정에서 지문에 대해 이야기를 나누었다. 지문에 대해 호기심과 흥미를 가진 유아들은 자신들의 손가락 지문들을 살펴보았다.

유아 1 : 우리 탐정놀이 하자!

유아 2 : 그게 뭐야?

유아 1 : 여기 유리컵에 있는 주스를 누가 마셨는지 찾는 거야.

유아 3 : 어떻게 찾을 수 있어?

유아 1 : 여기 유리컵을 손으로 만지면 지문이 찍혀.

유아 2 : 지문? 그게 뭐야?

유아 1 : 사람들 손가락에 있는 거야. 우리가 물건을 만지면 손에 있는 이 모양이 물건에 남는대.
그래서 이 지문으로 사람을 찾을 수 있어.

유아 3 : 진짜 신기하다. 근데, 이걸로 누가 만졌는지 누가 알아?

유아 4 : 우리 손가락 전부 살펴보자.

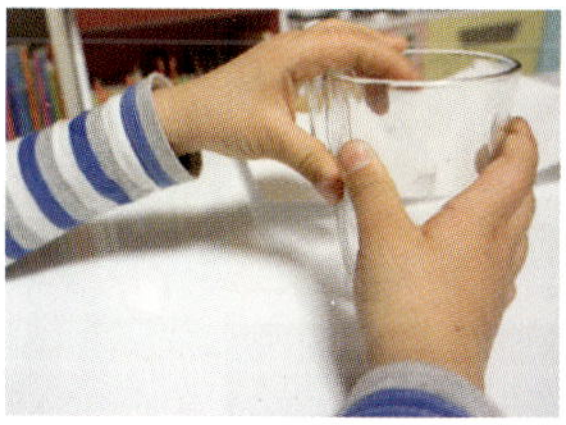  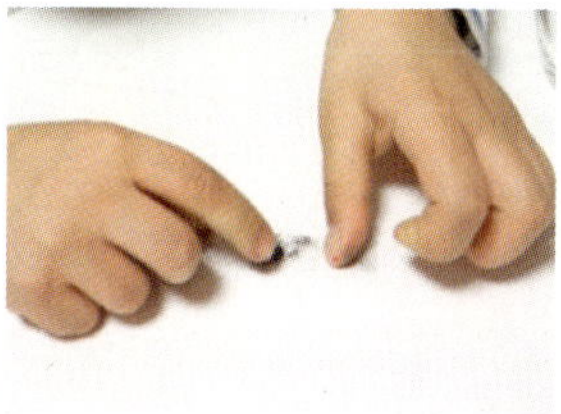

**2** 〈자신의 손가락 지문 채취하고 탐색하기〉

유아들은 사람에게는 지문이 있음을 이야기하고, 손가락 지문을 탐색하였다. 유아들은 육안으로는 지문을 보는 데 한계가 있었고, 어떻게 하면 지문을 더 자세히 볼 수 있을까 고민하였다.

유아 1 : 나이테처럼 생겼어.

유아 2 : 진짜 그런 것 같아. 신기하네.

유아 3 : 다른 몸에도 지문이 있을까?

유아 4 : 발가락에도 있어. 근데 조금 달라.

유아 1 : 손가락, 발가락 모두 지문이 달라 보여. 근데 잘 보이지 않아. 더 자세히 보려면 어떻게 하지?

자료 '스마트 돋보기' 앱
스마트폰의 카메라를 활용하여 돋보기, 현미경 등으로 사용해 볼 수 있는 앱으로 관찰장면을 촬영하여 저장할 수 있다.

2단계 창의적 설계

**3** 〈스마트 돋보기 앱 스마트 디바이스 활용: 지문 관찰하기〉

유아들은 지문을 자세히 관찰할 수 있는 방법에 대해 교사에게 질문했고, 교사는 유아와 다양한 방법을 고민하며, 스마트 돋보기 앱을 제안하였다.

유아 1 : 눈으로 살펴보니까 잘 안보이네.

유아 2 : 우리 돋보기로 한번 보자.

유아 3 : 돋보기 어디 있지?

유아 4 : 여기 있어!

유아 1 : 도장도 찍어 볼까? 그럼 지문이 잘 보일 것 같아.

유아 3 : 스마트 돋보기로 해보자.

유아 4 : 우와 정말 신기하다.

**4** 〈지문 관찰하고 비교하기〉

유아들은 스마트 돋보기 앱을 통해 나온 지문을 관찰하였다. 지문의 관찰을 통해 사람마다 지문이 다른 것을 알게 되었고, 서로 간의 지문을 관찰하며 비교하였다.

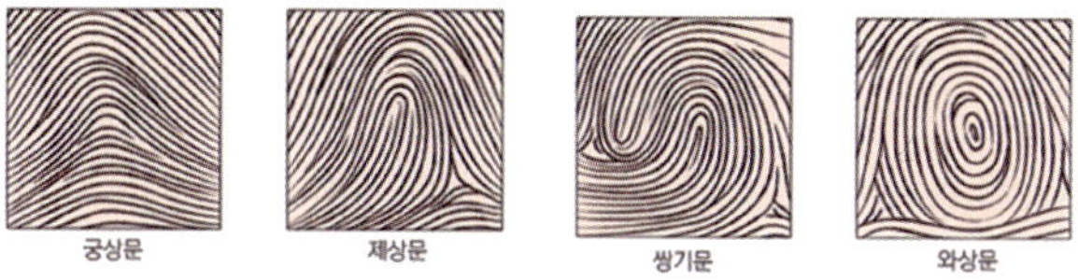


유아 1 : 지문 모양이 다 다르네.

유아 2 : 너랑 나는 모양이 비슷하네.

유아 3 : 어. 그런데 크기가 조금 달라.

유아 4 : 모양이 달라서 이걸로 핸드폰을 열 수 있나 봐.

유아 1 : 엄마 핸드폰 보고 싶었는데, 내 손가락으로는 되지 않았어.

**5** 〈지문 외에 자신만의 특징 찾아보기〉

사람마다 다른 지문을 가지고 있다는 사실을 발견한 유아들은 지문 외에도 사람들이 가지고 있는 자신만의 특징을 찾아보기로 했다.

유아 1 : 나는 여기에 점이 있어.

유아 2 : 나는 파마해서 곱슬머리야.

유아 3 : 그런데 파마머리는 변할 수 있는 거 아닐까?

유아 1 : 맞아, 내가 파마를 하면 너랑 머리가 같아지잖아.

유아 2 : 그렇겠네…

유아 4 : 아! 얘들아 나 기억이 났어. 아빠가 핸드폰 잠금해제 할 때 눈으로 했어.

유아 1 : 나도 그거 본 적 있어. 폰에 눈 가져다 대면 핸드폰 쓸 수 있었거든.

유아 2 : 너희 눈으로는 안 된 거였어?

유아 4 : 응! 꼭 아빠 눈만 되더라. 그래서 아빠 잘 때는 핸드폰을 못 봤어.

유아 3 : 그럼 사람마다 눈도 다른가 보다.

2단계 감성적 체험

**6** 〈지문을 이용해서 그림 그리기〉

유아들은 사람마다 지문이 다른 것을 확인하고, 자신의 지문은 어떤 모양인지 이야기하였다. 그리고 지문을 사용하여 그림 그리기를 제안하였다.

유아 3 : 우리 모두 몸에 비밀이 있네. 손가락도 비밀~ 눈도 비밀.

유아 2 : 나만의 비밀을 잘 기억해 두자.

유아 1 : 지문을 찍으면 이렇게 모양이 달라.

유아 2 : 나는 동그란 모양이 나올 것 같아.

유아 3 : 나는 산 모양 같아.

유아 4 : 우리 지문을 알록달록 색깔로 찍어서 그림을 그려 볼까?

유아 1 : 좋아. 재미있겠다.

유아 2 : 이렇게 하면 길쭉한 동그라미 되네.

유아 3 : 그림으로 이야기 만들기 해도 재미있겠다.

**7** 〈지문 그림 소개하고 감상하기〉

유아들은 지문을 사용하여 창의적으로 그린 그림을 소개하고 서로 공유하였다.

유아 1 : 이건 빨간 벽돌 길을 지나서 커다란 나무가 있는 공원이야.

유아 2 : 정말 그렇게 보여. 서로 지문이 다르니깐 그림도 달라.

유아 3 : 난 지문이 동그란 모양이라서 공놀이하는 것 만들었어.

유아 4 : 다들 신기하다. 지문으로 그림 그리니깐 재미있어.

3단계 문제해결에 대한 결론짓기

**8** 〈활동에 대한 마무리 및 생각 키우기〉

유아들은 지문으로 다양한 활동을 하며, 사고를 확장하였다. 그리고 지문을 어디에 사용하는지에 대해 이야기를 하였다.

유아 1 : 나 엄마와 경찰서 가서 지문 사진 찍은 적 있어.

유아 2 : 나도 그거 해봤어. 지문으로 엄마를 잃어버리면 찾을 수 있대.

유아 3 : 그래? 나도 엄마한테 하러 가자고 해야겠다.

자료 '안전드림 APP'
아동을 포함한 사회적 약자의 지문을 사전등록함으로써 실종을 예방하고, 범죄 등의 신고가 가능한 앱

미아방지 지문등록에 관심을 갖는 유아들을 위해, 지문등록에 대해 방법을 안내해 주었다.

**사전등록 신청 방법**

1. 아이의 주민등록번호, 보호자 연락처 기입
2. 사진 및 지문 첨부(*6개월마다 주기적으로 정면 사진을 변경해 주세요!)
3. 신체특징 및 특이사항 입력(키, 체격, 얼굴형, 머리색, 흉터, 주로 다니는 장소 등)
4. 신청자 정보 입력(신청하는 보호자의 성명, 주민등록번호 및 연락처 기입)

* 실명 확인을 위해 공인인증서 또는 공공 아이핀을 통해 인증을 받아야 등록 가능

**활동평가**

- 남들과 다른 나만의 신체 특징인 지문에 대해서 어디에 사용되는지 이해하였는가?
- 스마트 디바이스를 활용하여 지문에 대한 이해를 하였는가?
- 지문을 활용하여 작품을 창의적으로 만들 수 있었는가?
- 나와 친구의 작품을 감상하였는가?

# 부록



## 과학 수업 연계 가능한 스마트 APP 목록

| APP | 설명 |
|---|---|
| Play and Learn Science | 놀이를 통해 과학을 배워 보는 APP |
| Picture This – 꽃 & 식물 찾기 | 사진을 찍어 꽃과 식물의 이름을 알아볼 수 있는 APP |
| 유익한 수산정보 | 수산물 어종 정보 및 어종 도감을 볼 수 있는 APP |
| 동물퀴즈 | 동물에 대해 알아볼 수 있는 퀴즈 APP |
| 동물소리 | 세계 각지의 동물 소리 및 사진을 확인해 볼 수 있는 APP |
| 멸종동물 | 멸종된 동물들을 알아볼 수 있는 APP |
| AR 동물관찰 | '동물' 관련 AR(증강현실) APP |

| APP | 설명 |
|---|---|
| 금속탐지기 | 금속을 찾을 수 있는 APP |
| 나침반 | 나침반 APP |
| 자, 눈금자 | 자, 눈금자 APP |
| 돋보기 | 돋보기 APP |
| AR 빛 실험실 | AR(증강현실)로 알아보는 빛 실험 APP |
| AR 과학문화유산 | 우리나라의 자랑스러운 문화유산에 담긴 과학에 대해 알아볼 수 있는 APP |
| 나만의 실험실 | 상상 속에서 하던 실험을 가상으로 경험해 볼 수 있는 APP |
| ISS HD Live : 실시간 지구보기 | 국제 우주 정거장에서 보이는 지구를 실시간으로 확인할 수 있는 APP |
| 지구와 달의 움직임 | 지구의 자전과 공전을 알아볼 수 있는 APP |
| 사운드 미터 및 소음 감지기 | 생활 속 소음을 측정해 보는 APP |
| 용수철을 이용한 무게 측정 가상실험 | 용수철의 탄성력을 이용하여 무게를 측정하는 가상실험 APP |
| 소리분석 | 소리의 3요소를 직접 실험해 볼 수 있는 APP |
| 드론레이싱 | VR 컨텐츠로 드론을 조종해 볼 수 있는 APP |

| APP | 설명 |
| --- | --- |
| 천문대 견학 | 천문대에서 하는 체험을 해볼 수 있는 APP |
| 석빙고의 비밀 | 석빙고를 체험해 볼 수 있는 APP |
| 달 탐사기지 | 가상의 달 기지를 탐사하고, 달에서 지구를 관측해 보는 APP |
| 미래의 교통수단 | 멀지 않은 미래의 교통수단을 체험해 보는 APP |
| 다양한 날씨체험 | 다양한 날씨 체험을 비행기를 타고서 해볼 수 있는 APP |
| 사이언스 드림 JOB | 미래 유망 과학기술 직업을 만나 볼 수 있는 APP |
| 거중기의 원리 | 거중기를 관찰해 보는 APP |
| 해저 지형 탐사 | 심해 속 지형과 생물을 탐사해 볼 수 있는 APP |
| 숨겨진 혈흔을 찾아라 | 루미놀 반응을 알아보는 APP |
| 화석 발굴 체험 | 가상의 발굴 현장에서 화석을 발굴해 보는 APP |
| 소화기관 119 | 사람 몸속에 들어가 의료기기를 통해 세균을 없애는 APP |

## 유아의 과학적 탐구능력 검사방법

| 범주 | 활동명 | 활동방법 | 활동자료 |
|---|---|---|---|
| 관찰하기 | 어떤 것이 있을까? | 1. 양말을 열어 내용물을 공개한 후 감각들과 주어진 도구(돋보기)를 이용하여 관찰하게 한다.<br>2. 관찰한 내용을 이야기하게 한다. | 나무블록, 손수건, 초록색 클립, 초록색 지우개, 초록색 색연필, 초록 리본끈, 돋보기 |
| 분류하기 | 같은 것끼리 모아 봐요 | 1. 양말 속 자료들을 제시한 후 제시한 자료들 간의 공통점과 차이점을 이야기하게 한다.<br>2. 한 가지 혹은 그 이상의 준거에 의해 분류하게 한다.<br>3. 분류한 기준을 설명하게 한다. | 나무블록, 손수건, 초록색 클립, 초록색 지우개, 초록색 색연필, 초록 리본끈 |
| 측정하기 | 색연필 길이 재기 | 1. 색연필을 제시하며 길이를 어떻게 측정할 수 있을지 생각한 후 다양한 재료를 이용하여 측정해 보도록 한다.<br>2. 측정도구와 단위를 이야기하게 한다. | 초록색 색연필<br>측정 도구: 동전, 클립, 정육면체, 블록, 끈 |
| 의사소통하기 | 비밀 상자 | 1. 3명의 유아가 둥근 책상에 서로 마주보고 앉게 한다.<br>2. 유아들에게 물건이 들어 있는 상자를 제시하고 소리나 여러 가지 방법으로 안에 있는 물건을 맞혀 보게 한다.<br>3. 여러 가지 감각을 이용하여 상자 속에 무엇이 들어 있는지 알아보게 한다. | 사전검사: 비밀상자, 실패, 정육면체, 블록<br>사후검사: 동물인형, 제기, 둥근 자석 |
| 예견하기 | 비밀 양말 | 1. 양말 속에 한 가지 이상의 감각을 요구하는 사물을 넣어 놓는다.<br>2. 유아에게 양말을 제시하고 보는 것만으로 양말에 무엇이 들어 있는지 예측하게 한다.<br>3. 왜 그렇게 예측했는지 설명하게 한다.<br>4. 보는 것 외에 양말 속에 무엇이 들어 있는지 알 수 있는 방법은 무엇인지 묻는다.<br>5. 감각을 이용하여 양말 안에 무엇이 있는지 탐색하게 한다.<br>6. 예측한 내용을 말하게 하고 그 이유를 설명하게 한다 | 나무블록, 손수건, 초록색 클립, 초록색 지우개, 초록색 색연필, 초록 리본끈<br>사전검사: 비밀양말<br>사후검사: 비밀가방 |
| 추론하기 | 어떻게 될까요? | 1. 경사면이 있는 곳 위에 여러 가지 사물들을 굴려 본다.<br>2. 유아에게 사물들이 어떻게 되었는지 결과를 관찰하게 한다.<br>3. 왜 그렇게 추론하였는지 설명하게 한다.<br>4. 어떻게 추론했는지 이전 경험이나 사전 지식을 물어본다.<br>5. 경사면의 기울기를 높이거나 낮춘 후 다시 사물들을 굴려 본다.<br>6. 달리진 결과에 대해 어떻게 추론하는지 설명하게 한다. | 경사면이 있는 곳, 나무블럭, 색연필, 지우게, 동전, 정육면체 블록, 클립, 끈, 둥근자석, 돋보기<br><br>사전검사: 물체 굴리기<br>사후검사: 물체 물에 넣기 |
| 일반화하기 | 어디에 쓰일까요? | 1. 클립이나 둥근 자석을 제시한다.<br>2. 클립이나 둥근 자석을 사용해 본 경험이 있는지 물어본다.<br>3. 클립이나 둥근 자석에 대해 알고 있는 지식을 물어본다.<br>4. 클립이나 둥근 자석을 다른 곳에 어떻게 사용하면 좋을지 물어본다. | 클립, 둥근자석<br>사전검사: 클립 사용하기<br>사후검사: 둥근 자석 사용하기 |

# 유아의 과학적 탐구능력 검사지

| 하위요인 | 평가준거 | 전혀 그렇지 않음 | 별로 그렇지 않음 | 그저 그러함 | 상당히 그러함 | 매우 그러함 |
|---|---|---|---|---|---|---|
| | | 1 | 2 | 3 | 4 | 5 |
| 관찰하기 | 1. 사물을 주의 집중하여 검정하는가? | | | | | |
| | 2. 하나 이상의 감각을 사용하는가? | | | | | |
| | 3. 적절한 감각을 가능한 한 모두 이용하는가? | | | | | |
| | 4. 특성을 정확하게 표시하는가? | | | | | |
| | 5. 도구를 사용하는가? | | | | | |
| 분류하기 | 1. 분류할 수 있는 사물의 주요 특징을 뽑아내는가? | | | | | |
| | 2. 사물들의 유사점을 뽑아내는가? | | | | | |
| | 3. 준거에 의해 두 집단을 정확히 분류하는가? | | | | | |
| | 4. 다양한 방법으로 정확하게 분류하는가? | | | | | |
| | 5. 분류 준거를 설명하는가? | | | | | |
| 측정하기 | 1. 적절한 측정 유형을 선택하는가? | | | | | |
| | 2. 적절한 측정 단위를 사용하는가? | | | | | |
| | 3. 적절한 측정 도구를 사용하는가? | | | | | |
| | 4. 측정 기술을 적절하게 적용하는가? | | | | | |
| 의사 소통하기 | 1. 사물을 정확하게 묘사하는가? | | | | | |
| | 2. 생각을 주고받는가? | | | | | |
| | 3. 타인에게 사물을 설명하는가? | | | | | |
| | 4. 정보를 교환하는가? | | | | | |
| | 5. 질문을 하는가? | | | | | |
| 예견하기 | 1. 알고 있는 지식에 기초하여 예측하는가? | | | | | |
| | 2. 새로 얻은 정보에 기초하여 예측하는가? | | | | | |
| 추론하기 | 1. 알고 있는 지식에 기초하여 자기 나름대로 추리해 보고 그 근거를 제시하는가? | | | | | |
| | 2. 새로 얻은 정보에 기초하여 자기 나름대로 추리해 보고 그 근거를 제시하는가? | | | | | |
| 일반화 하기 | 1. 알게 된 지식을 다음 활동에 적용하는가? | | | | | |
| | 2. 알게 된 지식을 일상생활에 활용하는가? | | | | | |

출처 : 김형재(2013). "유아교사의 내용교수지식(PCK)에 기초한 유아과학교육 프로그램 개발 및 효과." 국내박사학위논문 경성대학교 대학원.

## 유아의 과학적 탐구태도 검사방법

**검사방법 : 15~20분 정도 소요**

① 4명의 유아들을 한 조로 하여 동그랗게 앉게 한 후 물, 간장, 쌀알, 클립, 콩, 플라스틱 구슬을 불투명한 플라스틱 통 안에 4/5만큼 넣은 후, 책상 가운데에 놓는다.
② 유아들에게 통 안에 무엇이 들어 있을지 뚜껑을 열지 않은 상태에서 추측해 보게 한다.
③ 유아들의 추측이 끝나면 비슷한 소리가 나는 것끼리 짝지어 보게 한다.
④ 유아들이 비슷한 통을 짝지으면, 왜 그렇게 짝지었는지 질문하고 유아들의 대답을 들어 본다.
⑤ 뚜껑을 열어 비슷한 소리가 나는 물건들이 무엇인지 확인하게 한다.
⑥ 통의 뚜껑을 다시 닫은 후 검사자는 새로운 같은 내용물이 담긴 검은색 통 여섯 개를 주고 검은색 통 속에 들어 있는 것과 같은 소리가 나는 것을 찾아 짝지어 보게 한다.
⑦ 유아들이 짝지은 통의 뚜껑을 열어 보고 통 안의 내용물을 확인하게 한다.
⑧ 유아들에게 되돌아가도 좋다고 이야기한다.
⑨ 검사를 하면서 설문지에 체크한다.

# 유아의 과학적 탐구태도 검사지

| 하위 요인 | 평가준거 | 전혀 그렇지 않음 | 별로 그렇지 않음 | 그저 그러함 | 상당히 그러함 | 매우 그러함 |
|---|---|---|---|---|---|---|
| | | 1 | 2 | 3 | 4 | 5 |
| 호기심 | 1. 질문을 자주 하는가? | | | | | |
| | 2. 새로운 대상에 관심을 기울이는가? | | | | | |
| | 3. 문제가 있을 때 원인을 찾으려고 하는가? | | | | | |
| 합리성 | 1. 관찰된 사건이나 현상을 있는 그대로 설명하는가? | | | | | |
| | 2. 자신의 생각을 엄격하게 검증하는가? | | | | | |
| | 3. 검증하여 얻어진 사실을 중시하는가? | | | | | |
| 객관성 | 1. 자기가 본 대로 정직하게 표현하는가? | | | | | |
| | 2. 결론을 내릴 때 실험 결과를 근거로 하는가? | | | | | |
| | 3. 문제해결에 있어서 몇 가지 가능한 해결책을 고려하는가? | | | | | |
| 판단 유보 | 1. 결론을 내리기 전에 많은 자료를 찾는가? | | | | | |
| | 2. 결론을 성급하게 내리지 않는 편인가? | | | | | |
| | 3. 확실한 근거를 찾을 수 없는 것은 다시 생각해 보는가? | | | | | |
| 비판성 | 1. 다른 사람의 의견이 옳고 그름을 판단하는가? | | | | | |
| | 2. 질문을 성급히 하지 않는가? | | | | | |
| | 3. 어떤 주장에 대한 대안을 제시하는가? | | | | | |
| 개방성 | 1. 자기 주장에 대한 비판을 수용하는가? | | | | | |
| | 2. 결론을 내릴 때 실험 결과를 근거로 하는가? | | | | | |
| | 3. 한 가지 것에 대해서 좌절하거나 의기소침해 하지 않는가? | | | | | |
| 정직성 | 1. 자신이 예상한 점이나 관찰한 점을 그대로 나타내는가? | | | | | |
| | 2. 어려운 점이나 안 되는 점을 그대로 나타내는가? | | | | | |
| | 3. 활동 결과를 그대로 나타내는가? | | | | | |
| 겸손과 회의 | 1. 다른 사람의 의견도 받아 들이는가? | | | | | |
| | 2. 일반화된 이론이나 지식에도 회의를 가지는가? | | | | | |
| 협동심 | 1. 실험 활동에 있어서 역할을 맡아서 하는가? | | | | | |
| | 2. 소집단 전체의 생각이 드러나는가? | | | | | |
| | 3. 실험 후 정리, 정돈을 같이 하는가? | | | | | |
| 정확성 | 1. 물체나 물질을 정확하게 보고 판단하는가? | | | | | |
| | 2. 물체나 물질의 특성을 정확하게 표상하는가? | | | | | |
| | 3. 사건이나 현상을 정확하게 표상하는가? | | | | | |
| 실패에 대한 긍정적 수용 | 1. 실험 도중 실패했을 때 반복하여 실험 결과를 찾으려 하는가? | | | | | |
| | 2. 해결되지 않은 문제는 계속해서 해결하려고 하는가? | | | | | |
| | 3. 한 가지 문제가 해결되면 다른 문제를 해결하려고 하는가? | | | | | |

출처 : 김형재(2013). "유아교사의 내용교수지식(PCK)에 기초한 유아과학교육 프로그램 개발 및 효과." 국내박사학위논문 경성대학교 대학원.

## 유아의 과학적 탐구기능 검사 평가준거 및 점수별 평가 유형

| 구성요소 | 평가준거 | 평가 유형 및 점수 | |
|---|---|---|---|
| 관찰하기 | • 사물을 주의 집중하여 감정하였는가?<br>• 하나 이상의 감각을 사용하였는가?<br>• 적절한 감각을 가능한 한 모두 이용하였는가?<br>• 특성을 정확하게 사용하였는가?<br>• 도구를 사용하였는가? | 1점 | 제시된 자료에 집중하지 않고 5분 이상 관찰을 시도하지 않는 경우 |
| | | 2점 | 한 가지 감각 정보에만 기초하여 있는 그대로 관찰하고 진술한 경우 |
| | | 3점 | 두 가지 감각 정보에만 기초하여 있는 그대로 관찰하고 진술한 경우 |
| | | 4점 | 감각 정보에만 기초하지 않고 감각 정보에 대한 관련 개념이나 지식을 적용하여 일련의 해석이 포함된 관찰을 한 경우 |
| | | 5점 | 적극적으로 도구를 이용하거나 손으로 누르거나 흔드는 등 물리적 작용을 통해 일어나는 변화나 현상을 관찰하고 묘사한 경우 |
| 분류하기 | • 분류할 수 있는 사물의 주요 특징을 뽑아냈는가?<br>• 사물들의 유사점을 뽑아냈는가?<br>• 준거에 의해 두 집단으로 정확하게 분류하였는가?<br>• 다양한 방법으로 정확하게 분류하였는가?<br>• 분류 준거를 설명하였는가? | 1점 | 제시된 자료를 분류를 목적으로 시도하지 않고 늘어놓기만 한 경우 |
| | | 2점 | 사물의 특징을 언급하였지만 사물 간의 유사점을 끌어내지 못한 경우 |
| | | 3점 | 사물의 유사한 속성을 찾아내어 같은 속성으로 모았지만 준거에 대해 전혀 언급하지 못한 경우 |
| | | 4점 | 사물의 유사한 속성을 찾아내어 같은 속성으로 모았지만 준거에 대해 명확하게 언급하지 못한 경우 |
| | | 5점 | 사물의 외형적 측면뿐만 아니라 물리적 속성(굴러가는 것, 딱딱한 것 등)까지 탐색하여 다양한 방법으로 분류한 경우 |
| 측정하기 | • 적절한 측정 유형을 선택하는가?<br>• 적절한 측정 단위를 선택하는가?<br>• 적합한 측정도구를 사용하는가?<br>• 측정 기술을 적절하게 적용하는가? | 1점 | 제시된 측정도구를 측정 목적으로 사용하지 않거나 늘어놓기만 하는 경우 |
| | | 2점 | 측정을 시도하긴 하지만 한 가지 측정도구만 사용하거나, 제시된 측정도구를 색연필의 길이에 맞게 적용하지 못하는 경우 |
| | | 3점 | 제시된 측정도구를 이용하여 색연필의 길이를 재어 보려는 시도는 하였지만 측정 단위에 대해 명확하게 언급하지 못하는 경우 |
| | | 4점 | 제시된 측정도구를 이용하여 색연필의 처음과 끝의 길이를 정확히 맞추기 위해 조작해 보고 측정단위를 명확하게 언급하는 경우 |
| | | 5점 | 색연필의 처음과 끝에 맞추어 제시된 측정도구뿐만 아니라 다양한 방법으로 길이를 재고 측정 단위에 대해 명확하게 언급하는 경우 |

<table>
<tr><td rowspan="5">의사<br>소통<br>하기</td><td rowspan="5">• 사물을 정확하게 묘사하는가?<br>• 생각을 주고받았는가?<br>• 타인에게 사물을 설명하였는가?<br>• 정보를 교환하였는가?<br>• 질문을 하였는가?</td><td>1점</td><td>활동에 참여하지 않고 언어적 상호작용을 거의 하지 않는 경우</td></tr>
<tr><td>2점</td><td>비밀상자 속 자료를 만져 보고 그 특징을 언급하였지만 타인과의 정보교환이 이루어지지 않는 경우</td></tr>
<tr><td>3점</td><td>타인에게 설명할 목적으로 사물의 특징에 대해 명확하게 설명하려고 하나 타인의 생각과 상호작용이 이루어지지 않는 경우</td></tr>
<tr><td>4점</td><td>타인에게 사물의 설명과 동시에 타인의 정보를 교환하면서 자신의 생각을 조종하여 의사소통하며 질문이나 제안을 하여 토의를 적극적으로 이끌어 가는 경우</td></tr>
<tr><td>5점</td><td>자신의 생각을 명확하게 전달하고 타인과 정보를 교환하면서 자신의 생각을 조정하여 의사소통하며 질문이나 제안을 하여 토의를 적극적으로 이끌어 가는 경우</td></tr>
<tr><td rowspan="5">예견<br>하기</td><td rowspan="5">• 알고 있는 지식에 기초하여 예측하였는가?<br>• 새로 얻은 정보에 기초하여 예측하였는가?</td><td>1점</td><td>비밀상자 활동을 시도하지 않는 경우</td></tr>
<tr><td>2점</td><td>사물의 이름을 언급하긴 하지만 이에 대한 지식이나 경험을 이끌어 내지 못한 경우</td></tr>
<tr><td>3점</td><td>여러 가지 감각을 통해 얻은 정보를 토대로 특성을 묘사하여 예측한 경우</td></tr>
<tr><td>4점</td><td>오감각을 통해 얻은 정보를 자신의 기존 지식이나 경험과 비교하면서 예측한 경우</td></tr>
<tr><td>5점</td><td>오감각을 통해 얻은 정보를 자신의 기존 지식과 경험과 연결하기도 하고 새로 얻은 정보에 따라 예측을 수정해 나가는 경우</td></tr>
<tr><td rowspan="5">추론<br>하기</td><td rowspan="5">• 알고 있는 지식에 기초하여 자기 나름대로 추리해 보고 그 근거를 제시하였는가?<br>• 새로 얻은 정보에 기초하여 자기 나름대로 추리해 보고 그 근거를 제시하는가?</td><td>1점</td><td>물체를 굴려 본 결과에 대해 전혀 추론하지 않는 경우</td></tr>
<tr><td>2점</td><td>물체를 굴려 본 결과에 대해 추론하려고 하지만 제대로 된 추론을 이끌어 내지 못한 경우</td></tr>
<tr><td>3점</td><td>물체를 굴려 본 결과에 대해 현재 상황에 맞는 단순한 추론을 한 경우</td></tr>
<tr><td>4점</td><td>물체를 굴려 본 결과에 대해 자신의 기존 지식이나 경험에 근거하여 추론한 경우</td></tr>
<tr><td>5점</td><td>물체를 굴려 본 결과에 대해 자신의 기존 지식이나 경험과 연결시키기도 하고 새로 얻은 결과에 따라 추론을 수정해 나가는 경우</td></tr>
<tr><td rowspan="5">일반화<br>하기</td><td rowspan="5">• 알게 된 지식을 다음 활동에 적용하였는가?<br>• 알게 된 지식을 일상생활에 활용하였는가?</td><td>1점</td><td>활동에 참여하지 않고 일반화하기를 거의 하지 않는 경우</td></tr>
<tr><td>2점</td><td>일상생활에 활용되는 것을 언급하였지만 제대로 된 일반화를 이끌어 내지 못한 경우</td></tr>
<tr><td>3점</td><td>일상생활에 활용되는 것에 대해 명확하게 설명하려고 하나 일반적인 일반화를 한 경우</td></tr>
<tr><td>4점</td><td>일상생활에 활용되는 것에 대해 자신의 기존 지식이나 경험에 근거하여 일반화를 이끌어 낸 경우</td></tr>
<tr><td>5점</td><td>일상생활에 활용되는 것에 대해 자신의 기존 지식이나 경험에 근거하여 일반화를 적극적으로 이끌어 낸 경우</td></tr>
</table>

## 교사의 과학적 태도 검사지

| 영역 | 하위 요인 | 내용 | 전혀 그렇지 않음<br>1 | 별로 그렇지 않음<br>2 | 그저 그러함<br>3 | 상당히 그러함<br>4 | 매우 그러함<br>5 |
|---|---|---|---|---|---|---|---|
| 인지적 요소 | 지적 탐구심 | 나는 주변의 사물이나 현상을 보면 과학적인 의문이 생긴다. | | | | | |
| | | 나는 과학적인 문제가 발생했을 때 그 원인을 찾으려고 한다 | | | | | |
| | | 나는 하나의 문제를 해결하고 나면 또 다른 문제를 해결하려고 한다. | | | | | |
| | 표현력 | 나는 사물이나 현상을 본 대로 표현한다. | | | | | |
| | | 나는 자신이 예상한 점이나 관찰한 점을 그대로 나타낸다. | | | | | |
| | | 나는 과학 활동 시 어려운 점이나 해결이 안 되는 점을 솔직하게 나타낸다. | | | | | |
| | | 나는 결론을 내리기 전에 많은 자료를 찾는다. | | | | | |
| | 문제 해결력 | 나는 실험 결과에 근거하여 결론을 내린다. | | | | | |
| | | 나는 문제해결에 있어 몇 가지 가능한 해결책을 고려한다. | | | | | |
| | | 나는 해결되지 않는 문제는 계속해서 해결하려고 한다. | | | | | |
| | | 나는 과학 실험에 필요한 재료나 도구를 가능한 대로 모두 준비하려고 한다. | | | | | |
| 정의적 요소 | 호기심 | 나는 주변의 사물이나 현상에 관심을 기울인다 | | | | | |
| | | 나는 하나의 문제를 해결하고 나면 또 다른 문제를 해결하려고 한다. | | | | | |
| | | 나는 어떤 주장에 대한 대안을 제시한다. | | | | | |
| | 수용성 | 나는 전체 혹은 소집단에서 토의한 내용을 수용한다. | | | | | |
| | | 나는 내가 주장한 것에 대한 비판을 수용한다. | | | | | |
| | | 나는 잘못 진행되어 실험이 실패할 경우 인정한다. | | | | | |
| | | 나는 한 가지 문제에 대해 다른 사람들의 의견을 충분히 듣는다. | | | | | |
| | 사려성 | 나는 다른 사람의 의견을 주의 깊게 듣고 판단한다. | | | | | |
| | | 나는 결론을 성급히 내리는 편이다. | | | | | |
| | | 나는 근거가 확실하지 않을 때는 다시 생각해 본다. | | | | | |
| 행동적 요소 | 적극성 | 나는 과학적인 문제를 해결해야 할 경우 적극적으로 참여한다. | | | | | |
| | | 나는 의문 나는 점을 직접 해결하려고 시도한다. | | | | | |
| | | 나는 실험 결과가 어떻게 나올지 기대된다. | | | | | |
| | | 나는 과학 활동 결과를 그대로 나타낸다. | | | | | |
| | 참여성 | 나는 과학 실험이나 활동에 스스로 참여한다. | | | | | |
| | | 나는 과학 실험 및 활동에 있어서 자신이 해야 할 일을 맡아서 한다. | | | | | |
| | | 나는 과학 실험 및 활동 후 정리정돈을 같이 한다. | | | | | |

출처 : 김명애(2002). "구성주의 접근에 기초한 탐구중심 과학교육의 효과." 국내박사학위논문 서울여자대학교 대학원, 2002. 서울. 재구성

# 참 고 문 헌

강경희(2017). 과학 중심 유아 STEAM교육 프로그램 개발 및 적용. 가천대학교대학원 박사학위논문.

고선아(2014). 바깥놀이 중심의 유아과학교육 프로그램 개발 및 적용 효과. 중앙대학교 대학원 박사학위논문.

고영미(2013). 유아과학교육 강좌에 참여한 예비유아교사의 과학교수에 대한 이미지 및 영향 요인. 유아교육연구, 33(4), 337-361.

고영미, 백은주(2014). 교육실습 전과 후 예비유아교사의 과학교수 이미지 변화 및 유지에 관련된 요인 연구. 어린이미디어연구, 13(3), 1-27.

교육과학기술부(2010). 창의인재와 선진과학기술로 여는 미래 대한민국. 2011년 업무보고. 서울 : 교육과학기술부

교육과학기술부(2011). STEAM 2011년도 성과 발표회. 2011년12월20일, COEX.

교육과학기술부(2011). 창의적 과학기술 인재 대국을 위한 「제2차 과학기술 인재 육성·지원 기본계획」 htp : /policy.nl.go.kr/cmmn/FileDown.do?atchFileId=10932&fileSn=4981에서 2019년 2월 15일 인출.

교육과학기술부(2012). 5세 누리과정 교사용 지도서 1-12권. 서울 : 교육과학기술부

교육과학기술부, 보건복지부(2013). 누리과정 해설서. 서울 : 교육과학기술부·보건복지부.

교육과학기술부, 보건복지부(2019). 2019 개정 누리과정 해설서. 서울 : 교육과학기술부·보건복지부.

교육과학기술부, 보건복지부(2019a). 2019 개정 누리과정 놀이 실행 자료. 서울 : 교육과학기술부 · 보건복지부.

교육과학기술부, 보건복지부(2019b). 2019 개정 누리과정 해설서. 서울 : 교육과학기술부·보건복지부.

교육부(2019). 놀이이해자료. 서울 : 교육부

교육부(2019). 놀이실행자료. 서울 : 교육부

교육부(2020). 2019 개정 누리과정 현장지원자료(고시문, 해설서). 서울 : 교육부

권영례(1992). 교사의 언어적 상호작용 형태와 유아의 과학적 태도 및 성취와의 관계. 아동학회지, 11(2), 24-43.

김경미(2010). 수업 전문성 지원을 위한 수업 컨설팅. 부산 : 도서출판 에듀인

김경희(2005). 학과 교수·학습에서 ICT 활용 수업의 적용에 관한 연구. 부산대학교 대학원 석사학위논문.

김동영(2008). 과학탐구놀이 학습이 아동의 과학탐구능력, 과학성취도 및 과학적 태도에 미치는 효과. 동아대학교 교육대학원 석사학위논문.

김명희(2010). 영아 보육을 위한 표준보육과정 운영실태 및 개선방안. 아주대학교 대학원 석사학위 청구논문.

김미경(2020). 스토리텔링을 활용한 놀이 중심 융합인재교육(STEAM)이 유아의 과학적 탐구능력과 의사소통능력에 미치는 영향. 공주대학교 대학원 석사학위논문.

김미진(2008). 소집단 신체표현활동이 유아의 친사회적 행동 및 창의적 신체표현능력에 미치는 영향. 전남대학교 대학원 석사학위논문.

김미진(2010). 창의성 증진을 위한 과학 활동이 유아의 창의성 및 과학적 탐구능력에 미치는 영향. 한국 교육원학교 대학원 석사학위논문.

김선영, 이종희(2002). 유아과학교육 목표로서의 과학적 사고에 대한 재조명. 유아교육연구, 22(2), 247-269.

김영채(2013). 사고력 교육 : 이론과실제. 서울 : 유원북스.

김옥경(1997). 과학 교육이 유아의 자아 개념 형성에 미치는 영향에 대한 조사 연구. 論文集. 19(1), 203-226.

김옥경(2007). 유아과학교육. 서울 : 태영출판사.

김은미, 김은정.(2017). 학습주기에 따른 과학놀이과정이 유아의 놀이성, 과학적 탐구 능력 및 과학적 태도에 미치는 영향. 어린이미디어연구, 16(3), 211-229.

김은심(1997). 유아동작교육. 서울 : 정민사.

김은희, 김선영(2007). 구성주의 접근의 그림자 활동이 유아의 그림자 개념 발달과 과학적태도에 미치는 효과. 아동학회지, 28(2),19-37.

김정원, 전석옥, 이연규(2014). 아동문학교육. 서울 : 학지사.8(2), 157-181.

김정주, 박형신(2008). 유아과학교육에 대한 부모의 인식, 참여도, 과학적 상호작용과 자녀의 과학적 태도 및 문제해결력과의 관계. 유아교육연구, 28(4), 331-352

김정화, 조부경(2001). 과학, 과학자 및 과학 활동에 대한 유아의 인식. 아동학회지, 22(1). 177-190.

김정효(2012). 미술과 중심의 융합인재교육(STEAM)이 미술과 교육과정에 주는 시사점 탐색. [공공저작물 연계] 한국교육과정평가원 발간자료, 0-0.

김정효(2015). 미술과 중심 융합인재교육(STEAM) 교육과정 개발 원리 탐색. 조형교육, 54, 101-135.

김정희, 문혁준, 권희경, 김민희, 우수정, 조한숙(2018). 유아과학교육. 서울 : 창지사.

김진수(2011). STEAM 통합교육의 수업 자료 제작을 위한 PEID 모형 개발. 대한공업교육학회 학술대회 발표논문, 한국기술교육대학교,(2011.8.27.).

김진수(2011a). STEAM 교육을 위한 큐빅형. 한국기술교육학회지, 11(2), 124-139.

김진수(2012). STEAM 교육론 : 융합인재교육. 서울 : 양서원.

김진수(2013). 융합인재교육 STEAM 교육론. 서울 : 양서원.

김진수(2013). STEAM 교육에서의 '상황 제시' 4단계. 한국사회교과교육학회 학술대회지, 4, 435-437.

김현경, 김경희, 정재은, 김윤자, 강혜현(2017). 유아과학교육(2판). 서울 : 학지사.

김형재(2013). 유아교사의 내용교수지식(PCK)에 기초한 유아과학교육 프로그램 개발 및 효과. 경성대학교 대학원 박사학위논문.

김형재, 구성수, 김형숙, 김병만, 이종길, 김경숙, 심민서, 허수윤, 김경은, 홍순옥(2015). 유아교사를 위한 창의·인성교육의 이론과 실제. 서울 : 학지사.

김형재, 송민서, 홍순옥(2016). 융합인재교육(STEAM) 기반 유아과학 프로그램이 유아의 창의성 및 과학적 문제해결력에 미치는 영향. 열린유아교육연구, 21(1), 613-640.

김혜진(2019). 유아의 놀이성과 자기효능감과의 관계. 한국교원대학교 교육대학원 석사학위논문.

김효진(2005). 소집단 과학 활동이 유아의 창의성과 언어능력에 미치는 영향. 계명대학교 교육대학원 석사학위논문.

다니엘 핑크(2012). 새로운 미래가 온다-미래 인재의 6가지 조건. 한국경제신문사.

라정숙, 김명애, 김영주(2010). 유아과학교육 서울 : 문음사.

마지순(2001). 수·과학 통합 활동이 유아의 수학 성취와 과학 문제해결력에 미치는 영향. 한국교원대학교 대학원 석사학위논문.

문미자(2006). 구성주의 과학 활동이 유아의 과학적 질문에 미치는 영향. 탐라대학교 교육대학원 석사학위청구논문.

문연심, 이화영(2006). 통합적접근에기초한영유아수·과학교육. 서울 : 양서원.

문은자(2000). 소집단 과학 활동의 전개 유형이 유아의 창의성과 문제해결력에 미치는 영향. 한국교원대학교 일반대학원 석사학위논문.

민행난, 문미옥(2003). 전통놀이를 통한 물리적 지식활동 구성과정 분석. 유아교육연구, 23(4), 227-253.

박예원(2015). 예술경험 연계 자연친화적 유아과학교육프로그램 개발. 중앙대학교 대학원 박사학위논문.

박은주(2011). 표상 및 토의 중심 유아과학교육프로그램 개발 및 적용효과. 원광대학교 대학원박사학위논문.

박찬옥, 김영중, 정남미, 임경애(2002). 유아놀이지도. 서울 : 학문사.

박혜원, 신영준(2012). 융합인재교육(STEAM)을 적용한 과학수업이 자기 효능감, 흥미 및 과학 태도에 미치는 영향. 생물교육, 40(1), 132-146.

방인옥(1997). 유아의 창의성 신장을 위한 교수방안. 사회과학연구, 6(1), 82-97.

백윤수, 박현주, 김영민, 노석구, 이주연, 정진수, 최유현, 한혜숙, 최종현(2012). 융합인재교육(STEAM) 실행 방향 정립을 위한 기초연구. 연구보고 한국과학창의재단 2012-12, 서울 : 한국과학창의재단.

서울특별시교육청유아교육진흥원(2018). 누리과정 내실화를 위한 유아 STEAM 교육프로그램. 서울 : 서울특별시교육청유아교육진흥원.

서혜정, 박애경, 고지민, 이경연, 장슬하, 김의경(2020). 2판 유아 과학 교육 유아 주도의 놀이와 학습으로 다가가기. 공동체 : 경기도.

송민서, 김민진, 임소영, 김지현(2015). 국회 제1어린이집 도담뜰 활동 자료집.

송주현, 변문경(2017). 유아과학교육. 양서원 : 파주.

송윤진(2012). 유아 원예 활동이 유아의 과학적 태도와 탐구능력 및 정서지능에 미치는 효과, 중앙대학교대학원.

신건권(2001). 창의성 지향적인 교수·학습전략. 창의력개발연구, 5, 49-71.

신민하(2011). 예술 활동에 기초한 유아 과학 프로그램의 적용에 관한 연구. 부산대학교.

신은수, 김은정(1994). 소집단 교수법의 전개 유형이 영유아의 과학적 능력과 과학적 의사소통에 미치는 영향. 한국영유아교육학회지,14(2),79-96.

신은수, 안경숙, 김은정, 안부금(2006). 생활과 환경 중심의 영유아과학교육. 경기도 : 양서원

심윤정(2010). 전통놀이를 통한 과학 활동이 유아의 호기심 및 문제해결력에 미치는 영향. 한국교원대학교 교육대학원 석사학위논문.

안경숙(2003). 유아 과학 활동과 통합된 과학능력 평가도구의 개발 : 과학적 태도, 탐구 능력, 과학적 개념에 대한 평가. 덕성여자대학교 대학원 박사학위 청구논문.

안지영(2013). 예술적 경험을 통한 유아과학교육 프로그램 개발 및 효과. 전남대학교대학원박사학위논문.

안현정(2011). 유아의 흥미를 반영한 과학 영역 구성이 유아의 과학 관련 태도와 과학

적 탐구 능력에 미치는 영향. 이화여자대학교 석사학위논문.

엄기영(1994). 현장 적용을 위한 유아과학교육 프로그램 연구. 서울 : 창지사.

오미영, 이은미, 송윤아, 황은순(2016). 놀이지도. 경기 : 공동체.

오종숙(2003). 유아 미술 교육의 이론과 실제. 경기도 : 양서원.

유경숙(2000). 구성주의에 기초한 밀가루 점토 활동 구성방식에 따른 유아의 과학적 개념, 과정 기술 및 태도의 차이 분석. 중앙대학교 대학원 박사학위논문.

유윤영(2001). 유아의 생물학적 이론 구성에 기초한 교육 활동이 생물개념 형성에 미치는 효과. 덕성여자대학교 대학원 석사학위논문.

윤은경(2012). 다중지능 이론에 기초한 유아 과학 교육 프로그램 개발 및 효과. 전남대학교대학원 박사학위 청구논문.

윤순아(2010). 물놀이를 통한 과학 활동이 유아의 과학적 탐구능력과 과학적 태도에 미치는 영향. 전남대학교 대학원 석사학위논문.

이경민(2000). 상호작용적 교수법에 의한 과학교육이 유아의 과학적 개념, 탐구능력, 태도에 미치는 효과. 중앙대학교 대학원 박사학위 논문.

이경민(2003). 상호작용적 과학교수법이 유아의 과학과 관련된 정의적 특성에 미치는 효과. 유아교육학 논집, 7(2). 311-331.

이기숙(2000). 유아교육과정. 서울 : 교문사.

이민정, 이연승, 전지형, 강민정, 이해정, 김정희, 전윤숙, 박주연(2012). 유아과학교육-실험중심탐구활동-.경기 : 공동체.

이성호(1995). 교수 방법의 탐구. 경기도 : 양서원.

이소정(2012). 몽골 해외봉사자를 위한 유아 수학교육 프로그램 개발. 덕성여자대학교 박사학위논문.

이숙재(2009). 영유아 놀이이론과 실제. 서울 : 창지사.

이순형, 김지현(2011). 영유아과학교육활동의 실제. 서울 : 학지사.

이순형, 김해라, 권미경, 서주현, 전가일, 김유미, 임여정, 김은영, 김도현(2011). 유아과학교육. 서울 : 학지사.

이신동, 기순신, 김복영, 강순미, 이정아, 김현미, 이영희, 강인숙, 송명숙, 오윤란, 장인희,

이연승(2014). 누리과정에서 STEAM(융합인재교육)의 방향. 유아교육연구, 34(1), 327-341.

이연승(2016). 인공지능 시대에 유아교육이 나아갈 방향. 한국국공립유치원연합회 대한민국 유아교육 발전을 위한 도약! 자료집(pp.105-120). 서울 : 경희대학교.

이영, 유애열(1985). 유아를 위한 음악 활동의 이론과 실제. 서울 : 융성출판.

이영애(2015). 융합인재 양성을 위한 누리과정의 현황과 개선 과제에 관한 토론, 융합인재 양성을 위한 유아교육과정 재조망. 정기학술발표논문집. pp.103-106. 4월 11일. 서울 : 중앙대학교 아트센터 대극장.

이유현(2016). 자연물을 이용한 모래놀이활동이 유아의 창의성과 환경 친화적 태도에 미치는 영향. 중앙대학교 교육대학원 석사학위논문.

이원영, 김덕건(1991). 활동 중심의 유아과학교육. 서울 : 양서원.

이은진(2018). 유아 교사의 과학 교수능력 향상을 위한 유아과학교육. 서울 : 동문사.

이춘희(1997). 동화 제시 및 질문 유형이 유아의 창의성과 동화 구조 이해에 미치는 영향. 서울여자대학교 대학원 박사학위논문.

임경아(2007). 동화를 이용한 과학 활동 프로그램이 정신지체학생의 과학적 탐구능력과 과학적 태도에 미치는 영향. 국내석사학위논문 공주대학교 특수교육대학원.

임부연(2018). 학교에서 놀이학교의 현황과 과제. 이슈페이퍼, 2018년 9호.

장경혜(1994). 탐구학습 중심 과학 교수방법이 유아의 창의성과 문제해결력에 미치는 효과. 숙명여자대학교 교육대학원 석사학위논문.

장혜순, 정은정, 윤신숙(2005). 물리적 지식 활동(KPA)을 통한 유아과학교육. 경기도 : 양서원.

전경원(2014). 창의성 교육의 이론과 실제(개정판). 서울 : 창지사.

정상은(2018). 신체표현을 통한 과학 활동이 유아의 과학과정기술과 과학적 태도 및 창의적 신체표현력에 미치는 영향. 중앙대학교 교육대학원 석사학위논문.

정효은, 지성애(2008). 탐구-표상 중심 유아과학교육이 유아의 과학적 태도, 언어 능력, 공간 지능과 표상능력에 미치는 효과. 유아교육학논집, 13(2), 125-142.

조경미(2017). 메이커 교육(Maker Education)에 기반한 유아과학교육 프로그램 개발 및 효과. 경성대학교 대학원.

조부경(1986). 유치원 교사의 질문 행동에 관한 연구. 이화여자대학교 대학원 석사학위 논문.

조부경, 고영미, 남옥자(2007). 예비교사와 현직교사를 위한 유아과학교육. 경기 : 양서원.

조부경, 고영미, 남옥자(2010). 예비교사와 현직교사를 위한 유아과학교육. 경기 : 양서원.

조부경, 고영미, 남인석(2018). 유아과학교육(4판). 경기 : 양서원.

조연순, 조석희, 홍용희, 김정효(1996). 유아를 위한 창의성 프로그램 개발. 인간발달연구, 24, 29-48.

조진숙(1998). 요리 활동이 유아의 과학 개념에 미치는 영향. 중앙대학교 대학원 석사학위 논문.

조형숙(2001). 탐구능력 향상을 위한 창의적 실험 구성 프로그램 개발 및 평가연구. 유아교육연구, 21(3),27-55.

조형숙(2010). 유아과학교육. 서울 : 학지사.

조형숙(2013). 융합인재 양성을 위한 유아STEAM 교육방향. 한국유아교육학회 정기 학술대회 자료집, 9-18. 부산 : 경성대학교.

조형숙, 김선월, 김지혜, 김민정, 김남연(2010). 삶의 가치와 아름다움을 찾아가는 유아과학교육. 서울 : 학지사.

조형숙, 김선월, 김지혜, 김민정, 김남연(2014). 삶의 가치와 아름다움을 찾아가는 유아과학교육(2판), 서울 : 학지사.

조형숙, 김선월, 김지혜, 김민정, 김남연(2018). 삶의 가치와 아름다움을 찾아가는 유아과학교육(2판). 서울 : 학지사.

조형숙, 김지혜, 김태인(2011). 배려의 과학. 서울 : 다음세대.

조형숙, 이기범, 홍은주, 김현주(2007). 자연과 친해지고 교감하며 탐구하기 : 유아를 위한 자연 친화교육프로그램. 서울 : 다음세대.

조희형, 최경희(2007). 구성주의와 과학교육. 과학교육학회지, 22(4), 820-836.

주현정(2019). 유아를 위한 모래놀이 연계 A-STEAM 교육 프로그램 개발 및 효과. 중앙대학교 대학원 박사학위논문.

채순미(2016). 자연물을 활용한 실외협동놀이가 유아의 자아개념 및 친사회성 향상에 미치는 효과. 숭실대학교 교육대학원 석사학위논문.

최병순, 권재술, 김범기, 김찬종, 김효남, 백성혜, 정완호(1997). 중학교 통합과학 교육과정 개발 연구. 한국교원대학교 연구보고서.

최우수, 이성주(2018). 우수 과학 도서의 교육적 활용을 위한 유아 과학 교육 관련 내용분석. 유아교육연구, 38(6), 273-294.

최원순(2008). 구성주의 관점의 교수학습이 학업 성취에 미치는 영향. 강원대학교 대학원 석사학위논문.

최인숙(2000). 유아과학교육. 서울 : 창지사.

최창우(2001). 구성 주의와 수학 학습. 과학·수학교육연구, 24,51-69.

한국교육학술정보원(2000). 초·중등 정보통신기술활용교육 강화방안에 대한 공청회 자료집. 연구자료 RM 2000-1. 서울 : 한국교육학술정보원.

한국유아교육학회(1996). 유아교육사전(용어편). 서울 : 한국사전연구사.

한면희, 김재복, 한안진, 송용의(1987). 교수-학습 과정에서의 효율적인 발문기법에 관한 연구. 인천교육대학교 논문집, 21, 159-201.

한유미(2010). 숲 유치원의 해외 동향 및 국내 도입 과제. 한국영유아보육학, 60,1-18.

한유미(2013). 유아과학교육. 서울 : 창지사.

현윤희(2013). 구성주의 관점을 가진 유치원 교사의 유아 과학 교육 실제. 한국교원대학교 대학원 석사학위논문.

Airasian, P. W., & Walsh, M. E.(1997). Constructivist cautions. PHI DELTA KAPPAN, 444-449.

Anderson, J. A.(1981). Ten tales : Books with a bonus. *Teacher, 95*(5), 60-63.

Barrow, L. H., & Salesi, R. A.(1982). Integrating science activities through literature web. *School Science and Mathematics, 132*(1), 65-70.

Bredekamp, S., & Copple, C.(1997). *Developmentally Appropriate Practice in Early Childhood*

*Programs(Revised Edition).* Washington, DC NAEYC.

Blosser, P. E.(1973). *Handbook of effective questioning techniques. Qashington,* Ohio : Education Associates. Inc.

Bruner, J. S.(1966). *The culture of education cambridge* : Harvard University Press. 19–20.

Carin, A. A. & Sund, R. B.(1985). *Teaching science through discovery.* New York : Mcamillian.

Cartwright, S.(1988). *The report of the committee of inquiry into allegations concerning the treatment of cervical cancer at National Women's Hospital and into other related matters.* The Committee.

Chaillé, C. & Britain, L.(1997). 이종희·김선영 역(2000). 유아과학교육의 구성주의적 접근. 서울 : 교육과학사

Chaillé, C, & Britain, L.(2000). 유아과학교육의 구성주의적 접근, 이종의·김선영(공영). 서울 : 교육과학사.(1997년 원저 발간)

Chalufour, I., & Worth, K.(2004). *Building structures with young children.* Washington, DC : NAEYC.

Cho, B. K., & Kim, J. J.(2001). The teacher's role in scaffolding scientific thinking. *Early Childhood Education,* 34(1), 30–35.

Cobern, W. W.(1993). *Contextual constructivism : The impact of culture on the learning and teaching of science. In K. G. Tobin(Eds.),* Cinstructivist perspectives on science and mathematics education, Washington, DC : American Association for the Advancement of Science.

Colliver, J. A.(2001). Are qualities studies of the PBL tutorial process indicated? *Acad. Med,* 76–215.

Copley, A.(1992). *More ways than one : Fostering creativity in the classroom.* Norwood, NJ : Ablex.

DeVries, R., Zan, B., Hildebrant, C., Edmoaston, R., & Sales, C.(2007). 곽향림·김선영 역. 구성주의 유아교육교수법. 서울 : 창지사.

Forman, G. E., & Kuschner, D. S.(1977). *The child's construction of knowledge : Piaget for teaching children.* Monterey, CA : Brooks/ Cole Publishing Company.

Finson, K. D., Beaver, J. B., & Cramond, B.(1995). Development of and Field-Test of a Checklist for the Draw-A-Scientist Test. *School Science and Mathematics, 95,* 195-205.

Gainsley, S.(2011). Look, listen, touch, feel, taste : The importance of sensory play. Extensions. *Curriculum Newsletter from HighScope, 25*(5), 1-4.

Gallagher, J. J., & Aschner, M. J.(1963). A preliminary report on analyses of classroom interaction. *Merrill-Palmer Quarterly of Behavior and Development, 9*(3), 183-194.

George, K. D., Dietz, M. A., Abraham, E. C., & Nelson, M. A.(1974). *Elementary School Science*(pp. 48-52). Heath and Company.

Guilford, J. P.(1967). *The Nature of Human Intelligence.* New York : McGraw-Hill.

Wilson, H.(1998). *Endgames : Questions in Late Modern Political Thought.* By John Gray. Cambridge : Blackwell Publishers(Polity Press), 1997. 212p. $54.95 cloth, $22.95 paper. American Political Science Review, 92(1), 202-203.

Harlen. W (1997). *Primary teachers' understanding in science and its impact in the classroom.* Research in Science Education 27, 323.

Hoew, E.(2002). *Connecting girls and science : Constructivism, feminism, and science education reform.* New York : Teachers College Press.

Holt, B. G.(1990). *Science with young children.* Washington D. C. : National Association for the Education Young Children.

Holt, B. G.(1993). *Science with young children.* Washington : NAEYC.

Howe & Jones(1999). 초등 과학교육 방법[Engaging children in science.] 조연순, 최경희(역). 서울 : 이화여자대학교 출판부.

Koch, J.(1999). *Science stories : Teachers and children as science learners.* Boston, New York : Houghton Mufflin Company.

Leeb-Lundberg, K.(1996). *The block builder mathematician*. The block book, 34-60.

Lind, K. K.(1996). *Exploring sciencein early childhood- A developmental approach*. NY : Delmar Publisher Inc.

Lind, G.(2000a). *Can ethics be taught? Research findings from modern moral psychology*. [in German : Ist Moral lehrbar? Ergebnisse der modernen moralpsychologischen Forschung]. 2nd Edition.

Lind, G.(2000b). *Content and structure of moral judgment*. Second corrected edition. University of Konstanz : Doctoral.

Disseration(Orignal 1984).Electronic edition : http : //www.ub.uni-konstanz.de/kops/volltexte/2000/504

Lind, G.(2000c). The importance of role-taking opportunities for self-sustaining moral development. *Journal of Research in Education*, 10, 9-15.

Lynch, S. & Simpson, C.(2004). Sensory processing : Meeting individual needs using the seven senses. *Young Exceptional Children*, 7(4), 2-9.

Martin(1997). *Elementary science methods : A constructivist approach*. Albany New York : Delmar.

Martin(2000). *Construting early chilhood science*. New York : Delmar.

Martin, R., Sexton, C., & Gerlovich, J.(2002). *Teaching science for all children(2nd ed.)*. Boston, MA : Allyn and Bacon.

Moffitt, T. E.(1996). Measuring children's antisocial behaviors. *Jama*, *275*(5), 403-404.

Ornstein, A.(2006). The frequency of hand-on experimentation and student attitudes toward science : A statistically significant relation. *Journal of Science Education and Technology*, *15*(3-4), 285-297.

Renner, J. W & Marek, E. A(1990). An educational theory base for science teaching. *Journal of Research in Science Teaching*, *27*(3). pp. 241-246.

Rezba, R. J., Sprague, C. S., Fiel, R.L., Funk, H. J., Okey, J. R., & Jaus, H.

H.(1995). *Learning and Assessing Science Process Skills*. Dubuque, IA : Kendall/Hunt Publishing Company.

Root-Bernstein, R., & Root-Bernstein, M. M.(2007). 생각의 탄생-다빈치에서 파인먼까지 창조성을 빛낸 사람들의 13가지 생각도구[Sparks of genius : The Thirteen Thinking Tools of the World's Most Creative People].(박종성 역). 서울 : 에코의 서재.(원저 2001년 출판).

Surel, J.(2007). Building a Beter Mouse : The Story of the Electronic Imaginers who Designed Epcot. *IEEE Women in Enginering Magazine*, 1(1), 10-12.

Simpson, R.D., Koballa T.R., Oliver, J.S., & Crawley, FE.(1994). Research on the affective dimension of science learning. In D.L. Gabel(Eds.). *Handbook of research on science teaching and learning*(pp. 211-234). New York : Macmillan.

Smith, L., Sterling, D. R., & Moyer-Packenham, P. S.(2006). Activities that really measure up. *Science and Children, 44*(2), 30-33.

Sternberg, R. J., & Lubart, T. I.(1991). An investment theory of creativity and its development. *Human Development, 34*, 1-31.

Torrance, E. P.(1990). *Torrance Tests of Creative Thinking : Norms-technical manual. Bensenville*, IL : Scholastic Testing Services.

Trepanier-Street, M. L., McNair, S., & Donegan, M. M.(2001). The view of teachers on assessment : A comparison of lower and upper elementary teachers. *Journal of Research in Childhood Education, 15*(2), 234-241.

Waite-Stupiansky, S.(1997). *Building understanding together : A constructivist approach to early childhood education*. Albany, NY : Delmar Publishers

Watson, A. D., & Watson, G. H.(2013). Transitioning STEM to STEAM : Reformation of enginering education. *Journal for Quality and Participation*, 36(3), 1-5.

Weinburgh, M(1995). Gender difference in student attitudes toward science : A meta-analysis of the literature from 1970 to 1991. *Journal of research in Science*

*Teaching 32*(4). 387–398.

Worth, K. & Grollman, S.(2003). *Worms, Shadows, and Whirlpools : Science in the Early Childhood Classroom.* Education Development Center, Inc., Newton, MA.

Yager, R. E.(1991). The constructivist learning model : Towards reform in science education. *The Science Teacher, 58*(6), 52–57.

# 저자소개


### 김래은

경성대학교 대학원 유아교육학과 교육학박사
경성대학교 대학원 생활문화학과 아동보육학 전공 이학박사
전) 아이나라 어린이집 원장
한국 보육학회 이사
중소기업융합학회 이사
현 ) 유원대학교 사회복지상담학부 조교수

### 송민서

성균관대학교 대학원 아동학과 문학석사
경성대학교 대학원 유아교육학과 교육학박사
전) 경찰청, 국회(직장) 어린이집 교사
현) 서영대학교 유아교육과 조교수

### 박혜경

계명대학교 교육대학원 유아교육전공 교육학석사
계명대학교 대학원 유아교육학과 교육학박사
현) (사) 청소년 교육센터 팀장
현) 경북도립대학교 사회복지과 겸임교수

### 현혜정

계명대학교 교육대학원 유아교육전공 교육학석사
계명대학교 대학원 유아교육학과 박사 수료
전) 사랑유치원, 아이아띠 유치원 원장
브레인아이 건영 어린이집 대표
한국인권학회 이사, 대한학교폭력예방학회 이사
현) 대구과학대학교 유아교육과 조교수

놀이, 창의, 융합 중심
# 유아과학교육

초 판 1쇄 발행 2020년 8월 31일
초 판 2쇄 발행 2023년 1월 16일

지 은 이 | 김래은, 송민서, 박혜경, 현혜정
펴 낸 이 | 김기섭
책임편집 | 이현남, 최창숙
펴 낸 곳 | 창지사 www.changjisa.com
08589 서울시 금천구 가산디지털 1로 83 파트너스타워1차 9층
전화 (02) 719-2211~3
팩스 (02) 701-9386
등 록 | 1977년 4월 28일 · 제1-421호



ISBN 978-89-426-1375-5 (93370)

값 20,000원

이 저서의 일부는 2019년 대한민국 교육부의 한국연구재단의 지원을 받아 수행된 연구임(NRF-2019S1A5A8033541)